「協働の学び」が変えた学校

新座高校
学校改革の10年

金子奨・高井良健一・木村優〈編〉

大月書店

はじめに

本書は、埼玉県立新座《にいざ》高等学校の一〇年にわたる学校改革の様相を、多様な視点から綴ったものである。「多様な」というのは、年齢も教職歴も、学びの履歴も異なる一四人の元・前・現職の新座高校の教師が、それぞれの地点から、各々の実践を語っているという意味である。

ここでかたどられている改革のありようは、全国的にみて稀有な例でありながらも、多くの学校への具体的な示唆に富むものだと自負している。しかしながら、本校には力量の際立った教師ばかりが集まっているというわけではない。それどころか、およそ半数は新座高校で教職をスタートさせた人たちである。だから個々の能力というよりも、教師たちの持つ力を最大限引き出す職場の関係性が、改革を駆動させてきたといえる。

新座高校の改革は、対象世界・仲間・自分自身との関係の編み直しとしての授業をより質の高いものにし、すべての生徒の学びを保障することを機軸としてきた。そのために、「特別支援の視点」に基づく公開授業研究会を年七回開き、子どもたちの学びを看取りつつ、教師が学びあう場をつくりだしてきた。これにより教師の「協働の学び」が確保され、職場の力量が底上げされてきたのである。

しかし、「特別支援の視点」という表現に示されているように、本校の改革は学力や進学実績の向上を直接的な目標にしているわけではない。多様な発達の途上にある生徒一人ひとりに寄り添いつつ、子どもたちの「協働の学び」を教室に実現することによって、彼／彼女らを関係の網の目に〝もやう〟ことをめざしている。さまざまな困難を抱え、挫けがちな生徒をケアしながら学校という社会に包摂し、信頼される大人への成長を支えることを目的としてきたのである。

こうして、教師も生徒も「協働の学び」によって変様をうながされ、その成長が保障される場として新座高校は変成を遂げてきた。

ここで本書の構成について簡単にふれておきたい。

第Ⅰ部では、一〇年間の改革の過程が辿られる。その叙述から、改革が大切にしてきたものが「対話」にほかならないことがおわかりいただけるだろう。

第Ⅱ部では、「協働的な学びあい」について、若い教師たちがそれぞれの実践を記している。「主体的・対話的で深い学び」が強調されるいま、さまざまなヒントが得られるはずである。

続く第Ⅲ部は、新座高校に着任した若い教師の変様と熟達の過程が描かれる。その核心にはみずからの実践への省察があり、職場の急速な若返りを憂える学校関係者には一筋の光明と映るかもしれない。

第Ⅳ部では生徒の変化が物語られる。そこでは、子どもが安心して居られる場の確保の重要性とともに、それがかえって事態の深刻さを見えにくくさせる危惧も示されている。

最後の第Ⅴ部は、おもに学校運営という視点から改革の諸側面が分析される。組織づくりに関心がある方にはとくにお勧めしたい。

ところで、本書では四人の教育研究者にも執筆をお願いしている。新座高校の改革に、長期にわたって伴走していただいた方々である。ご多忙にもかかわらず、本校の実践をより普遍的な文脈につないでくれる密度の濃い論考をお寄せいただいたことに感謝したい。

ちなみに、学校のある新座市は埼玉県のもっとも南に位置し、東京都練馬区などと隣接している。八世紀半ばに新羅《しらぎ》からの渡来人が集住し新羅郡が置かれたこの地は、さまざまな文化が交錯する場であった。本書が、新座高校にかかわる多彩な人々の声が響きあっているという意味で、かつて異種のことばが交わされていた新羅郡と、ときを隔てて呼応しているのであれば望外の喜びである。

この本がさまざまな人たちと出会い、対話をうながし、教育実践の新たなうねりを生みだすきっかけとなることを、編者のひとりとして願っている。

なお、本書に登場する生徒はすべて仮名であり、教師も執筆者以外は原則として同様にした。また各章の扉にある写真の選定には、新座高校実習教員の石田彩佳さんのお手を煩わせた。記して謝意を表したい。

二〇一八年二月

金子　奨

「協働の学び」が変えた学校　目次

V　学校・組織運営

I　新座高校のたどってきた道のり

第1章

新座高校の学校改革の歩み

金子 奨
新座高校教諭／社会科

1 公開授業研究会の船出

二〇〇八年三月に、ぼくは次のように書いていた。

教室の窓から見える満開の薄桃色の桜は、あと二週間もすれば萌えるような緑に変わっていることだろう。その頃、ぼくら教師は、授業検討会を核にした同僚性への新たな一歩を踏み出しているはずだ。何が待ち受けているのか、不安と期待がごっちゃになっている。[1]

翌四月半ば、公開授業とセットになった授業研究会[2]が、新座高校ではじめて開かれた。木曜日の「総合学習の時間」を、ぼくの担任するクラスだけ授業に振り替え、学年の四人の担任と学年主任、校長と他学年の教師が参観したのである。研究会は放課後。二〇分ほど授業風景のビデオを観た後に、学年に属する九名の教師で、ひっそりとおこなわれた。

「ひっそり」というのは、当時の職場には、公開授業はもとより授業研究会などを開いている余裕はないはずだ、という雰囲気が漂っていたからである。加えて、ぼく個人に対する風当たりも強く、「準備室に閉じこもっていて生徒指導をしない、学校の飲み会に参加しない、批判ばかりする、外部のつながれる人たちとだけつながる」という風評も流れていたそうである。

確かに、ぼくらが担任することになった生徒たちは、かなり手強い相手だった。授業はなかなか成立せず、中抜け、無断の欠席や早退、教師への暴言等、学年団の指導に従わないこともたびたび起きていた。振り返れば、ほとんどカオス状態だったように思う。

いまでも語り草になっているのは、入学して間もなくの学年集会である。

「どうして整列できないの?」

「並びたくないから」

「どうして?」

「番号順はイヤだから」

「なんで?」

「好きな者どうしで並ぶのがいいから」

「でも、集会なんだから……」

並んだとしても、延々とお喋りが続く。

「口を閉じて、話をやめてください」

「うちら、黙れないもん」

「どうしてうちらだけ差別するの？」

「差別なんかしてないでしょ？」

「してるじゃん」

「どこが差別なの？」

「自分たちで考えなよ」

そんなやりとりが教師の心身を疲弊させていく。

彼／彼女らには見えていて、ぼくには見えない境界線／分断線が、はっきりと引かれていたということだ。教師には、彼／彼女らがみずからを学校から排除しているようにしか思えないのだけれども、当人たちには、すでに学校によって差別され排除されていると感受されてしまっていたのだろう。結局、整列させるだけで四〇分。

学年集会さえ成立させられないのに、生徒を理解するための公開授業研究会？　そんな暇があるなら、ゼロ・トレランス的な厳しい指導をし、従わなければ進路変更――つまりは退学――を迫ればいい。そうした冷ややかな目に、学年独自の公開授業研究会はさらされていたのである。

予定されていた五月の研究会も、準備万端整った段階で突発的な事件でぽしゃり、六月もまた流会。でも、諦めるという選択肢はなぜか思い浮かばなかった。

教育という仕事に特別に情熱的だったわけではないと思うし、新座高校に格段に強い思い入れがあったわけでもない――当時進められていた公立高校の統廃合計画から新座高校が漏れたと聞いたとき、ぼくも他の同僚とともに、深い吐息をついたものだ。ただ、二十余年の教職経験は、別の途はないことを教えてくれていたし、協働学習と公開授業研究会による学校改革というヴィジュアルなヴィジョンが、それを後押ししていた。それに何より、そのときぼくを「師匠」と呼ぶ若い後輩教師がいた――彼はぼくにとって、学年団を組むはじめての若手の教師だったのだ。

九月のある日、二年生が修学旅行中のため午前だけの課業日。それを活用して公開授業研究会が開かれた。授業者はベテランの外川さん。彼女は、協働学習に取り組み始めたものの、うまくいかず一斉授業に戻してしまっていたし、担任するクラスには一学期早々に学校を去った生徒も複数いた。それでも、授業の公開を快く引き受けてくれた。

研究会が始まると、外川さんは「恥ずかしい」と言って部屋の端っこに離れて座っている。後日「この学校に来て、授業を公開することだけには慣れたわね」と語ってくれたことが印象深く残っている。

研究会では、授業中何度も「前を向いてください」と注意されていた川久保さんが話題にのぼる。身体がどうしても後ろの二人の生徒に向いてしまうのだ。「グループにするタイミングがわからなくて、取り組む勇気がないのよね」と言う外川さんに対して、川久保さんがみせた他者へと向かう自然発生的な動きに合わせるようにグループ活動を入れればいいのではないか、という声が寄せられる。

それに関しては、当時教職二年目の吉田友樹さんが、孤立していた安部くんが「課題が難しくなると視線をあちこちに泳がしていましたよ。ああいうときがグループの入れどきなんじゃないでしょうか」と指摘する。そういう彼も、グループ活動に踏み切れないでいたのであった。

また、一時間突っ伏したままだった向井さんについては、当時校長を務めていた柿岡文彦さんが、次のような指摘をしていた。

「生徒との関係が悪化しているからこそグループ活動が必要なんじゃないか。一対一で向きあうと教師を拒否してしまうけど、教材を仲立ちとして生徒どうしがつながることができれば、授業中突っ伏すことも避けられるのではないか」

なかなか的を射た発言だなと思ったものの、初回の研究会は生徒をかたどることばも少なく、平板な内容で終わってしまった。

でも、翌日、外川さんが職員室でうれしそうに言う。

「ホワイトボードを使ってグループワークをしてみたよ」

「え、本当ですか？」

「そう。結構よくやっていたよ」

「やりましたねえ」

吉田さんも満面の笑みを浮かべて、次のように報告してくれる。

「五・六時間目の授業、すっげーよかったですよ。グループ活動もできたし、コの字でのつながりもよかったっす」

「吉田さんのそんな笑顔は久しぶりだね。よかったね」

「そうっすか?」

「でも、そういう授業はちゃんと記録しておいたほうがいいよ」

「そうっすよねえ」

深まることなく終わった研究会だけれども、それでもやはり教師をエンパワーする力を秘めていた。それまで長いあいだ、教師によって私物化されていた授業が公開され、なおかつ研究会という公共の場が学校内部にひらかれた意味は重い。学校、とりわけ高校では、「教育の自由」と「教科の専門性」の名目のもと、授業の公開が拒まれてきた。それが職場の私物化 privatization と分断 balkanization をもたらす土壌であり、教職の孤業化と、教師の適応的熟達を阻む重石となっていたのである。

しかし、授業が公開され教室に複数の目が入り、さまざまな声とことばでかたどられることによって、教師に新たな気づきが生まれ、自分の実践を振り返る機会が与えられる。しかも、教師の教えのあら探しではなく、子どもの具体的な学びあう姿、学び損ねた姿を介して、授業の他のありようが開示されるのだ。そうした省察 reflection のある公共の場が教師を勇気づけ、新たな挑戦へと駆り立て、熟達をうながしていく。だからこそ、公開授業研究会への抵抗も根強いとも考えられる。なぜなら省察的な活動は、教師の自明の世界を揺るがしかねないからだ。

こうして二〇〇八年度から、一学年独自の公開授業研究会が細々と、しかし着実に積み重ねられ、新座高校にそれまでにはない交響圏を切りひらいていくことになった。

2 特別支援教育の視点がもたらしたもの

新座高校には、生活習慣や人間関係の面、そして学習面でさまざまな困難を抱えた生徒が多数入学してくる。いわゆる「課題集中校」と呼ばれる学校であり、卒業後の進路が多様であることから「進路多様校」とも称される。そのような学校は、教育社会学の領域では「高校階層構造」の下位校と位置づけられることが少なくない。

こうした高校では、ゼロ・トレランス的な厳しい指導方法によって統制し、秩序を維持する方策に重心が置かれがちである。新座高校も例外ではなかった。

たとえば、遅刻や欠席をくりかえし、進級が危ぶまれる生徒がいるとする。いまの新座高校ならば、授業でのようす、交友関係、家庭の経済的な状況、成育歴、中学校からの申し送り等々の情報が集約、共有された上で、生徒に選択肢を考えさせ、選ばせ、その実現のためのケアと支援が——外部資源の活用も含めて——デザインされるだろう。

しかし当時の指導は、生徒の困難、混乱、不安、緊張を、諸々の社会文化的背景から読み解くのではなく、学校と教師への挑発、怠け、低学力、逃避といった負の烙印を押して排除する雰囲気が濃厚だった。

ぼくらの学年の生徒たちは、そうした「指導」のありかたに対して敏感に反応reactionしていたと言うこともできるかもしれない――とにかく、敵味方を嗅ぎ分ける能力に彼／彼女らは長けていた。それは後述するように、少なからぬ転退学者を生み出さざるをえない構造をつくりだしていたのである。

学年独自の公開授業研究会が、その構造にすき間を空けるひとつの試みだったとすれば、校長の柿岡文彦さんは別の場所に風穴を穿《うが》ち始めていた。

折しも二〇〇七年、学校教育法が改正され、特別支援教育の促進が高校にも義務づけられたことも相まって、新座高校では新校長のもとで、特別支援教育の視点と手法の研修が重ねられていたのである。

その視点に立つと、少なくない生徒が発達の凸凹による困難を抱えていることが見えてくる。学力面での弱さや行動上の課題は、発達の多様性や育ちそびれの結果であり、特別支援の視点に立ち、多面的で深い理解に基づいた適切なケアと支援さえあれば、多くを解決ないし軽減する道筋があるのではないだろうか。

逆に言えば、いわゆる定型発達を当然のこととし、それを前提とした指導だけでは、生徒一人ひとりのニーズに寄りそった適切な支援に至らないのではないか。なぜなら、定型発達を前提にすることは、生徒を平均的な発達を遂げた準拠集団の一員とみなしてしまい、平均からの発達の〈ズレ〉が見られるにすぎないのに、それを〈逸脱〉として、統制の対象とする視線を生み出してしまうおそれがあるからだ。〈ズレ〉はケアと支援を要請するが、〈逸脱〉は管理と統制を呼び込む。視座の違いは、想像以上に実践上の大きな隔たりを招いてしまうのである。

発達上の課題をもつ生徒が、学校でもっとも困難を感じるのは授業である。自覚できない困難を授業中に「問題行動」として表出してしまう生徒もいるし、「困ったなあ」と感じつつもヘルプサインを出せないままやり過ごす子もいるだろう。そうした生徒の言動を表面的にとらえてしまうと、教師の対応が厳しい叱責に終始してしまう、あるいは「やる気・努力」といった気持ちや姿勢の次元に限定されてしまって、効果的な支援や指導につながらない場合も出てくる。そして、その積み重ねが生徒にとって学校の魅力を減じることにつながってしまう。

では、「特別支援教育の視点」に立った多面的な深い生徒理解に基づく授業は、どのようにしたら実現できるのだろうか？

柿岡校長が出した方向性は「すべての生徒が学ぶ喜びを実感できる学習システムの構築」であり、「授業公開による生徒の再発見」「授業研究の充実」というものだった。その方向性を示す機会として、秋田喜代美・東京大学大学院教授を招いての研修会が二〇〇八年五月に設けられた。

「高校教師は、小中学校とは異なり、教育の方法や技術をあまり持っていません。そのため、教師の雛《ひな》形《がた》を高校の恩師や予備校に求め、それ以上深まらない。ところが、学校の外では、教育方法や技術が目覚ましく進展しています。今回の研修を、外の風に当たって自身の教育実践について振り返る機会にしていただきたい」と校長は当時書いている。

学校をひらいて外部の資源をできる限り活用し、教室に外の風を入れる。そして教師が専門家として成長するため授業研究を実現する、というコンセプトとともに、「特別支援教育の視点」と「公開授業研究」を両輪とする改革の道筋が、おぼろげながら示されていたのである。

もちろん、この校長のコンセプトがすんなりと受け容れられていったわけではない。

「発達障害？　どんな障害なのか具体的に説明してください」

「いったい何をしろっていうの？　ノウハウを教えてくれなきゃわからない」

「特別支援学校じゃないんだから……」

そうした声は根強く残った。職場には、授業のユニバーサルデザイン化、協働学習、ゼロ・トレランス的な指導、授業研究会など、さまざまな志向性が渦巻いていたのである。しかし、特別支援教育の研修会で得られた知見がしだいに職場に堆積し、授業研究会も徐々に市民権を得ていく。

3　授業改善プロジェクト委員会の発足

二〇〇九年度には、五・九・一一・一月に公開授業週間を設け、期間終了後の放課後に学年ごとの授業研究会をおこなう予定が組まれた。五・九月の実施は見送られたが、一〇月にようやく実現の運びとなり、これが外部の力を借りずに開く初の自前の公開授業研究会となった。

この取り組みを継承するため、同月、企画委員会の下に「授業改善プロジェクト委員会」が立ちあげられる。同委員会は校長、教頭、教務主任、生徒指導主任、特別支援コーディネーター、司書、その他有志で構成され、特別支援教育の手法を用いた学校づくりに取り組んでいる先進校の視察、新たな授業方法の導入、研修会の企画などを主な任務とするものだった。

委員会の最初の資料には「考える枠組み」として「①学習環境の整備、②授業の構造化、③学習スタイルに応じた学習方法の保障、④ツールの活用」が挙げられている。また、「発達障害」「子どもたちの特性」「スペシャルタレント」という特別支援の視点が打ち出されている。

授業改善プロジェクト委員会の発足によって、ゼロ・トレランス的な生徒指導とともに、授業改革が学校改革の軸として明確に位置づけられることになった。

同年一一月、委員会を中心に、埼玉県教育委員会の委嘱を受けた「学力向上推進校」としての公開授業研究会に臨むことになった。当時の案内には、「本校の学力向上の取り組みの一つとして、生徒理解・学習意欲の向上と授業改善を目的とした学年をベースとした『授業＋授業研究』があります」と記されているが、ここには校内に「授業研究」が着実に根づいてきたようすをうかがうことができる。

その後の委員会では、生徒を多面的により深く理解する必要性が議論され、そのために、特別支援の視点に基づいた公開授業研究会のありかたが検討されていく。そして三月の職員会議で、二〇一〇年度以降、公開授業研究会を定期的に実施する案が提案されるに至ったのである。

職員会議では、その運営、とりわけ各学年一講座以外は放課とする方法に「担任として生徒を納得させられない」などという意見が出されたものの、「多面的で重層的な生徒理解」を前面に打ち出した提案に対して、表立った反対は当然ながら出るはずもなかった。これは、伏在している反対意見――あるいは、ぼくに対する違和感――を封じるために管理職が考えた作戦だった（のかもしれない）。最後は、当時の教頭の「ここまできたら、実行するより他はないでしょう」という発言で提案は了承された。

同時に、「授業改善プロジェクト委員会」は「授業研究プロジェクト委員会」と改称され、授業の小手先の改善ではなく、授業という社会的文化的実践の探究へと、質的に深化させていく方向性が示されたのだった。当時の授業研究会の「ねらい」にはこうある。

- 授業における生徒の様子や活動を観察し、それを交流することによって、多面的でより深い生徒理解の共有を図る。
- 授業アイディアの交流と共有をとおして、学校のグランドデザインに示されている「わかって、身につく授業」の実現につなげる。

こうして三年がかりで、特別支援的な視点と授業研究会の方法が重なるようにして、新座高校の公開授業研究会が生まれたのである。

現在、公開授業研究会は五・六・九・一〇・一一・一・二月におこなわれている。五月と一一月は全校で一講座だけを残して全教員で参観し、その他の月は学年ごとに実施している。[3] 授業を公開するのは学年に所属する教員。参観者には、通常の授業研究とは異なり、教師の教え方ではなく生徒のようすをつぶさに記録するようにうながしている。

したがって研究会では、授業の進め方や用いられた教材の是非、板書の仕方などの授業方法や教科内容よりも、生徒の教室での居方、生徒や教師とのかかわり方などに焦点を当て、教員一人ひとりが気づいたことを交流し、共有することを中心とする。当然ながら、他教科の授業のデザインの仕方や形態、プリントや板書の工夫などからも学ぶことはたくさんあるだろう。しかし、あくまでも教科の枠を越えた複数の目で教室の事実を観察し、生徒を多面的・重層的にかたどり理解を広げることを主眼とする。

五月の公開授業研究会を体験したある初任教師は、次のように述懐していた。

> 授業研究会の内容も、話題の中心は生徒という経験がなかったので、何を話しているのかよくわかりませんでした。「なんだこれ?」というのが、最初の授業研究会を経た正直な感想でした。

彼女は後日、「一八〇度真逆だった」と語ってくれたが、二〇〇八年度から積み上げられてきた公開授業研究会は、多くの教師にとって馴染みのない新たなフィールドを提供することになったのである。

伝統的な方法とは一線を画したこうした授業研究会は、佐藤学・学習院大学教授を中心とする「学びの共同体」に着想を得たものである。[4] ただ、特定の授業形態にはこだわらないという点が異なる。教師には一人ひとり異なる教職の履歴がある。特定の授業形態を強調し採用してしまえば、その多様性を無視し、教師の裁量を制限してしまいかねない。

また、多様な発達をたどっている生徒が少なからず在籍する新座高校では、生徒の言動を注意深く看取り、[5] その背景にあるものを複数の文脈で見立てていく教師の力量が問われる。だから研究会では、授業形態や指導の仕方よりも、生徒により多く焦点を当てる必要がある。

もちろん、佐藤氏らの提唱する、机の配置をコの字型にする授業やグループワークの積極的な活用にも挑戦するし、他教科の授業案を一緒にデザインして、同僚として協働しつつ成長する場として位置づけられてもいる。五月と一一月の公開授業は協働学習をメインにすえた教室を公開し、一斉授業からの脱却を図るように努めてきた。

さらに年度ごとのテーマも決め、教師一人ひとりが問題意識をもって授業に臨めるようにうながしてきたのである。二〇一〇年度には「生徒が自分の持つ力を生かし、授業で達成感を得て、学力を向上させる」と掲げられ、授業のユニバーサルデザイン化、とりわけ授業内容を事前に板書する工夫などの構造化が強調された。以下、各年度のテーマを掲げておく。

【二〇一一年度】 特別支援の手法による授業実践で、理解力を深め学力を向上させる。
《授業の中に、「生徒の疑問を取り上げて応える」時間を作ろう。》
①机間巡視をしてひとりひとりの疑問に答える。
②「まとめ」のプリントを作り取り組ませることで疑問に答える。
③ペアやグループで課題に取り組ませ、問題を解決する。

【二〇一二年度】 特別支援の視点で生徒一人ひとりを捉え、その特性を生かして学力を向上させる。
《各自の学習スタイルに合った支援（視覚・聴覚・運動）を授業に取り入れる。》

生徒全員の学びを支援する。

①視覚・聴覚・運動のそれぞれの技能を使う教材を取り入れる。

②一時間の授業の中に、個人作業やグループ活動・発表など、異なる形態の活動を取り入れる。

［二〇一三年度］　特別支援の視点で生徒一人ひとりを捉え、

（ア）生徒自身がメタ認知を深められるように支援する。

（イ）生徒の理解の仕方に応じて各教科の特性を生かした指導の工夫をする。

①ペアやグループで課題に取り組み、問題を解決する活動を取り入れる。

②視覚理解が優位　→図・絵・ＤＶＤ・プロジェクター・実物の利用

③聴覚理解が優位　→音声教材の利用、発音・音読指導

④運動による理解が優位　→ロールプレイ・実演・発表

［二〇一四年度］　特別支援の視点で生徒一人ひとりを捉え、

（ア）生徒自身がメタ認知を活性化できるような支援を工夫する。

＊メタ認知＝自分の理解の仕方やつまずきに気づき、修正や解決の方法を発見する能力

《具体的な技法》

①ペアやグループ活動、振り返りシートなどを活用して、生徒のメタ認知活動を支援する。

②生徒が次の目標を見定め、取り組みの見通しを立てられるような活動を取り入れる。

（イ）生徒の理解の仕方に応じて各教科の特性を生かした指導の工夫をする。

《具体的な技法》

①視覚理解が優位　↓図・絵・ＤＶＤ・プロジェクター・実物を活用する。

②聴覚理解が優位　↓音声教材を利用したり、発音・音読指導を取り入れる。

③運動による理解が優位　↓ロールプレイ・実演・発表などの活動を入れる。

【二〇一五年度】特別支援の視点で生徒一人ひとりを捉え、

（ア）全ての生徒が安心して学べる環境を整える。

《具体的な技法》

①授業の構造化（授業内容を生徒に示し、何を学ぶか自覚させる）

②プリントや板書の工夫

③座席（市松、コの字など）

（イ）各教科の特性をいかし、全ての生徒の学びが成立するよう工夫する。

《具体的な技法》

①ペアやグループ活動、振り返りシートなどを活用して、生徒のメタ認知活動を支援する。

②視聴覚教材（図、映像、実物、音声教材、音読など）を取り入れる。

③ロールプレイ、プレゼンなどの活動を取り入れる。

4 公開研の問い直しと再定義

公開授業研究会は、以上のような経緯をたどって二〇一〇年度から制度化され、新座高校の文化として定着してきた。しかし、その進展にはいくつかのエポックを経なければならなかった。

ひとつめは、二〇一三年度から「授業研究ニュース」が発行され始めたことである。それまでは、職場になるべく負担をかけないという配慮から新しい仕事は避けるように運営されてきたのであるが、やはり言語化して記録に残すことの重要性が共有され始めたと言っていいだろう。記録化することによって教師のリフレクション（省察）が格段にうながされるからである。[6]

二つめは、同年度から「初任者カンファレンス」と命名された学習会が、若い教師が中心となって運営され始めたことである。これは、初任者を含む若手とベテランが、定期試験期間にグループセッションをおこなうものである。

「教育を漢字一文字であらわすと？」とか「一番つらいエピソードは何？」といったテーマで一時間ほど語りあう。公開授業研究会だけでは若い教師の学ぶ場が少なすぎるという思いから、この取り組みが始められたことは意義深い。教師の「やらされ感」が弱まり、主体的に学ぼうとする文化が根づいてきたと評価できるだろう。

三つめは、同年度一月の授業研究会の後、若手から「なんだかしっくりこない」「こんな会が研究の名に値するのか?」という声が出てきたことである。それは通奏低音のように響き続け、次に記す「基本方針」と、二〇一四年度の最初の初任者カンファレンスのテーマ「学びとは何か?」につながっていく。

つまり、制度化から五年経って、公開授業研究会の意義が吟味の対象となり、自分たちが当たり前だと思っていたことを省察し直す力が働き始めたということである。これは、公開授業研究会が深化し始めた証左ということもできる。

四つめは、二〇一三年度末に、公開研の「基本方針」が明文化されたことである。奇妙なことではあるのだが、当初の「ねらい」は忘れ去られ、方針は明文化されないままテーマだけが決められて公開研が運営されてきた。何のためにおこなっているのかがあまり明確にされないまま研究会が蓄積されていたのであり、「いったいなぜ、このようなことをしているのだろうか?」という疑問が明確に形をとってあらわれてきたということである。

その結果、以下のような基本方針が、若手教師を中心に練られ、提案・了承された。

基本方針

[ねらい]

1　教師が互いに学び合う職場づくりのために行う。

2　全ての生徒が参加できる授業をつくるために行う。

［原則］

1　課題意識を持って主体的に参加する。
2　いろいろな種類の授業を発見する。
3　生徒を様々な角度からとらえる。
4　授業内の生徒の様子を語り合い、その背景・原因について意見交換する。

ごく普通の、当たり前のことが列挙されているだけかもしれないが、公開授業研究会の経験を蓄積するなかで、おのずと必要とされ、形をなしてきたことの意義は重い。

最後のエポックは、二〇一四年五月の公開研で、秋田喜代美・東京大学大学院教授に「参加者全員の学びを保障するように」と厳しく指摘されたことである。それまでの研究会は全体会だけでおこなわれていた。しかも五月と一一月は当該学年に所属する教師だけが研究会に参加し、他の教師は授業参観をしていたにもかかわらず、「ギャラリー」扱いされていたのである。

こうした運営方法は、小中学校でのぼくの見聞を下敷きにし、見よう見まねで編みだされたものだった。[7]大人数を束ねるベテランの司会者がおり、巧みなタクトを振って参加者から意見を引き出し、全体をある方向へと導いていく、そうしたイメージが元になっていた。まるでそれは、優れた教師のおこなう理想的な一斉授業のようだ。

この方法は、授業研究会に不慣れな職場に、子どもの学ぶ姿を語るというコンセプトを定着させるためには必要だったのかもしれない。しかし秋田氏は、そこにはらむ陥穽を指摘したのだった。授業研究プロジェクト委員会はそれを重く受けとめ、六月の研究会からは次のように進めることにしたのである。

①当該授業の特徴や課題を象徴する場面をＶＴＲで数分視聴する。
②授業者から、語りあってもらいたいことなどを話してもらう。
③参観者全員を三～四人のグループにして、それぞれの気づきを三〇分程度で語ってもらう。
④グループを替え、③で語られたことを紹介しながら、さらに気づきを交流する。
⑤外部参観者に感想を語ってもらう。
⑦まとめはせず、研究会のようすは「授業研究ニュース」で報告し、学校のホームページにもアップロードする。

この転換によって、研究会が外部参観者も含めた参加者一人ひとりの学びを保障する場となった。[8] これをうける形で、二〇一六年度からは授業研究会のテーマとして「学びが響き合う空間」が掲げられ、「基本方針」として「1　特別支援の視点を持ち、教室をすべての生徒が学ぶ場にする、2　すべての参加者が学び合う空間をつくる」が設定されるに至った。そして、学年ごとの目標が毎年見直されることになったのである。

以上のように、導入から四～五年目に公開研それ自体を問い直す視点が生成し、省察をふまえた再定義がなされることによって、公開授業研究会は新たなステージ――学校を交響圏として定義する段階――に入ったといえるだろう。

いまから思えばぼくは、公開授業研究会さえ軌道に乗れば、その後はその都度、その場で問題が生じてそれが課題として自覚され、新たな展開がみられるはずだという、とても楽観的な姿勢で臨んでいたことがわかる――いや、それ以外に見通しは立てられなかった、というのが正直なところだ。そして、事態はそのように進展してきた。

新座高校の公開授業研究会は以上のような歩みを辿ってきた。特筆すべきなのは、「特別支援の視点」が、公開授業研究会の方向性を明確に指し示すと同時に、生徒と教師、そして学校の再定義をうながしてきたことである。

それまでの新座高校では、生徒は多くの場合、教師を困らせる「困った」存在だったのだが、それが何らかの困難を抱えて「困っている生徒」へと転回されていく。そして教師は「困った生徒」を統制し排除するのではなく、「困っている生徒」を支援しケアする者へと再定義され、「困った生徒」に「何で！」と怒りをぶつけるのではなく、「何で」困っているのだろう？　という省察へと向かわせる。

これは生徒を集団の一員とみなすよりも、多様なニーズを抱えた個別の存在としてとらえ、それを取り巻く関係性を変様させることによって、支援とケアをデザインすることを教師に要請する。それにつれて教師は、教育の専門家 expert として義務的に業務に従事するのではなく、生徒の困り感に応答するように、協働的に責任 responsibility を果たす、省察的実践家 reflective practitioner へと変貌するのである。

さらに、以上のような子どもと教師の織りなす学校は、従来の「高度な普通教育や専門教育」の場から、「子どもの育ちを総合的に支援する」おとなへの移行支援の場へと再定義されていくだろう。[9]

公開授業研究会による学校改革がもたらしたものについては、本書全体で語られることになる。

注

1 拙著『学びをつむぐ――〈協働〉が育む教室の絆』大月書店、二〇〇八年。

2 当時は「授業検討会」と称していたが、次第に「授業研究会」と呼ばれるようになった。

3 当日は五時間目までは短縮四五分授業とし、その後二五分のＳＨＲと清掃の時間を置き、一四時一五分から公開授業という時程を組んでいる。

4 「学びの共同体」については、佐藤学『学校を改革する』（岩波ブックレット、二〇一二年）、佐藤雅彰『中学校における対話と協同』（ぎょうせい、二〇一一年）を参照されたい。

5 「看取る」の表記を用いる意味については第Ⅲ部4章を参照。

6 現在「授業研究ニュース」は、通号八六号を数えている。

7 静岡県富士市立岳陽中学校、同元吉原中学校、神奈川県茅ケ崎市立浜之郷小学校、練馬区立豊玉南小学校などでの見聞である。

8 グループセッションの導入については、福井大学教職大学院のラウンドテーブルに多くを学んだことを記しておきたい。

9 この点については小野善郎・保坂亨編著『移行支援としての高校教育』（福村出版、二〇一二年）を参照されたい。

第2章 心地よい対話空間を求めて

――改革のはじまりをともにした校長として――

柿岡文彦
元新座高校校長

1 対話の可能性への思い

新座高校から離れて、はや八年目を迎える。いまの私は、日本のスクールソーシャルワーカーの先駆けである山下英三郎先生（日本社会事業大学名誉教授）が主宰するＮＰＯ法人「修復的対話フォーラム」に所属し、時たま中学校に出かけて「ＲＪサークル」と呼ばれる対話のセッションのファシリテーターをさせていただいている。

一〇名前後の生徒と私が円形に座り、ささやかなオープニングセレモニーの後にサークルは始まる。テーマは「尊重」のときが多い。

「『尊重』という言葉から、あなたはどんな言葉を連想しますか？　そして、なぜ、その言葉を選びましたか？」

トーキングピース（発言権を象徴している）を持った者が順番に、この質問に対する自分の考えや経験を述べていく。続いて、たとえば「どんなときに、あなたは尊重されたと感じますか？」などの新たな問いが出され、発言の一巡がくりかえされる。お互いに話を聴きあう空間の中で、「尊重」のイメージが立ち上がってくる。たとえば、セッションが始まる前に級友に侵害行為をしていた生徒が、「僕はサッカーをしているんだけれど、『尊重』は思いやりだと思う。ボールパスは、思いやりなしにはうまくできないから」などと発言する。また、「いままで私には人前で発言することがほとんどなかった。でも、自分が困っていたときの話を今日は安心してできた」などと、エンディングセレモニーの中で話してくれる生徒もいる。

「ＲＪサークル」には四つの約束がある。

①お互いの発言を尊重する。
②トーキングピースを持っている人以外は話さないで傾聴する。
③ひとの話したことを非難したり裁いたりしない。
④話したくないときには話さなくてもよい。

この構造化された枠組みの中で、生徒は安心して語り、聴き、静かな時間の中で内省を深める。

修復的対話は、共同体の中で発生した葛藤状況を、「加害者」「被害者」「周囲で影響を受けた人々」が共通の場に集まり、対話を通じて修復する方法である。「被害者」から解決のための主導権を奪い取り、

「加害者」を罰して解決する従来の司法的な問題解決方法に限界を感じていた米国のハワード・ゼア氏によって提唱されたものである。[1] この対話による関係修復の活動は、南アフリカ、北アイルランド、ルワンダなどの紛争地でも粘り強く実践が重ねられている。ここで紹介した「ＲＪサークル」は葛藤状況のない集団でおこなわれ、対話的で安心な関係を醸成することをねらいとする。

新座高校のこの一〇年余の教育実践を振り返る冒頭で、なぜ修復的対話について述べるのか？　そんな疑問があるやもしれない。私にとって「対話」への関心の原点は新座高校にあった。しかも、新座高校のこの一〇年余りは、授業の場、授業研究会の場、そして職員室や校長室を、対話空間に変えていく実践の日々だったと考えるからである。

2 「困っている生徒」との対話を求めて

二〇〇七年度に校長として新座高校に赴任した。その当時の新座高校は、卒業率（入学者数に対する卒業者数）の低い学校であった。この年度の卒業率は六九・一％、二〇〇名入学した生徒のうち六一名が卒業せずに本校を去っている。学校が手抜きをしているわけではない。教職員一丸となり全力をあげて、カウンセリングマインドとゼロ・トレランスの両輪を駆動させているにもかかわらず、である。

なぜ生徒は学校から逃げ去ってしまうのか？　その疑問を解く鍵のひとつとして、さいたま桜高等学園教諭の三原和弘先生をお招きして、「発達障害の理解と支援」と題する校内研修会をおこなった。内容は次のようであった。

①発達障害のある児童生徒は、小中学校の通常学級に六〜一〇％の割合で在籍する。

②障害は克服すべき問題としてではなく、その子どもの個性として尊重し、一人ひとりのニーズに沿って支援する必要がある。

③「困った生徒」は「困っている生徒」であるという視点の転換が必要である。

私は、生徒の目の高さに自分の目を合わせて指示を出すことの大切さを再認識させられた。つまり、「困っている生徒」に対して上から目線で命じたとしても、なんら効果がないどころか、二次障害・三次障害としての「反抗挑戦性障害」や「行為障害」を引き起こしかねない。その挙げ句に、生徒は教師の前から逃げ出してしまい、教育自体が不可能になってしまう。それは、入学した生徒の約三〇％が転校や退学の形で去っている新座高校の状況を上手に説明していると感じた。だからこそ、理想主義かもしれないが、生徒に対して敬意を持ち、かれらが発する言葉や非言語のメッセージに耳を傾けて、そのニーズに沿って支援をする教育活動の展開が求められている。そして、新座高校の教職員は、指導のプロとして、視点の転換と指導の術を求める研鑽が不可欠であると感じた。

しかし、どれだけの「困っている生徒」が新座高校に在籍しているのだろうか？　三〇人余りの学級で一人の教師が、授業を展開しながら一人ひとりのニーズに沿って適切な支援ができるのだろうか？　どれだけの人的な資源を確保したらそれが実現できるのだろうか？　悩ましい問題が次々と浮かび上がってくる。その一方で、当時の埼玉県教育委員会の島村和男教育長は、「入学させたからには卒業させる気概を！」と現場を励まし続けた。それに加え、中途退学防止のために「自分発見！ 高校生感動体験プログラム事業」を実施し、スクールカウンセラー配置、教職員加配、新入生対象の体験活動実施の予算化など、中途退学者の多い学校への支援を惜しまなかった。課題解決の道筋がはっきりと見えているわけではなく、おぼろげな道筋を辿り、どこに着地するのか見当がつくわけでもなかった。しかし、いずれにしても学校を変えていくほかないのだと思った。

3　教職員との対話を求めて

新座高校に着任してまず始めたことは、掃除をしながら校内を歩くことだった。創立以来四〇年になろうとする校舎は傷み、最盛期には三〇学級一四〇〇人を超える生徒が在籍していた教室の半分は余裕教室となり、倉庫などに転用されている。この時期、埼玉県では入学定員に満たない学校の統廃合の検討が始まっていた。本校もその候補に挙がっていて、授業や生徒指導で苦しんでいる教師の中には、早くこの学校が廃校になり他校に異動できたらと口にする者もいるとの噂があった。その一方で、本来的な教育の実現を夢見て献身的に生徒に接しているたくさんの姿に出会い、本校の可能性を強く感じた。

私は、転退学者を減らすことを学校改革の中心に置くことにし、多くの教師のもとに足を運び、話し込むことをくりかえした。大きく分けると三つの意見があった。ひとつはゼロ・トレランスの徹底。もうひとつは「学びの共同体」の考え方を基調とする対話型授業の導入と、公開授業研究会の定例化。そして、特別支援教育的な視点での学校改革。それぞれの意見は融合・協調する段階になかなか至らない。業を煮やした教師からは、トップダウンを求める声もあった。しかし、私は一九八〇年代、教育方針をめぐって学校が大きく割れ、生徒・教師、さらには学校自体が大きく傷つくという経験をしていた。また、「校長が替われば学校が変わる」とよく言われるが、トップダウンによる改革が学校文化として根づかず、学校が落ち着かないこともある。だから、いまここに集う教職員が大切にしている考えや力を持ち寄り、対話の中で学校改革の方向性を模索し、新しい価値を生み出す。つまり、既存のメソッドをなぞるのではなく、「新座の教育」と呼べる教育を創造したかった。

そこで、校長室からソファを取り払い、小判型の大テーブルと八脚の上等な会議用椅子を入れた。校長室を、何ごとも忌憚なく話せる「対話による学びの場」に変換することで、学校全体に対話の風土を育てるためである。ベテランも初任者も、あらゆる職種の教職員が校長室を訪れてくれた。そこでの対話は私自身の学びに結びつき、来談者の学びにも結びついた。意見の異なる者どうしがテーブルを囲んで意見を戦わせることもあり、その修復のために当事者やその関係者のもとに出向いて夜遅くまで話し込むこともよくあった。傍から見ればそれはトップの姿ではなく、調整者として見えたかもしれない。

4　心地よい対話空間を求めて

教師が「困っている生徒」との対話を成立させ、その困難を見極めることは難しいことである。なぜなら、その困難から発せられている非言語のメッセージを読み解きながら、適切な支援というレスポンスをせねばならないからだ。そして、生徒は教師の指導を一方的に受け入れるべきであるという「特別権力関係」の考え方が、教師の中に根強く残っているからでもある。

一方、高校での教師と教師の対話を成立させるのも難しいことである。しばしば思想信条に基づいた「～であるべきだ」「～するのが当然だ」などの主張を投げあうばかりで、新たな価値を創造する動きが生み出せないからである。このような学校のありかたを変えない限り、「困った生徒」から「困っている生徒」へと視点を転換することはできないし、「新座の教育」の創造も不可能である。このころから「対話」の重要性を意識するようになった。そして、秋田喜代美先生（東京大学大学院教授）の編集する『子どもたちのコミュニケーションを育てる――対話が生まれる授業づくり・学校づくり』（教育開発研究所、二〇〇四年）にめぐり会った。その「はしがき」の一節にこうある。

本書の目的は、対話が生まれる授業や学校をつくり出していくための視座を提供することにあります。実際に豊かな対話を生み出している授業や学級・学校の実践から学び、コミュニケーションに関わる学問理論の知見と織り合わせながら、日々の授業を振り返りデザインする視座、教科授業にとどまらずさまざまな人やものと対話する機会をデザインする視座、それらを豊かにしていくための教師たち同士が対話し学び合える学校づくりのための視座を提供することにあります。

「教師たち同士が対話し学び合える学校」とは、なんとすてきな学校だろう。先に、一九八〇年代、教育方針をめぐって学校が大きく割れた経験があると述べた。自分の主張に固執するのではなく、新たな価値を求めて、生徒も保護者も教師も、相互に敬意をもって対話できる学校。あの苦渋の日々以来、このような学校像を求めてきたのだとあらためて自覚させられた。

二〇〇八年度の全体計画に「すべての生徒が学ぶ喜びを実感できる学習システムの構築」を掲げ、その具体化のための方策として授業研究の充実を位置づけた。そして金子奨さんのはからいで、秋田先生の「対話が生まれる授業づくり」と題する校内研修会をおこなった。先生は講演に先立ち全教室に足を運び、授業を参観し、それぞれの授業の可能性について話してくださった。

ただし、一回の研修会だけで学校を変えることなどできるわけはない。校内の世論がまとまることもなかった。生徒が困難を抱えていることも、対話の重要性もわかる、しかし具体的で実効性のある手立てがない限り、パワーによるコントロールは不可欠。その指導に従えないのであれば、生徒が学校を去るのも仕方がない。統制がとれ、生徒と教師の心が通いあっている現状を大きく変える必要はない。「生徒との対話だけじゃダメなんです」という痛烈な言葉も聞かれた。いまから振り返ってみると、私の中に、人の尊厳に対して徹底して敬意を払うという対話のスタンスが育っておらず、心地よい対話を具現できない場面が多々あったためだと思う。その後の一年余りは苦しい模索の日々となった。

しかし、少なくとも、全校での公開授業研究会の第一歩を踏み出す契機になったことは間違いがない。金子奨さんが学級担任となり所属した一学年団では、生徒の学びを観察し、そのことを対話する授業研究会を定期的に実施するようになったのだから。

5　授業研究プロジェクト委員会の芽

二〇〇九年、本校は危機におちいっていた。人事異動のために「ダメなものはダメ」と指導を貫徹できる教師が減少し、初任者や臨時的任用教員の割合が増えてきていた。そのような中、活気ある学級経営を長年してきた教師が、荒れる生徒に手を焼いていた。転任してきたベテラン教師の学級が崩壊した。視点を変えて言うならば、「困っている生徒」が、理解できない授業、講義型の授業に否を突きつけていた。みずからの困難に寄り添わない指導に否を突きつけていた。自分の「困り感」に蓋をせず、存分にそれを表明し始めた。ゼロ・トレランスによって守られていた、生徒と教師の心が通いあう状態も崩れ始めていた。

夏休みのある日、近隣の小学校の校長が、「学びの共同体」の研修会を開きたいので金子奨さんに講師として来てほしいと突然訪ねてこられた。校長は、学びの共同体の導入によって学校の現状を改革したいと熱く語って帰った。その後で私は金子さんと話し込んだようである。私は覚えていないのだが、金子さんのメモによると「やっぱり、学校のこと考えなきゃダメか……」とつぶやいたという。

たまたま数日後に、高橋あつ子先生（早稲田大学准教授・当時）による「授業のユニバーサルデザイン化」の研修会に参加した。「困っている子」を含めた、すべての生徒の学びを促進する授業。その具体的方策が鮮やかに取り揃えられていた。この講義を受けて、「対話だけじゃダメなんです」という痛烈な言葉への答えがここにある、「困っている生徒」を支援する道筋が見えてきたと感じた。そして、現在、新座高校で機能している授業研究プロジェクト委員会の原型の構想を練り始めた。

さまざまな意見を持つ教師どうしが対話できるプラットフォームとなることを願い、委員の構成は希望制とした。委員会設置の目的は、生徒の発している「困り感」に応えられる授業を、教職員の衆知を集めて構築し、転退学者の減少を実現すること。そして名称は、すべての生徒が参加し満足できる授業、つまりユニバーサルデザイン化された授業を実現するとの願いを込めて、「夢の授業を実現するためのプロジェクトチーム」とした。プロジェクトチームは、学校司書を含めて総勢一〇名でスタートした。

プロジェクトチームの活動の中で画期となったことは、小平市立鈴木小学校で実施されている「授業者支援会議」をチームメンバー三名とともに視察したことであった。この授業者支援会議の特色は、短時間・少人数で実施し、しかも明日からの授業で活かせるアイディアをもらえるところである。視察からたくさんの示唆を得ることができたが、それ以上に大切だったのは帰途でのできごとだった。体験したこと、感じたこと、考えたこと、そして教育のよさや可能性を笑顔で、しかも興奮しながら話しあっていた。違いを探しあうような会話ではなく、同じ体験を見つめあいながらの親和的な対話になっていたように思う。

プロジェクト委員会は都合八回開かれた。決して平坦な道のりではなかったが、次年度から、特別支援教育の視点を重視した公開授業研究会を、全校的・定期的に実施する方向で収束していった。

6　全校あげての公開授業研究会のはじまり

二〇一〇年三月のある日の明け方、夢を見た。何かを抱えて歩いていると、ひったくりに遭った。追いかけるが、どうにも足が進まない……。

その数日前、私自身の異動内示の日時場所の連絡を受けた。現任校での定年退職を希望していたが、人事は人ごと、あれこれ言っても詮無いことである。「はい、わかりました」と事務的に電話を切っていた。寝床の中で、夢に見るほどに自分は新座高校に執着していたのかと思った。

二〇一〇年四月から、「授業研究プロジェクト委員会」の提案により、特別支援教育の視点を重視した公開授業研究会が全校的・定期的に実施されるようになった。この年に着任した小堤正一校長、その後に続く藤本成校長、桑原浩校長が、公開授業研究会を育てることに力を注いでくれた。そして、トップダウンによらないがゆえに、はじめは反発や戸惑いがあったものの、教職員は維持向上に協働してくれた。

公開授業研究会には、いまも時たま顔を出させていただいている。訪れるたびに、授業を観察する教師の目が精度を増していた。着目する生徒の級友や学びへのかかわり方を切り取り、その背景も説明できるようになっていた。また、生徒の学びに対する姿勢も、少しずつではあるが確実に変化した。授業に参加し発言することに恐れを持たなくなった。自分の発言が否定されることはないという安心。その発言がグループの中で、学級の中で尊重されるという自信。一人ひとりの学びが妨害されない、自由に学びあえる空間が立ちあらわれるようになっていた。

何よりもうれしいことは、授業の場、授業研究会の場、そして職員室や校長室に、心地よい対話空間が生まれたことである。そして、返す返すも残念で仕方がないのは、私自身がその生成・発展の過程をともに体験できなかったことである。

注

1　ハワード・ゼア『責任と癒し――修復的正義の実践ガイド』（築地書館、二〇〇八年）ほか同氏の著作を参照。

コラム　三七年後の新座高校

川添玲子
新座高校再任用教諭／英語

私は、一九八〇年四月から八六年三月まで、英語の教員として新座高校にお世話になりました。その後、朝霞地区を中心に四つの高校に勤務した後、二〇一七年三月定年を迎え、再任用としてふたたび新座高校にお世話になることに。三七年ぶりに戻ってみた新座高校は、かつて私が勤務した高校とはまったく別世界になっていました。

一九八〇年代は、校内暴力が大きな問題となり、「金八先生」がテレビでヒットするなど、何かと教育問題が騒がれている時代でした。女子は袴のような丈の長いスカートにパーマ、そして聖子ちゃんカット。男子はリーゼントに学ラン姿で徒党を組み、バイクで暴走していました。新座高校にも一部にそのような生徒たちがおり、大学を出たばかりで教員になった私には、このような世界があったのかと毎日が驚きの連続でした。最初はすぐにでも辞めたい気持ちでいましたが、一年もするうちにしだいに慣れ、担任までさせていただきました。

教職員集団は、現在と同じように若い人たちが多く、三〇代の教員はすでにベテランの領域にいました。みんなで協力しあって生徒指導をし、二年目の夏には山梨県の忍野八海《おしのはっかい》で合宿、『教育は死なず』という本を読んで学習会をしました。当時の校長だった稲毛善治郎先生まで参加し、熱く新座高校の行くすえを語りあったものです。

この合宿が実施されたのは、ある重大な事態に直面したことが理由でした。入学式当日から一年生のあいだで暴力事件が続発し、わずかな期間に三名もの生徒が退学となりました。入学した生徒の中に地元暴力団の下部組織に属する者がおり、自分の配下の組織を作ろうとしたためでした。このことをきっかけに、学校全体の生徒指導のありかたを問い直す動きが起こり、合宿の実施となったわけです。そして長い話し合いを経て、「地元新座と結びついた生徒指導をおこなう」という方針が生まれました。「ひのえうま」の影響で受験生の数が減少し、翌年の出願率が厳しくなることが予想されるなかで、必死の取り組みが始まりました。

まず、当時としては珍しいこととして、高校の教員が中学校を訪問することに取り組みました。それまで、中学校は生徒を「入れてもらう」側、高校は「入れてあげる」側という立場から、わざわざ高校の教員が訪ねていくなど考えられない時代でした。合格発表後、一年の学年団が手分けして新座市内の各中学校を訪問し、入学後の生活で配慮すべきことや中学校からの要望を聞いてきました。何か問題があれば中学の元担任からアドバイスを受けるなど、中学校との関係はその後も続きました。

もともと新座高校は地元の要望で建てられた学校で、地元への配慮は当然だったのですが、県内のさまざまな市町村から生徒を受け入れる公立高校の立場としては、ひとつの市の中学校だけとつながりを持つことをはばかる雰囲気がありました。このとき私がお話をうかがった中学の先生が、のちに高校の教員となり別の高校でご一緒する機会を得ましたが、当時を振り返って「中学校にまで来てくれるなんて、新座高校の先生はなんて熱心なんだろうと思いました」と語ってくださいました。

若手の多い学校では、はじめて担任を経験する教員の割合が多い学年団が生まれます。ベテランは学年主任と副担任を含め数名程度。クラス数は私が担任をする時点で一〇クラスとなりました。こまごまとした校則をめぐって生徒と対峙するとき、経験の差が大きな問題を生むこともあります。それを防ぐために、「生徒指導はみんなでおこない、新任の担任をひとりぼっちにしない」というのが合言葉になりました。学年主任は、生徒のことを知るために担任を兼ねるという、いまから思うとほんとうに大変な役目だったと思います。そのおかげで若手は安心して先輩教員に悩みを打ち明け、時には一緒に家庭訪問をしてもらったりと大いに助けられました。学年団の教員が一丸となってするぶれない生徒指導の中で、生徒と教員集団との信頼関係も強い絆で結ばれていきました。

ただ、授業に関しては、まだまだ問題点があったと思います。現在、研究授業として授業を互いに見せあうのは当然になりましたが、当時は他人に授業を見せることはタブーで、先輩教員の授業を見せていただくことは難しい時代でした。

また、生徒のほとんどは、高校だけは何としても卒業したいと思っているのですが、年度末になると赤点が大量に出て、追認考査も受けられず原級留置になったり、退学したりしていく生徒が相当数いました。

試験対策の面倒を見ていたのは、教科担当よりも担任だったように思います。とくに赤点を続けて取った生徒に重点をおいて居残り勉強をさせていました。私も担任として何人かの生徒の居残り勉強を担当しましたが、個別に生徒をみていくうちに「わからない」というのにはいろんな種類があるということを知りました。授業中、落ち着きがなくて先生の話を聞けないから「わからない」だけで、理解力はある生徒。前日まではよく問題が解けていたのに、テストになると緊張してすべて忘れてしまう生徒。ひとつのことを習得すると、他のこともすべてそのルールに塗り替えてしまう生徒。ほんとうにさまざまです。

おそらく現在の新座高校なら、このような生徒たちに、担任だけでなく学校全体が協力しあってさまざまな角度から学習支援をおこない、きめ細かな指導の手がさしのべられることでしょう。三七年ぶりの新座高校は、体系的なきちんとした理論があり、教員向けの研修がおこなわれ、学校の中だけでなく外部や地域とつながって支援制度を確立している学校に変貌していました。

現在、三年生の授業を持っているのですが、「先生、もっと生徒を取り込んで授業をやってください」とか「音読をしっかりやってください」など、生徒からの授業への注文が多いことに驚きます。「この先生は授業であまり活動をさせないね」などというひそひそ声も聞かれ、しっかりと教員を値踏みしています。三年生は入学からこれまでの期間に、研究授業で何度もさまざまな教員の目にさらされ、授業が自分たちにとっていかに重要なものかを感じ取り、素直に言葉にしているのです。「わかるようになりたい」という気持ちがほとばしっているように感じました。

授業だけでなく全校集会や行事への取り組みの姿を見ても、生徒たちは自信を持っていることが感じられます。学校や教員への信頼が感じられます。学校が一丸となって取り組めば、こんなにも変わることがあるのだと驚いています。

先日、新座高校の卒業生と、そのご両親に会う機会がありました。彼女は高校入学時すでに車いすの生活を余儀なくされていて、自宅から近い新座高校を希望して入学しました。彼女のご両親と私は、彼女の保育園時代からのおつきあいです。せっかくの機会なので新座高校の現状をお話ししました。とくにエレベーターが設置されることをお話しすると、わが子を新座高校まで送り迎えしていたそのお父さんは大変に感激し、本好きの娘のために、五階にある図書館まで車いすを担ぎ上げて連れて行ってくれた教員集団や仲間たちの思い出話をしてくれました。きめ細かな現在の指導のもとで、特別支援の種が着実に実をつけつつあるということを、思いがけなく知ることができました。

いま、このように実りを得た新座高校も、ここまで来るには大変な道のりだったと思います。この場に居合わせることができたことをうれしく思っています。支援のバトンをつなぎ、多くの人の協力があってこそ、ここまで来られたのだと感じています。そして、三七年前に忍野村で語りあったメンバーたちにも、現在の新座高校を見せてあげたいと思いました。

第3章

現在の新座高校

岡部 競
新座高校校長

はじめに

二〇一七年三月、新座高校校長の内示を受けた私は、まずは学校の情報を得ようと新座高校のホームページにアクセスしました。目を引きつけられたのが授業研究プロジェクトのサイトで、年間七回の公開授業研究会、年間一七号発行の授業研究会ニュース等、一目見てその活動の活発さを理解することができました。

そして、授業研究会ニュースを読み進めるなかで「授業研究会ニュースに特別支援教育的な要素が多数ちりばめられている。その意味するところは何なのだろうか」という疑問が湧いてきました。その疑問は、やがて新座高校で日々おこなわれている教育活動にふれるなかで徐々に氷解していくこととなりました。

校長として就任してから約半年間の勤務を通じて感じた、驚きの数々を本章ではまとめてみました。読者の皆様に本書を読み進めていただく上で、本校の雰囲気を知っていただく一助となれば幸いです。

1　新座高校での驚き・その一――授業研究プロジェクトと特別支援教育との関係とは?

着任して間もない二〇一七年四月六日、本校で長年にわたり特別支援教育コーディネーターを務め、前年度末をもって定年退職された雨宮史子先生を講師として、職員研修会が開催されました。テーマは「全校生徒対象の特別支援教育」です。

その中で先生は、「本校の生徒は、小中学校時代に学習につまずいた経験を持っている」「成功体験が少なく、勉強や部活に打ち込み行事に燃えるといった高校生活をイメージして入学する生徒は少ない」「学習・生活両面での成功体験を積ませることが必要。その意味で、すべての生徒が個別の支援を必要としている」「そこで、生徒全員が受ける授業を通じておこなう一次支援として、授業研究プロジェクトと連携することにした」と語っていました。

このお話を聞いたことで、「なぜ授業研究会ニュースに特別支援教育的な記述が多いのか」という着任前に感じていた疑問は解けていきました。長期休業中にもかかわらず、非常に多くの教職員が出席していたことに驚くとともに、先生方の熱い思いを感じた、着任四日目のできごとでした。

2 新座高校での驚き・その二――アクティブ・ラーニングと授業で挙手して発言する生徒たち

五月に入り、授業見学に教室を回るようになると、また新たな驚きを感じることとなりました。グループワークやペアワーク等を取り入れた授業があちらこちらの教室でおこなわれ、生徒どうしが相談する、理解している生徒がまだわからない生徒に教える、先生に質問する、手を挙げて自分の意見を述べる、といった活動的な光景を見ることになったのです。

そこには、練り上げた指導スタイルの中で生徒たちがいきいきと活動する、ベテランの先生による授業がありました。一方で、試行錯誤・創意工夫しながら授業を進めようとするも、生徒と嚙みあわずに額に冷や汗を浮かべている若い先生の授業もありました。

いずれにしても、これらの授業の根底には、「生徒どうしの学びあいを支援していこう」という先生方の熱い思いがあるのだと感じました。教諭時代、どのような授業をすれば生徒の主体性・積極性を引き出せるのかを課題にしながらも、一斉講義形式の授業から抜け出すことのできなかった私にとって、驚きの連続となる授業見学が続きました。

3　新座高校での驚き・その三——公開授業研究会を年間七回開催できる学校の力

先生どうしが授業を見学しあい、授業者と見学者が一堂に会して研究協議をおこなう。授業の質の向上に欠かせない取り組みだと思います。そして、授業を見学する先生は多いほど、多くの観点からの意見交換が可能となります。

しかし、単純に考えれば、ひとつの時間帯に特定のクラスだけが授業をおこなっているという条件がなければ、多くの先生がひとつの授業を見学することはできません。私の経験では、こうした形式で授業公開と研究協議を実施していた学校はありませんでした。

ところが新座高校は、こうした取り組みを年間七回もおこなっているのです。さらに驚いたことに、たんに校内での授業公開ではなく、他校の先生方にも広く参加を呼びかけ、県内外から多くの先生方が参加しているのです。

そして、公開授業終了後の研究協議で、もうひとつの驚きが待っていました。数十人がひとつの授業を見学した後、数名ずつのグループに分かれて研究協議がおこなわれます。第一回目の公開授業研究会で、私はグループ内で最初に発言を求められました。何の疑問もなく、「授業者の○○先生は……」と、教師の指導方法について発言しました。ところが、私の後に発言する先生方は全員、「あの発問をきっかけに、普段はほとんど他の生徒とかかわろうとしない□□さんが△△さんに……」のように、生徒の授業内の動きに焦点を当てた発言をするのです。冒頭で書いた「授業研究会ニュースに特別支援教育的な要素が多数ちりばめられている」意味を、ほんとうの意味で実感した瞬間となりました。

4　新座高校での驚き・その四――「先生、もっと生徒を取り込んで授業をして」という生徒の声

二〇一四年一一月、私は当時教頭として勤務していた学校の先生方二名とともに、京都市立堀川高校の研究開発報告会に参加しました。

堀川高校は、一九九九年の校舎建て替えと同時に「探究科」を設立し、進路実績を飛躍的に伸ばしたことから「堀川の奇跡」として注目された学校です。大学のゼミかと見まがうディスカッション形式の授業、「日本にハブ空港を作るとすると」をテーマに一年生全員がおこなうポスター発表等々、報告会で見聞きしたことのすべては私にとって驚きの連続でした。

なかでも、堀川高校に長年勤務している先生の次の一言は、いまも忘れることができません。

「かつて私は堀川高校で、知識注入型の一斉授業しかしていませんでした。しかし、堀川高校が変わり、周囲の先生方の授業がアクティブ・ラーニング形式に変わっていきました。すると、生徒たちが私に目で訴えてくるのです。『先生、そういう授業を続けていいて良いのですか?』と。生徒にそのように見られてしまったら、教師として授業を変えていくしかありません」

帰りの新幹線の中で、「勤務校とはまるで別の国の学校を見た」との思いが湧きあがってきました。そ

して、「ホテルのような校舎、市教委が意欲あふれる先生方を集めている、生徒の意識や学力が高い」など「特別な学校」だからこそできる教育活動で、同様の授業を勤務校に求めることはとうてい不可能なことだ、と結論づけたのでした。

しかし、堀川高校のすばらしい授業は、同校が特別な学校だからできるのではないということに、新座高校に着任してあらためて気づかされました。一九八〇年代に初任者として本校で勤務し、定年退職後に再度本校の教壇に立った川添玲子先生が、先のコラムで次のように述べています。

「『先生、もっと生徒を取り込んで授業をやってください』とか『音読をしっかりやってください』など、生徒からの授業への注文が多いことに驚きます。『この先生は授業であまり活動をさせないね』などというひそひそ声も聞かれ、しっかりと教員を値踏みしています」

私には、こうした本校生徒の授業に対する受けとめと、堀川高校の生徒の「先生、そういう授業を続けていて良いのですか?」と目で訴える姿とがオーバーラップしてきました。「堀川の奇跡」と呼ばれるような学校の生徒と、本校の生徒たちが、授業に対して同じような受けとめをしている。この背景には、新座高校の先生方が培ってきた授業研究の歴史があると感じ、驚きというより感動を覚えました。

5　新座高校での驚き・その五——協働授業の効果を体得する生徒たち

六月におこなわれた体育祭の応援合戦と、そこに至る準備の過程を通じて、私は本校生徒が秘めている可能性の大きさをあらためて感じました。

本校は一学年五クラス（一年生のみ六クラス展開）定員六〇〇名の学校です。体育祭では、学年縦割りの五つの団に分かれて優勝を競います。各団が一番力を入れるのが応援合戦で、三年生の団長を中心とする応援団が四月に結成され、二カ月近くの準備期間を経て体育祭当日に臨みます。

準備期間中には、放課後の教室や廊下で応援パネルを作成する姿や、音楽を流しながら演技内容を確認している姿などが見られます。そして体育祭が近づいてくると、授業時間内に応援練習の時間が設定されます。団長以下、三年生を中心とする応援団の生徒たちが、約一〇〇名の団員に指示を出しながら応援の練習に取り組んでいきます。

その姿を見ていると、どの団長も、最初のうちは一〇〇名を一斉に動かそうとするのではなく、学年別や男女別のように小グループに分けて動かし、それがクリアできると全員を動かすようにしていました。生徒たちが、授業のグループワークなどの活動で学んだことを活かしながら、実にしなやかに本番に向けて練習を積み上げていくようすに感心しました。

そして体育祭当日の応援合戦。各団とも練習の成果をいかんなく発揮した演技を披露してくれました。その光景を私の隣で見ていた、本校での勤務の長いベテランの先生が次のように話してくれました。

「かつての新座高校では、この応援を仕上げるのは三年生の担任の仕事になっていました。練習では、三年生が一・二年生に頭ごなしに指示を出すため、生徒どうしの喧嘩が起きることもありました。いまでは、三年生の担任のおもな仕事は練習風景を見守ることに変わっています。そして三年生は、授業でのグループワークを練習に取り入れ、一・二年生への指示を、小グループから徐々に大きいグループへと出すように工夫しています」

私が「今日、保護者のひとりが、新座高校の体育祭は生徒みんなが一生懸命競技しているので見ていて楽しい、と話してくれました」と伝えると、「実はかつての保護者からは、新座高校の体育祭はダラダラしていて恥ずかしいと言われていたのです」とも教えてくれました。こうした体育祭の応援のありかたすべてが協働学習の成果と言い切ることはできないと思いますが、その効果は大きいものと私は推察しています。

今年度、本校に転任してきた先生が、授業研究会ニュースの中で次のように書いています。バスケットボール部の指導中、大声で怒鳴るように指示を出したことがあったそうです。すると「試合が終わると（その生徒に）不信感が芽生えているのが見て取れた。数日は○○（その生徒）の自分を見る目がいつもとは違っていた」。赴任当初に先輩の先生から、「この学校の生徒は、上から押さえつけられるとすぐ反発しますよ」と言われたことが思い出されたとのことです。

人間である以上、上から押さえつけられることや、大声で怒鳴られることを快く思わないのは当然です。残念なことではありますが、学校では、かつてに比べてかなり減ってきているとはいえ、こうした指導方法は散見されます。

しかし新座高校では、このような光景を見ることはほとんどありません。粘り強く、そして丁寧に、何度も言い聞かせるような指導が、今日も校内のあちらこちらで繰り広げられています。体育祭の応援練習で、かつては下級生に頭ごなしに怒鳴るように指示を出していた三年生が、小グループから徐々に団全体を動かすように変わっていったことも、こうした先生方の指導のスタイルを見て学んでいった結果なのだと思います。

おわりに

本校に着任して半年が過ぎました。授業、部活動、生徒会活動、学校行事と、いろいろな場面で生徒たちの活動する姿を見てきました。「子どもは親の背中を見て育つ」という言葉がありますが、「新座高校生は、本校の先生方の姿をほんとうによく見て学んでいるな」ということを強く感じています。

本校には、学習面・生活面、そしてその背景にある家庭環境と、さまざまな課題を抱えている生徒が多数在籍しています。それだけに、指導に当たる先生方には並大抵ではない粘り強さが求められます。ときには指導が徒労に終わってしまうこともあります。そうした先生方のご苦労には、校長としてほんとうに頭の下がる思いです。

しかし逆説的に考えると、本校の先生方は、他の学校ではなかなかできない貴重な経験を積み、教師に求められる幅広さや奥深さを、自然と体得できる環境で勤務しているとも言えるのではないでしょうか。なぜならば、私が過去に勤務した学校の経験を踏まえると、これまで書いてきたような「驚き」が実践できている学校はそう多いとは思えないからです。

新座高校を初任校とする若手の先生方は、川添先生の言葉を借りれば「三〇代の教員はすでにベテランの領域」にいるように私の目には映っています。それは決して偶然ではなく、新座高校のこれまでの実践の積み重ねの数々が先生方を鍛え、成長させてきたのだと思います。

わずか半年ではありますが、私が新座高校の校長として感じてきたことを率直に綴りました。第Ⅱ部以降、本校の先生方の思いが詰まった実践報告が次々に登場します。本書を手にしていただいた皆様方にとってなんらかの参考になれば幸いです。

II 協働的な学びあい

第1章

協働的な学びあいの授業

――ペアやグループワークを核にした授業へ至る過程――

佐藤大輔
新座高校教諭／英語

はじめに

現在、私は新座高校に赴任して三年が経ち、四年目に突入した。この新座高校での三年間は、私の教師観、教育観に大きな変化をもたらしてくれた。赴任する以前の経歴を簡単に記述すると、私は民間の学習塾に就職して受験指導に携わり、塾を退職後は県立高等学校の非常勤講師、臨時的任用教諭として浦和北高校・玉川工業高校（現在は廃校）・鶴ヶ島清風高校と三校を渡り歩き、英語の指導をおこなっていた。新座高校へ赴任する前後を比較すると、私の授業スタイルは大きく変化したと感じる。厳密に言えば、これまで実践してきた指導法に、新たな指導法――新たな武器とも呼べる――が加わったというのが適切であろう。

学習塾時代に培ったノウハウや、これまでの指導経験から、私はティーチャーフロントによる一斉授業で、それなりに理解が進む授業をしていたと自負する。学習塾や、最初に勤務した学力上位校では、ペアやグループワークの必要性など感じもしなかった。何より、生徒も望んでいるようには思えなかった。その先にある大学受験を意識し、志望校合格への最短距離の授業であれば簡単に支持を得ることができた。実際、生徒からの支持を集め、指導法に疑いなどまったくなかった。もっと言えば、ペアやグループワークは、ティーチャーフロントによる一斉授業では授業を成立させられない、授業力のない、授業が下手な教師のやるものだとさえ思っていた。

1　一斉授業から協働学習へ

新座高校へ赴任した初年、私は二年生のコミュニケーション英語Ⅱを担当した。一学年に所属していた私にとって、このクラスは鬼門、はっきり言ってとてもやりづらいクラスであった。生徒の多くは、赴任したての私に対し「この学校では自分たちが先輩である」というような雰囲気を醸し出し、加えて学年外の教員であることもあり、私を「外の人間」であると位置づけているようだった。完全なる「アウェイ」の空気が充満するこのクラスへ向かう廊下で、私は数えきれないほど溜め息をついたことを記憶している。

一学期は、私がどんな人間であるかを見定めるような時間が続いた。もちろん、このような「教師を値踏みする」行為は、どの学校のどの授業でも存在するのだが、新座高校の生徒の値踏みは少し違うものだった。一般的に生徒は「授業の質」（授業がわかりやすいか否か）を値踏みし、わかりやすい先生はアタリ、そうでない先生はハズレというような値踏みがなされる。しかし新座高校では、ほとんどの生徒が「授業の質」より「教師の人間性」を重視した値踏みをおこなう。それゆえに言葉の端々に敏感で、つねにアンテナを張っている。彼／彼女らは、教師の言動から人間性を把握し、心を開くまでに相当な時間を要する。そして心を開くまでは、自分たちの流儀を曲げることはなく、指示・伝達にほとんど耳を貸さない。実際、私の言葉はほとんど空を切るような感じであった。授業開始のチャイムが鳴り、席に着くよう投げかけても、無反応を決め込む生徒もおり、だらだらと気だるそうに席へ向かう生徒が大半を占めていた。席に着いたかと思えば、机に何も出すことなく両手をポケットに突っ込んでいる生徒や、鏡を出し化粧を始める生徒もいた。いざ授業が始まっても、休み時間と授業の境界線がなく、注意をしなければ永遠に友達とのお喋りを続ける生徒もいた。そういった環境の中では、真面目に勉強したい一部の生徒はマイノリティになり、その劣悪な環境にただ耐えるしかないという状況であった。しばらくは抗うものの、耐えきれず突っ伏してしまう生徒も見られた。

私は、身体が大きいことも手伝い、ちょっと凄めばそれなりに教室を静かにすることができた。しかし、そうすることで得られたのは「一時的な静寂」と「大人に対する不信感」であった。多くの生徒は「じゃあいいよ」と言わんばかりに、机に突っ伏して五〇分間をやり過ごすことに切り替えてしまう。高圧的な働きかけは、「まなび」と向きあえない生徒を見放すことと同義であり、問題解決どころか問題をよりいっそう深刻なものにするだけなのであった。

夏休みが終わり、二学期を迎えると、少しずつではあるが私と生徒のあいだに人間関係ができあがってきていると感じられるようになった。生徒たちも一学期間を経て、私を「外の人間」から「内の人間」にカテゴライズし直したようであった。人間関係ができあがってからは、私の言葉に反応する生徒が増え、徐々に生徒各人のパーソナリティが表面化するようになってきた。時を同じくして私の中にも、授業に対する考え方に少しずつ変化が生まれてきたのである。

一学期は、とにかく教室を静かにして、私の声を届けようと躍起になっていた。しかし二学期を迎え関係性ができあがってくると、生徒とテンポの良い会話によるやりとりができるようになってきた。コペルニクス的発想の転換ではないが、これだけ話したい生徒が多いのであれば、彼／彼女らの声を通じて授業をすればいいのではないかと考えるようになった。ティーチャーフロントによる一斉授業が主体であった私は、このクラスで積極的にペアやグループワークを取り入れてみることにした。当時の私にとって、この試みはたいへんチャレンジングなものであったと記憶している。

いまでも思い出されるのが「分詞」という英文法の授業である。英文法の授業といえば、教師が解説し生徒が演習をおこなうというのが典型的なもので、教師の解説がいかに明瞭であるかが腕の見せどころであるという認識をもっていた。

分詞には現在分詞（Ving）と過去分詞（Vp.p）があり、その選択に高校生は非常に苦労する。ましてや、新座高校のような学力困難校では、教えたところでチンプンカンプンなことが多い。ひと通り説明を終え問題演習に移る際、試しにグループワークをやってみようという考えに至った。いざ実践してみると、

普段はあまり授業に前向きでないクラスのお調子者である斉藤くんが、

「飛んでいる鳥が a flying bird で、壊れた花瓶が a broken vase になるのって、自分が鳥とか花瓶になったと思えばいいんじゃない？」

と発言をしたのである。

「鳥は自分の羽根で飛ぶことができるから現在分詞で、花瓶は自分で自分を壊すことはできない、花瓶は誰かに壊されるから過去分詞なんだよ」

と、持ち前の大きな声で、グループを越え、クラスに響き渡る声で発言した。

「つまり、分詞を考えるときって、後ろに来る名詞になりきればいいんじゃん。カンタンじゃん！」

と、彼は私の説明を自分の言葉で言い直し、感想まで付け加え、クラス全体に響かせた。斉藤くんの声を拾った生徒はみるみる問題が解けるようになり、気がつけば、理解の難しい分詞という文法事項をクラスのほぼ全員が理解してしまったのである。一斉授業で私が教える限界を、彼の声はみごとに越えていったのである。

かつては一斉授業が下手な教師がやるものだと蔑んでいたペアやグループワークを実践してみてわかったのは、ペアやグループワークでは授業の主導権を生徒へ委譲することになるため、一斉授業よりもはるかに教室のコントロールが難しいことである。とくに、生活において波のある生徒の多い新座高校では、ある日はノリノリで参加する生徒が、別の日は何もしないといったことがしばしばある。同じグループワークでも、その日のようすを観察しながら進める必要があった。また、グループワークが活性化するまでに、こちらの予想よりもはるかに時間を要することもあり、「待つこと」が必要であることにも気づかされた。

ペアやグループワークをすることの最大の収穫は、生徒の普段見られない表情や得意分野を発見できることだった。生徒主体の授業形態にすることで、一斉授業よりも格段に生徒の表情やしぐさ、授業に対するモチベーションやその日の虫の居所など、多くのことを観察できるようになった。加えて、それまで見過ごしてきた生徒どうしの関係性や、生徒間における立ち位置などを知ることができたのである。

一斉授業から協働学習へ舵を切るにあたり、果たして生徒はペアやグループワークについてどう思っているのだろうと思い、考査の解答用紙の余白に感想欄を設け、声を拾い上げてみることにした。すると、以下のような感想が書かれていた（以下原文のまま抜粋）。

- もっとグループでやるのがやりたい
- グループで本文をやくす時、みんなと協力してできるのですきです。
- グループワークで自分の意見を声に出して相手に伝えることで相談できたり間違いに気づけるのでいいと思います。

いつからか私の授業の感想は、ペアでの音読とグループワークについての感想が多くなった。そして感想の多くは、枕詞のように「中学校時代は英語が嫌いでしたが、高校に入って英語が好きになりました」

という文言から始まる。授業中に理解が進まず、一方で授業がどんどん進んでいくといった「置いてけぼり」を経験し、当時ヘルプサインが出せなかった、あるいはヘルプサインが出せる環境になかった生徒にとって、ペアやグループによる活動は周囲との歩調を合わせることができ、「わからない」を「わかる」にすることができる場として機能しているようだ。

ほかにもグループワークの効用が、以下のような感想からもうかがえる。

●（先生が）生徒一人一人に対して積極的に話しかけてくれて授業が楽しい。

ペアやグループワークを取り入れることで、教師は机間巡視の時間を確保でき、活動を観察しながら生徒と必要に応じてその場で瞬時に会話ができる。この会話が生徒にとってかけがえのないものなのだということも、感想欄を通じて知ることができた。

現在、四年目に突入し、協働学習が少しは板についてきたように感じる。それは間違いなく、信頼できる同僚と、新座高校が一〇年にわたって続けてきた授業研究会の存在が大きい。

2 同僚と授業研究会

私は、根本的に「普遍的な教科指導など存在しない」という考えをもっている。目の前の生徒と対峙し、省察しながら「何がもっとも適切な指導法であるか」をその都度考えなければならない。これが教師の教科指導における最大の仕事であり、職責であり、また醍醐味であると考えている。

それにもかかわらず、私は私自身の授業を絶対視し、客観視していなかった。自分の考える指導法が最適な指導法であると疑いもしなかった。そういった高慢な私自身を顧みるきっかけを与えてくれたのは、誰でもなく新座高校の同僚であり、そして新座高校が一〇年前からおこなっている授業研究会の存在であった。

中高交流事業により赴任してきた深見宏先生の存在は大きかった。ある事象に対して深見先生と私では、とらえ方の方向性が正反対であることが多かった。そういう考え方の違いを目の当たりにするうちに、たまには深見先生の視点に立ってみようと試みたりした。すると、これまで見えていなかった景色が見え、理解しがたかったことが理解できるようになるという経験をすることができた。他者の視点を取り入れることの大切さを、あらためて実感する契機となったのである。

初任者研修の教科研修担当であった吉田友樹先生の存在も大きかった。吉田先生は私の授業を参観し、それを細かく分析してくださった。私の授業では「教師→生徒」「生徒→教師」の矢印はあるが、「生徒→生徒」の矢印が欠けている、という指摘はまさにその通りであった。当時の私は「生徒→生徒」の矢印を、まったくと言っていいほど意識していなかった。厳密に言えば、「生徒→生徒」の矢印を信用していなかった。この点について指摘いただいたことは、のちの私の授業に大きな変化をもたらしてくれた。まさに前述した斉藤くんのエピソードへとつながっていったのである。

金子先生からは、生徒をエピソードで語る大切さを教えていただいた。以前は、日々起こる良い事象も悪い事象も一過性のものと考え、どこか「点」でとらえていたのだが、エピソードを語ることを通じ、「点」と「点」が「線」になる瞬間を想定して日々を過ごすようになった。この感覚をもつことで、これまで短期的な視野でしかものごとを見られなかった私が、少しずつではあるが中長期的な視野でものごとを見られるようになったと考える。

授業研究会では、授業者や授業法よりも、生徒のようすや機微を観察する大切さを学ぶことができた。観察し気づいたことを研究討議で同僚や参観者と語りあい、共有することで、生徒を多角的に見ることができ、知ることができた。そして、それを「振り返り」で文章化することで、あらためて再認識、再構築することができ、一連の取り組みを通じ経験値が積み上がっていく感覚を覚えることができた。

世間では「アクティブ・ラーニング」という言葉が跋扈《ばっこ》し、その実態がいまだつかめぬまま言葉だけが先走っているように感じる。しかし新座高校では授業研究会を一〇年前に立ち上げ、協働学習というものを、現場の教員が実践を通じ体得し、実を結んでいる。このような環境で日々研鑽できることを私はたいへん幸運だと感じ、この活動を新座高校の内外へ広げることができれば理想的だと考えている。

ひとりでも多くの生徒が「まなび」と向きあい、充足感をもって日々の生活を送れるよう環境づくりをしていきたい。そのためにも、今後も協働的な学びあいの授業を実践していきたいと考えている。

第2章 三年目にしてはじめての挑戦

——協働学習までの道のり——

村松英高
新座高校教諭／社会科

1　金子先生との出会い

私は二〇一五年度、大学卒業後すぐに新座高校に赴任した。三月の事前面談の際に、地歴公民科の教諭であった金子先生から『学びをつむぐ』を手渡され、読んでレポートを書くように言われた（実はそのときは、その方がその本の著者だということにまったく気がつかなかった）。

私はいわゆる〝進学校〟を卒業し、一度も協働学習を経験したことがなかった。私が学んだ高校では、すべての授業が大学入試のために構成されていた。新座高校に赴任が決まり調べてみると、進学だけではなく、すぐに就職する生徒もいることは一見してわかった。そして、いままで自分が受けてきたような授業がこの学校では通用しないことも容易に想像がついた。そんな矢先に出会ったのが金子先生であり『学びをつむぐ』であった。

同書を読み、地歴公民科の専門的な知識を教えるのではなく、地歴公民科という教科を通じて生徒一人ひとりを育んでいくことを念頭に、授業をしていくことを心に決めた。その授業の方法のヒントが、この一冊に詰まっていると感じられた。

しかし、赴任後の一年目は、現実を突きつけられることになる。

2　一年目——たんなる真似でしかなかった協働学習

一年目の私は三年生の日本史Bを担当した。一学期当初は、生徒たちは非常によく取り組んでいた。もちろん、その中にはグループワークに対する懐疑的な声もあったが、結果的には取り組む姿勢が見られた。しかし、それは私自身の授業方法に関係なく、進路決定をひかえた三年生にとって一学期の成績が何より重要だったからだ。進路が決まり、成績も重要でなくなった二学期になると、手のひらを返したように生徒の取り組みが変わった。グループワーク中の反応も、「こんなの考えたって意味ないよ」「ググルで調べれば答えなんて出てくるじゃん」「それよりも穴埋めとかにしたほうが、テスト勉強しやすいから赤点取らなくて済むよ」といった声が上がるようになった。

このような声に対して、当時の私は自分のやり方に強い信念を抱くことができなかった。そのため、生徒の要望通り一斉形式にして穴埋めをしたり、グループでの学びあいというよりもたんなる作業にしたりして、結局のところ生徒の批判的な声を恐れて無難な形に逃げた。その当時の私には、協働学習に対する強い信念があったわけではなく、たんなる真似でしかなかったことの証左である。生徒から噴出する不満の表面だけをとらえて、本質的な問題と向きあうことができていなかった。

本質的な問題とは、金子先生に何度も授業を見ていただき指摘を受けていた通り、深い教材研究から生まれる「問い」の質であった。私は教科としての魅力が感じられない「問い」ばかりを生徒に投げかけていたのだ。生徒たちが上げていたのは、批判的な声というよりも悲鳴だったのだ。そのことにきちんと向きあえないまま私は新任の一年目を終えた。そして、その生徒たちは卒業し、何も解決されないまま、すべてがリセットされて二年目の初担任を迎えることになった。

3　二年目——担任業を最優先し、二の次になった授業

二年目、待ちに待った一年生のクラス担任を持った。一年目に副担任をしていたころとは比べものにならないくらい生徒とのかかわりが増えた。いろいろな問題を抱えた生徒たちが、担任の私を頼りに打ち明けてくれる。だからこそやりがいを感じた。小さいものから大きいものまで、クラスの生徒を取り巻くさまざまな問題に向きあい、解決のために奔走した。朝、連絡もなく生徒がいないだけで落ち着かないほどであった。はじめての担任で、先が見えない不安とつねに戦い続けていた。その不安に打ち勝つために、担任としての仕事に妥協せず、できることすべてをしようと時間や労力を割いた。初担任としての目標は

とにかくクラス三三名全員を進級させることで、その達成のためにはどんな苦労も惜しまなかった。

結果として二年目は、クラスのことを考えるばかりで、自分が担当していた現代社会の授業についてじっくりと振り返る時間を持つことができなかった。むしろ必要としなかったという表現が適切かもしれない。なぜなら、生徒たちがよく授業に取り組んでいたからだ。協働学習を取り入れていたが、一年目と同じような批判的な声は出なかった。それは授業の質云々ではなく、生徒自身が学校に慣れ親しんだ三年生と、不安や緊張を抱えた一年生という違いからだったのだ。それに気づくことができず、授業に関する問題は一年目ほど浮き彫りにならず、翌年に持ち越されることになった。

4　三年目——担任業にも慣れ、本気で向きあった授業の現実問題

二学年の担任として迎えた三年目。新しいクラスとなったが、はじめて担任を持った前年とはまったく違う心境で生徒の前にいる自分がいた。二年目担任として、目先の問題にとらわれず先々を見据えて、余裕を持って生徒を眺めることができるようになっていた。

そんな三年目は二学年の世界史Bを担当することになった。世界史は私が学生時代に専門分野として学んできた科目であり、教員になってはじめて授業ができるということもあって、今年度こそ本気で授業と向きあって取り組む覚悟を決めて幕を開けた。

一学期に取り組んだ方法は、①単元の概要をパワーポイントで説明 → ②単元の核心に迫る問いを与え、

グループワークで取り組む→③グループの答えを発表し共有する→④その単元をプリントで確認、という流れであった。

当初は、生徒にとっても新しい科目であり、興味関心を持ちながら非常によく取り組んでいた。最初にグループで考えた問いは「なぜ人々は都市国家を作るのか？」であった。いまでも覚えているが、教科書にある古代文明の記述を深く読み込み、多様な意見が出る内容だった。これからの一年間、世界史Bの授業をしていくことが非常に楽しみに感じられるスタートであった。

しかし、そのような期待とは裏腹に、生徒の授業に対する反応はだんだんと薄くなっていった。ギリシア文明、ローマ文明、中国文明と単元が進み、固有名詞が増えてくるにつれて、教科書を読むことを拒む生徒が増え、グループワークの取り組みも低調になっていった。そして、私が担当した生徒たちの多くが導き出した答えは「テストさえできればいいや」というものであった。

私の授業方法では、先に述べた四つの段階を踏む。テストでは、グループワークで考えた内容も出題したが、多くが④のプリントで確認した内容を問うものだった。つまり生徒たちは、私の授業では、テストで得点をとるためにプリントの穴埋めや記述部分をただ機械的に暗記するという答えを導き出したのであった。解答を見ても、どの答えも授業で書いたものの丸写しというようすで、生徒の思考が感じられないものだった。私の授業の中で生徒がおこなっていたのは「学び」ではなく、作業そのもの。そのような印象を受けた。その実態は、私が本来抱いていた理想とはほど遠い現実であった。

この現実問題を見過ごすことはできた。おそらく、一年目や二年目の余裕のないころの自分であれば、何も変えずにいただろう。しかし、幸い私の周囲では、ベテランの先生方でさえも授業のやり方についていつも新しい挑戦的な取り組みをしていて、それを楽しそうに話していた。私は日々そこから多くの刺激を受けていた。何より、一年生から見てきた目の前の生徒の力を何としてでも伸ばしたい、その一心で、授業方法を大きく変える決断をすることにした。

5　現実に向きあい、生徒とともに新たな挑戦へ

私の授業の問題点は、一年目から使っている穴埋めのまとめプリントである。それは私が授業の適切な舵取りをできるようにするものであるとともに、生徒には、それさえできればテストで点が取れるという、双方に安心感を与えるものであった。しかし、このプリントの存在は、生徒の思考を枠からはみ出ない限定的なものにし、「学び」を阻害する根源でもあったのだ。

実は、このことは一年目から金子先生にたびたび指摘を受けていた。しかし、なかなかそれを変える勇気を持つことができなかった。なぜなら、まとめのプリントがないと生徒に授業内容をしっかりとした形で残せず、生徒からテストに向けた不安や不満の声が出るのを恐れていたからだ。

では、どのようにすれば、その生徒の不安や不満を取り除くことができるか。そして、生徒が授業の中で学び、テストでその学びを問うことができるのか。

そこで挑戦したのが、まとめのプリントを用意せず、生徒が自分で授業での学びをノートに書き込み、

それを持ち込んでテストを受けさせる方法だった。これによって生徒の不安や不満を解消し、「学び」の成果をテストで反映することができる。あとは、いかにして生徒が授業の中で学び、力を伸ばせる場をつくるかだった。

私が授業の中で一人ひとりに育んでいきたい力が何かをもう一度考えた結果、以下の二つであった。

（1）身のまわりにある情報を得ようとする力（いろいろなものごとに対して興味関心を持つ力）

（2）身のまわりにある情報を選び、活かしていく力

これらの力をつけながら「学び」のある授業をめざし、展開していくことにした。

そこで採った授業のスタイルが、ひとつの単元の資料をグループで読んで、そこから湧いてくる疑問を「問い」にし、それを教科書や資料集などの資料から解決していく、というものである。授業の流れとしては、①資料を読んで問いを立てる→②教科書・資料集ほか多くの資料を使って答える→③問いとその答えを全体に共有する→④各グループのキーワードを拾ってつないでいく、というものである。

急な方法の変化に対して、生徒にも戸惑いはあった。しかし、この二年半、いや半年間、真剣に授業について考えて出した答えだから、この方法に対して気持ちが揺らいだことはなかった。不安な気持ちを吐露する生徒もいたが、私の挑戦的な気持ちに対して、生徒の中には一緒に挑戦してみたいという前向きな発言をしてくれた生徒もいた。こうして私の新たな挑戦が始まった。

6　挑戦の過程、そしてこれから

実際に新たな方法で授業をおこなった単元は「大航海時代」であった。生徒からは、「なぜマゼランは殺されたのか？」というパッと目を引くような問いから、「商業革命は人々に何をもたらしたのか？」という、資料をしっかりと読み込んだことがうかがえるものまで、さまざまな問いが出てきた。

しかも、問い立てのグループワークを見ていると実におもしろい。それまで、なかなか読み込もうとしていなかった世界史に関する資料を、生徒たちは真剣に読んでいた。人の名前か地名なのかも区別できず拒否していた生徒たちが、固く結ばれた靴紐をほどくように、グループでつつきあいながら資料を解読していた。ひとつの問いを立てるために。また、問いに答えるグループワークでも、自分の手元の教科書や資料集だけで足りない場合は、教室に置かれているそれ以外の資料まで手に取り調べている。自分がねらいとした力が授業で育まれているようすを見ることができた。何より、そんなようすを見ていて、授業をしている（特段、前に出て話しているわけではないが）私自身が楽しいと感じるようになった。

しかし、まだまだ課題は残る。よい問いを立て、よい答えを出してきても、発表段階ではなかなか他のグループへの関心を示せない。やはりそれは、その後の各グループから出たキーワードをつなぐ部分に問題があるのだろう。これは、さまざまな事象がつながる世界史の醍醐味でもあるのだが、それを生徒に実感させられていない。自分の力不足を感じる部分だった。自分たちのグループが調べたこと以外にも興味関心を寄せ、理解し、それらがつながったときの感動を味わわせられるような力を、私自身がつけていかなければいけない。さらなる教材研究が必要だと感じた。

テストを二週間後にひかえた授業でのこと。「今回からは、きちんと授業で理解できたかを測るテストだから、授業中の頑張りが大事だよ」と言うと、「前のほうがテスト勉強しやすかった」「前みたいにプリント配る形式に戻してよー」という想いを正直に打ち明ける生徒がいた。

いままでの私であれば、こうした生徒の声を不満と受けとめ、挫けていたかもしれない。しかし、ここまで悩んできた経緯があるから、生徒に理解してもらえるまでしっかり説明する覚悟はあった。かれらの言葉を受けとめながら、「暗記をするだけで世界史が終わってほしくない」「君たちのゴールは、進級でも卒業でもない」「卒業後、社会で活躍できるために必要な力をつけているんだよ」。そんなふうに生徒に対して私の想いを伝えた。それでも、「いや、でも……」「やっぱり……」という声は上がった。

しかし、ある生徒が「ねえ、いいからさ、早く始めようよ」と明るい表情で発言してくれた。そして、ほかの生徒も一気に静まり返り、授業に気持ちが向いた。「ちょっと信じてみようかな」――そんな生徒の気持ちが見えた瞬間だった。

その生徒の気持ちを裏切らないように、生徒や授業と日々向きあっていきたい。周囲から刺激を受けられる職場だからこそ、多くの刺激を受けたい。そして、目まぐるしく変わりゆく社会の中で生きていく生徒の成長を支えることができるよう、挑戦し続けていきたい。まずは、一週間後にひかえた期末考査の解答が楽しみである。

第3章

保健体育における協働授業

——授業のようすと自身の振り返り——

新座高校教諭／保健体育
小山夏樹

私の教師としてのスタートは非常勤講師から始まった。はじめて勤務した学校は穏やかな明るい雰囲気で、いま考えると教科指導がはじめての私にとっては非常に恵まれた環境であった。運動に対する関心・意欲が高い生徒も多く、大多数が運動部へ加入しているという状況であった。

正規採用され、次年度から新座高校に赴任することが決まったものの、私は新座高校の場所も名前も知らなかった。インターネットで検索すると〝座高　ヤンキー〟と出てきた。当時勤務していた学校の教員からは「全日制だし、バレー部があるからいいじゃない」と励まされ、さらに不安が募ったのを覚えている。

ここから現在に到るまで、激動の七年間だった。

1　生徒のエネルギー

新座高校に赴任した当初、まず感じたことは、生徒自身が持っているエネルギーを運動に向けられないということである。この点については前任校とのギャップが大きかった。現に運動部加入率が実質二〇％程度という状況である。

決してパワーがない、元気がないというわけではなかった。むしろ発散できず持て余していると感じた。しかし体育の授業では、その持て余すほどのエネルギーを発揮できずにいるという印象を持った。とくに赴任して二年目に担当した一年生の生徒たちは、それがはっきりと行動にあらわれていた。ランニング中に飛び蹴りする生徒や、持久走の測定中にもかかわらず逆立ちで周回する生徒がいた。一方で、運動に対する欲求がほぼなく、恐怖心さえあるような生徒も混在していた。

さらに、新座高校で顕著なのは体格の差である。標準よりはるかに体重が重い、あるいは身長・体重が標準に達していないなど、生活習慣の乱れがうかがえる生徒が多くいる。そのコンプレックスにより活動から逃げ出す生徒もいた。

多様かつ二極化している生徒が混在している空間で、授業を成立させるのは容易なことではなかった。かれらのエネルギーをいかに授業に向けるかということに悪戦苦闘する毎日がしばらく続いた。真面目な生徒や運動が好きな生徒は、まわりのようすをうかがいながら、自分たちが安心して活動できる空間をかろうじて見つけていた。当時の授業は、私自身も多方面に配慮するあまり、進行が滞ったり運営に支障があったりした。私が生徒のリーダーになり指揮をとって全体を動かすことができないという壁に直面した。当時は生徒の力を借りるという発想はなく、自身の不甲斐なさに頭を悩ませていた。

赴任当初に比べると、現在の新座高校の生徒は良くなったと言われる。反発するような生徒がいなくなってきたからかもしれない。しかしそれは、ただたんにそこに向けるエネルギーがなくなってきたからであるようにも見える。どこからかエネルギーが漏れ出して、溜まっていかない。持て余すほども溜まらないがゆえに、活動量が少なく、省エネでエコな体育の授業を求めているような気がしている。

2 出会い

はじめて担任をした学年で一緒に組んでいた吉田友樹先生には、生徒のようすについて悶々とした胸の内をよく話していた。吉田先生はバレーボール部の顧問としても一緒だったため、授業だけでなく部活の相談などもよくしていた。

印象に残っているのは、吉田先生が部活指導の際、よく部員たちに考えさせていたことである。「どう思うか」という問いかけから、「なぜそれが必要なのか」とみずから答えを導き出せるように、うまく誘導する声かけをしていた。私にとっては、それがとても新鮮であったと同時に、生徒にとっても、「こうだ!」と言われるよりもわかりやすく納得がいくということに気づくことができた。さらに、生徒に考えさせ、お互いに相談させることで、生徒どうしの結束力も高まる。生徒どうしのつながりができていく。

これまで私は、「こうしたい」とか「こうあるべき」というのを生徒に対して一方通行のまま伝えがちだった。生徒の声を聞くことができていなかった。このままでは、生徒は間違えた発言をすることを恐れ、指示待ち人間になってしまうだろう。部活動で築いていけるような縦・横につながる関係性を、少しでも体育の授業で築くことができたらいいと考えるようになった。

新座高校で過ごす七年間の中で、多様な生徒と出会い、またそういった生徒たちと向きあう教員集団との出会いを通じて、私の教育観は少しずつ変化していった。教師であるわれわれが、できる限りの活動環境や授業の雰囲気を整えてあげることができたら、生徒は本来持っている力を発揮できるようになる、と。「それはダメ！」ではなく「○○したらもっと良くなるね」、「静かにして！」ではなく「聞く雰囲気をつくろう」という前向きな声かけをするようになった。あくまで教師は黒子であり、生徒が主体的に授業をつくっていけるように働きかけていく。生徒自身が主体的に運営していけるようにバックアップする。これが自分の中の軸になっていった。

3　リーダーを育てる

生徒たちが主体的に活動できる授業づくりのために、心がけるようになったことが二点ある。

ひとつは、生徒間の協力体制を構築することである。自分たちで運営していく授業を展開するためにはリーダーの存在が必要である。体育の場合、集合・号令の役割は体育委員が担う。毎回のルーティンとして、体育委員のかけ声で整列しあいさつをする。点呼をとったら体操・補強運動・声出しランニング、という流れで授業が始まる。これは全学年統一しておこなっている。まずは体育委員をリーダーとして、みんなでやるぞ！（もちろん、私も含め）という雰囲気をつくっていく。全体の雰囲気を一体化させることで「個」→「集団」の意識になり、「個」が活動しやすくなる。

リーダーに頼りすぎると、その人柄やポテンシャルによって授業が左右されてしまうので、リーダー以外の生徒どうしもお互いに気づいたことを伝えられるような横のつながりを持つこと。ケアの要素を含んだ声かけをすることで、相手に安心感を与え、自分の声を受けとめてもらえることが、お互いを肯定できる存在に引き上げる。それが幾重にも重なっていくことで、全員が参加できる雰囲気につながっていくと考える。

もうひとつは、授業規律を確立することである。前述した通り、これまでは生徒が安心して活動できる環境をつくることに苦戦を強いられていた。現在の授業では、一方的に攻撃されたり、阻害されたり、教師と生徒がぶつかりあっている場面を目にしなくていいという安心感がある。整った授業規律のもとで安心して自分を表現することができるということも、活動に参加し楽しむことにつながっているだろう。

また体育の授業では、ペアで補強運動をしたり、チームをつくって動くことが多いので、他の教科と比べても比較的人間関係が見えてきやすい。生徒の普段とは違う表情や、得意・不得意なことも観察できるし、生徒どうしの相関図がイメージできる。それは生徒どうしにも言えることで、一斉型の授業では教師の顔や言動に向かう（ことを義務づけられている）生徒の視線が、アクティビティを含む授業では同世代のクラスメイトに向けられる。このことが、一斉型のいわゆる座学とは違う、言葉や表情の交換を生む。運動を通じて生徒どうしがつながるための媒介となるツールが豊富にあることは、体育の授業の特権だと言える。

おわりに

体育という科目は特殊であり、他の教科とは共有できることが少ないと思っていた。しかし新座高校に赴任してからは、むしろ共有していく必要性を学ぶことができた。多くの目で生徒を看取り、疑問や課題点を言葉にし、じっくりと聴き取りあう。この七年間、自然とそんな環境が根づいていた。私自身も、「気づき」と「他者の力を借りる」ことで、協働的な学びの場として授業をつくっていきたい。

第4章 ゆるやかな協働性を教室に

金子 奨
新座高校教諭／社会科

1 教師のしごと

教室には多様な子どもたちがいる。そして子どもである以上、おとなの期待に沿うことなく、偶然に翻弄されながら、てんでにいまある自分から脱け出そうとする。その不安定さにこそ活気が宿り[1]、学びあいが生成する。もちろん、この不確定性はつねに教師の悩みの種であり、かつての班活動や管理主義、講義式一斉授業などはそれへの対処法だったとも言える。

しかし、同じ顔をした人間のみで構成された社会が想像できないように、多様性を切り詰められた教室も存在しえない。どんなに統制された教室にも揺らぎが生じ、中心と周縁が構造化され、異質なものが顔を出してしまう。教師のしごとの核心には、こうした異種混交性に向きあうという困難がともなっている。

そして、その困難さの中にこそ、子どもと教師の学びの豊穣なフィールドがはらまれているのだ。
以下、いくつかのエピソードをもとに、困難さの中に学びを成立させる教師と子どものようすをかたどりつつ、協働学習のもつ特徴を描きだしてみよう。[2]

2　なぞり

次に示すのは、ある普通科高校の一年E組の河原先生の教室で、三角関数の問題を解いている小林ナナホさんと佐藤ナツコさんの対話の一部である。

小林　（黒板を見て）ナツコ、（2）番に行った？（間、一〇秒間）
佐藤　（2）番ってどういうこと？
小林　行った？　行った？
佐藤　ううん。
小林　行ってない……よかった。
佐藤　まだSやってるの。
小林　いまね、Sがちょうど終わった。
佐藤　出た。

小林　出た？

佐藤　うーんと、あれ、でかくなんない？　$24\sqrt{6}$

小林　え？　ハイ？　ハイ？

佐藤　違う？……12、あ、24分の、$24\sqrt{6}$ じゃないの？

小林　え……6√……

佐藤　あー、もう、やだー。

河原　間違ったらコサインと（小林さんのノートを指差して）サイン確認して。

佐藤　コサインは、$\frac{5}{7}$ だよね。

佐藤・小林　サインAは $\frac{2\sqrt{6}}{7}$ だよね。

佐藤　え、ちょっと待って……$\frac{2\sqrt{6}}{7}$ だったよね。

小林　だよね。で、$\frac{1}{2}$ 掛ける……

佐藤　え、そう、ちょっと待って、うちが式を言う……　$\frac{1}{2}\times6\times7\times\frac{2\sqrt{6}}{7}$

小林　合ってるよ。

佐藤　7消えるじゃん。

小林　7消えた。

佐藤　消えて、あ、2も消える。あ、$6\sqrt{6}$。

小林　あ、正解。か、合ってるかわかんないけど。

佐藤　え、うち、2掛けてたわ……

小林　なるほど、なっちゃうよね。

佐藤　あ、できた。

佐藤・小林　OK。

佐藤　これでSイコール……でいいんだよね。ね、あ、できた。よし。

ここでおこなわれているのは相互の〈なぞり〉である。互いのことばを〈なぞり〉あいながら、二人で進度の調整と、解法と答えの確認をしている。

進度の調整は「行った?」「ううん」「行ってない……よかった」「まだSやってるの」に、解法と答えの確認は「違う?」「え……6√」「……」「あー、もう、やだー」等に示されている。短いことばのやりとりをしながら、相手の視点で自分の置かれた状況を辿り直し、活動の調整と修正をくりかえしている。つまり、自分の位置を俯瞰しているのである。

心理療法家の森岡正芳は、臨床場面における〈なぞり〉の役割について次のように書いている。

なぞるという対話の遂行は、問いかけの工夫でもある。面接では答えをすぐさま求めることになるような問いではなく、クライエントが一人称での語り、自己の語りを明確に広げられるような問いかけを工夫する。それは、相手が自分の問いを立てることのできるような問いかけである。セラピストの応答によって、相手の言葉は新たな形で移し換えられ提示される。応答という行為を通じて、クライエントの世界を再構成していく。クライエントにとっては、そのような問いかけから「自分がはっきりする」という感覚が生まれる。[3]

もちろん、二人がセラピストのように問いかけを工夫しているというわけではない。しかし、その対話には、答えを直接的に明示せず、相手の思考を活かすような、あるいは、他者の活動を途切れさせないような配慮が感じられる。おそらく彼女らは「上から目線」にならないようにしているだけなのだろうが、結果的にそれが相手の文脈を尊重する姿勢をとらせることになる。つまり、「相手が自分の問いを立てることができるような」やりとりが、ここではおこなわれている。

その結果、立ち止まったり振り返ったりするメタ認知活動が始まる。自分の視点と他者の視点との往還、つまり自己の視点の脱中心化が生じているのである。

視点の脱中心化が生じるには、だれかがそばにいることが必要である。他者の視点によって補完され、その視点を借りて自己を眺めるときに、自然な揺れが生じる。自分にもどり、自分から離れ、また自分にもどるという自から脱自という振幅をくり返すことが生命過程を呼び起こす。[4]

佐藤さんと小林さんのやりとりは、次のように終わっている。

佐藤　いいなあ、四人でやるとちゃんと勉強できる。
小林　うん、わかる。
佐藤　一人でやるとあきらめるもん。途中で嫌んなっちゃう。うーん……

「一人でやると……途中で嫌んなっちゃう」のは、自分の方略を俯瞰するメタ認知が十分に働かないからである。脱中心化し、自分の活動をモニタリングするためには他者の視点が欠かせない。いや、それ以前に、対象を対象として成り立たせるには、他者の視点が不可欠なのだ。「他者こそが対象の対象性を保証している」のであり、他者なしには「そもそも自我というものを想定すること」すらできないのである。「一人でやるとあきらめるもん」という述懐には、協働学習という励ましあい・支えあいと、その経験の堆積こそが、子どもたちの自律／自立を実現させている／いくことが示唆されているのだ。

3　教室の中の政治

多様な生徒がいる教室は、さまざまな思いや言動が多次元にわたって交錯する複雑な交渉の場でもある。

ある数学の授業でのこと。

最初の一〇分で確認テストがおこなわれる。故あって注目していた尾藤くんの解答用紙は、ほぼ白紙である。もちろん、テストであるからには他の生徒の助けを求めるわけにもいかない。そのうち彼は上体を伏せてしまった。テスト後、「全然できなかったよ」と、彼は斜め後ろの野上くんにこぼす。「オレも」と返ってくる。二人は学校では行動をともにすることが多い。

「教科書八七ページを参考にしながら、やってみましょうね」と授業者が課題を示す。平方完成してグラフを描くのである。同時に、「八分経ったら相談してもいいよ」という指示が出たので、この時間帯はひとりで取り組むことが前提とされているのだろう。しかし、尾藤くんは野上くんにどうしても話しかけてしまう。ひとりではできないということである。が、二人の手の動きは遅い。彼らだけでは学びが成立しないのだ。

それから八分。「わかった人は教えてあげてください」という声に、教室が動き始める。あちこちに二、三人の集まりができる。シャープペンシルの芯を求めて歩きまわる生徒もいる。固定されたグループではなく、座席を離れ、仲の良い者どうしで自由に教えあう時間帯らしい。

尾藤くんはといえば、教室をきょろきょろ見回しているものの、移動することなく、野上くんと何となく一緒にいる。表情はぼんやりしていて手は動いていない。しばらくして、たまたま通りかかった授業者を引きとめ、「この形からこうなるのがわからない」と質問する。ちょっと理解が進んだのか、その後は野上くんとともに、つぶやきながら課題を進めるようすだ。

授業の残り十数分。「席に戻って」と、決められたグループで取り組むように指示が出る。その直後、尾藤くんは同じグループの——他クラスの、あまり親しくはない——山田さんに「ここがわからないんだけど」と話しかけ、彼女の助けを得て問題を解き始める。他のメンバーとも積極的にかかわり、それまでの停滞ぶりとは打って変わって主体的にふるまっている。その後、彼は黒板の前で、生き生きとした顔つきで課題をやってみせたのだった。

他者の力をいかにして借りるか。それが教室にいる生徒の命題である。とくに尾藤くんのように数学が得意ではない子にとっては、これは至上命題ですらある。

彼は、確認テストとひとりでおこなう時間、仲の良い者どうしの教えあいの時間に支援を得られなかった。しかし、教師によって指定された座席でのグループワークでは積極的なかかわりを見せ、グループメンバーの力を借りることができたのだった。彼と同じ行動パターンを取った生徒は複数いる。かれらは、仲の良い者どうしのときには、いずれもヘルプサインを出せないままに孤立していた。

つまり、こうした——おそらく数学が苦手な——生徒は、「仲の良い者どうし」という私的 private な関係に置かれたときに、公共的 public で多声的な関係を剝奪されて deprived しまうのである。私的な閉じた関係が、公共的で多様性にひらかれた資源へのアクセスを抑えこんでしまうからだ——仲間から離れてしまうこと offside は反則／裏切りになる、という規範がかれらを消極的にしてしまう。逆に、グループワークという公共的な関係を強いられ、私的関係を切断されたときに、さまざまな資源／資本を活用し獲得する途がひらかれるのである。

つまり、教室で活用できる資源／資本が少ない生徒——往々にして社会経済的に不利な立場に立たされている——ほど、グループワークという公共的な関係を必要としているということだ。尾藤くんの言動はそれを裏づけているように思う。教室の表面的な活性化 activation を求めるあまり、それがどのような質のものかを見失ってはならないだろう。[6]

4　体育の授業

その日の公開授業は体育のバスケットボール。二人組、四人組でのパスの練習に、一五人の男子生徒が穏やかに取り組んでいる。

一年次に校外学習に参加できず、いまでも昼休みにはぽつねんと独りでいる金井くんが、スポーツが得意で発言力もある保立くんに「新キャラだな」などと言われつつも、楽しげに身体を動かしている姿を見たのは収穫だ。

開始から二〇分。五分の休憩を挟んで、今度は二グループに分かれてのスクエアパスだ――けっこう難易度の高いものだ。

授業者の屋代先生の指示に従って、保立・金井くんら八名が試しにやってみる。少し経験がありそうな伊田くん以外は足がもつれ、あらぬ方向にパスを飛ばし大混乱。しかも屋代さんは「できるまで、話しあいながら、やってみろ」と言い残して、さっさともうひとつのグループに入ってしまった。

「伊田！　俺たちはわからないから、誰が走るのかも指示してくれ！」と保立くんが声をかける。と言っても、伊田くんは身体で動きを覚えているけれども、ことばで説明するまでには至らないというレベルだ。それでも、彼の不明瞭な指示をメンバーが実行し、保立くんが「違うよ」と元に戻し、川野くんが

「そう、そう、そうだよ」と確認し……と、生徒だけの試行錯誤が始まる。そして指導者なしで、徐々に本来のスクエアパスに近づいていく。この間一〇分。隣のグループでは、屋代さんを中心とした滑らかな動きがとっくに実現している。

「じゃあ、次は反時計回り」。今度も生徒だけでの挑戦だが、二分半後にはそれなりの形となった。

その後のパス中心の四対四。経験者も初心者も、全員笑顔で励ましあい、労わりあい、称えあってチームプレーを愉しんでいる。授業終了後、保立くんが金井くんの肩に手を乗せている姿を見て、胸のうちにほのぼのとしたぬくもりが湧いてくる。金井くんも大丈夫。秋の修学旅行には参加できるだろう。

5 〈協働〉を成り立たせるもの

生徒だけで取り組んだグループと、教師が直接参加したグループ、どちらがより学んだのだろうか?それが授業研究会のトピックのひとつとなった。

身体活動の次元でスムーズだったのは、もちろん後者だ。バスケットボールを専門とする教師が一緒にやってみせていたのだから当然だろう。パスとランを真似するための明確なモデルがそこにはあった。

前者が活用できたリソースは、教師のもとでおこなった試技の残像と「できるまで、話しあいながら、やってみろ」という指示、そして理解度も身体能力もまちまちという八人の多様性だけだ。しかし生徒たちは残像を手がかりに、できるまで話しあう方略に沿って、外れる子を出さずに取り組んでみせた。

ここで決定的だったのは、保立くんの存在だろう。彼の「俺たちはわからないから」という伊田くんへの声かけが、彼らの中に潜んでいた複数の水準を浮かびあがらせ、課題達成の道筋を可視化したからだ。試技のイメージ、それに近い動きができる伊田くんの水準、保立・金井・川野くんの到達している次元、お手上げ状態の大林くんという布置がクリアになり、相互の働きかけ方が見えてきたのである。「わからない」ということばが伊田くんのリーダーシップを引きだし、指示が実行され、動きがモニターされてフィードバックが起こり、やり直しをしつつスキーマが修正されてゆく。その過程に、それぞれが真似できるモデルを探しながら参加し、チームとして試行が遂行される。「わからない」という声が他者の「主体」性を喚起し、各々の資源を活かしあう〈場〉を生成させたのである。

もちろん、この〈場〉は屋代さんが手間暇かけて編みあげた足場の上に成り立っている。教師の穏やかでていねいな応答が、資質の多様性を包摂しようとする感覚を子どもたちに育んでいることは確かだ。

6　アクティブ・ラーニング

「移動していいですよ」「チェックを受けた人は、終わっていない人に教えてください」という指示。授業開始から一七分。それまで個人で英文和訳に取り組んでいた生徒が、席を自由に移動し二、三人のグループを作る。そんな中、うつむき加減で手元を隠しているのは佐倉くんだ。手はさっぱり動いておらず、まわりには誰もいない。授業者の島村先生は教卓で添削をしている。

「佐倉、大丈夫か？」と声をかけたのは、課題を終えた宮さんだ。「もう、しょうがねえな……」と彼の前に陣取り、そばを通りかかった玉城さんに「佐倉くん一緒に教えよう」と目配せをする。

「まず……can you だから、できる、できる、待って、書かないで、書いちゃだめだよ、instant noodle は、インスタントラーメンでしょ、without は、何々なしで」と、ワークシートを手にし、自分の理解を辿るように話す。そこに玉城さんが割り込み、

「違うよ、まずさあ、最初は何とかでき、できますか、だからあ」

「そうそう」

「想像できますか」

「わかんない？　ここに書いてあるじゃん」

と、佐倉くんの手元を指し示す玉城さん。二人は続ける。

「だから……単語で見ていけば、大体わかる」

「うん、わかる。単語ひとつひとつ見ればわかる、マジで、マジで、マジでわかる、で、ちょっとつなげて、『が』とか、『は』とか、『の』とか」

「without は、何々なしで……」

「インスタントラーメンなしのワールド、インスタントラーメンなしの世界を想像できますか？　やっぱ、英語、教えんのうまくない？」

「うん、うまい、うまい、うまい……普通にうまい」

と宮さんがくりかえす。こうして、二人のレクチャーは九分強に及んだ。「OK、行ってきな。大丈夫かな……。制限時間まであと少しだよ」と、二人に背を押されるように彼は教卓へと向かった。「残り一分三〇秒」という島村さんの声が響く。

7　授業の成立と学びの不成立

島村さんは以前、英文和訳をグループワークでおこなっていたのだが、グループ内の人間関係が課題達成に大きく影響し、グループ間の差が激しくなってしまった。そこで、課題を終えた生徒が自由に動き、終わっていない子に教えるアクティブ・ラーニングの手法を取り入れたところ、すべての生徒が授業中に積極的に取り組めるようになったという。

確かに、教室にはぼんやりする子や居眠りする生徒はいない。宮さん・玉城さんのようにアクティブな子も見うけられる。授業は成立している。では、その活発さの経験の質は？

たとえば、先ほどの会話の中で次のようなやりとりがあった。

「関係代名詞だっけ？」

と宮さんが玉城さんに訊く。

「うん。先行詞が何とか何とかみたいな」

「そうそう。それを詳しく説明しているってやつ？」

「そう。これの説明の仕方がわかんないよね。何とかしている、だ」

「そうそうそう」

これは、関係代名詞をまだ十分理解できていない宮さんが、玉城さんに尋ねた場面だ。宮・玉城さんに同様のやりとりが何度か見られたのに対し、佐倉くんは彼女らの問いかけに対して単語の意味をいくつか答えたにすぎない。

そう考えると、玉城さんを引き込んで「一緒に教えよう」とした宮さんの戦略が見えてくる。彼女は、自分より理解の遅い佐倉くんを相手にすることで自分のメタ認知を活性化させ、なおもわからないところは玉城さんの力を借りて解決する方略を用いていたのだ。授業研究会で、もっともよく学んだ生徒として名前が挙がったのが宮さんたる所以である。

他方、佐倉くんはどうだろうか？　通常、ペアやグループでのインタラクションは、互いが互いのメタ認知的な働きをするところに特徴がある。相互性／互酬性がメンバーの理解をうながすのである。これは先述した「なぞりあい」である。

しかし、宮さんと佐倉くんにはなぞりあいの互酬性が見られない。宮さんが一方的に指摘し、指示しているだけである。だから彼の反応は単語に限定されてしまう。したがって、そこには間違いを書き直すというシングル・ループはあるにしても、誤りを生みだす方略自体の修正という、ダブル・ループ／学びほぐしunlearningは生じにくい。事実、「この時間で理解できたことは何？」という参観者の問いかけに、彼は「よくわからなかった」と応じたという。宮さんのアクティブな動きは、少なくとも相手の学びをうながしてはいない。

8　ヴァルネラビリティ

二〇一六年一二月に、文部科学省の中央教育審議会が答申を発表した。学習指導要領の改善と方策がその内容である。それによれば、新しい学習指導要領は、①「何ができるようになるか」、②「何を学ぶか」、③「どのように学ぶか」、④「子ども一人一人の発達をどのように支援するか」、⑤「何が身に付いたか」、⑥「実施するために何が必要か」という枠組みをもつことになる。

答申は、これまでの学習指導要領は「教科等において『教員が何を教えるか』という観点を中心に組み立てられており、それぞれ教えるべき内容に関する記述を中心に」していたため、「指導の目的が『何を知っているか』にとどまりがちであ」ったという。だから、新指導要領ではその射程を「知っていることを活用して『何ができるようになるか』にまで発展」させていく。そのためにも「子どもたちの具体的な学びの姿を考えながら」学習指導要領は構成される必要がある、というのだ。

たんに習得するだけではなく、それを活用して探究する子どもたちを育成するという姿勢には、これまでの教育のありかたを転換しようとする強い意志を読みとることもできる。そして、その転換を象徴的に示すのが――現在、高校教師を震撼させている――「アクティブ・ラーニング」という「視点」なのである[7]。この「視点」を梃子《てこ》に、学校全体として授業の改善を図り、子どもたちの「主体的・対話的で深い学び」を実現していくことを答申は求めている。

一九九〇年代に強調された「教え」から「学び」への転換が、ここに至ってようやく明確に位置づけを与えられたと評価してもいいだろう。もちろん、学習指導要領が実際に改訂され、実施に移されていく過程で換骨奪胎されていく可能性もある。ただ、それとは別に、ぼくはこの転換の背後で作動している（ように思える）「能動的《アクティブ》な主体」像には異和を覚えてしまう。何にも依存しない、自立した強い個人というイメージがそこに貼りついているように感じるのだ。

はたして人は、答申が描くように「学ぶことに興味や関心を持ち、自己のキャリア形成の方向性と関連付けながら、見通しを持って粘り強く取り組み、自己の学習活動を振り返って次につなげる『主体的な学び』」を、みずから進んで（能動的 active に）なしうる存在なのだろうか？　という疑念が頭をかすめる。なぜなら人は「知っているものを探求するということはありえない」し、「知らないものを探求するということもありえない[8]」からだ。

では、探求のとば口は、どのようにして生じるのだろうか？　ヒントは教室の子どもたちの姿にある。生徒たちの活動の端緒となるのは、「ねえ、いま何やってんの？」「これ、どういう意味？」「わかんねえ」「え？　むずく（難しく）ない？」「ムリ！」というような発話であることが多い。こうした、誰に宛てられたか不分明な発話が、他の生徒を触発し揺り動かす。それは「すでにわかっている」モノ・コトに亀裂を入れ、それを「わかっているつもりに過ぎなかった」モノ・コトへと位相をずらすことによって、間主観的で互恵的な探求を成立させていく。言い換えれば、他者の声が、既知のモノ・コト thing を、探求の対象 object へと変化《へんげ》させる。[9] つまり、他者からの触発という受動的 passive な体験が、自明な世界にひび割れを起こしつつ、能動的 active な関係を生成させるのである。[10]

そして、この他者を触発する発話が、往々にして「～ない」という否定的・消極的な意味あいがあることに注目したい。本書第Ⅳ部で紹介する消極的な長田さんが、司書の支援を引き出して能動的になり、「わからない」と言える関係に置かれた尾藤くんがアクティブになる。「～ない」というマイナス評価を受けやすい状態が、他者の応答を誘い出し、場を活性化させていく。

だから、この消極性はたんなる否定されるべき状態ではなく、他者の応答責任 responsibility を積極的に生み出す基盤をなしている。それは能動性の欠如ではなく、まわりの力を引き出す積極性を帯びているのであって、逆に周囲のほうが引き出されるような受動的な感覚をもつことになるだろう。

いま、そうした「弱さのもつ力」をヴァルネラビリティ vulnerability と呼ぼう。「脆弱さ」や「傷つきやすさ」と訳されるヴァルネラビリティは、それだけを取り出せば否定的な意味あいしかない。しかし、人と人とのあいだに置いてみれば、それは互恵的な関係を生成させる縁《よすが》となりうる。

このヴァルネラビリティの視点から見ると、「何ができるようになるか」というまなざしで「主体的・対話的で深い学び」を強調する中教審答申は、やはり「自立した強い個人」を想定しているように思える。「主体的・対話的で深い学び」が、たとえ「子どもたちの具体的な学びの姿を考えながら構成」されるとしても、それが「アクティブ度[11]」のような競争的なまなざしにさらされてしまえば、あれこれできる強さだけが求められてしまう。もしくは、主体的な個人間のエッジを際立たせる「対論」のようなものが強調されてしまうのではないか。

それはあたかも「これは何ができるの?」「どのような機能があるの?」「どのようなところで役に立つの?」と、「個体としての姿や機能を議論」して「完全無欠な存在……つまり個体にすべての機能を集約し、それだけで自己完結しようとするロボット」を開発しようとする技術者に、どこか似通っているように思う。それに対して、ヴァルネラビリティという視点は「周囲との関わりから立ち現れる意味や機能に注目していく」領野をひらき、人と人とのゆるやかな関係を生みだしていく。[12]

考えてみれば、「対話」のもつ深みは、相手のことばに触発されて、自分でも思いがけないことばが漏れ出してしまうところにある。そこでは、あらかじめ用意されていた主張ではなく、覆い隠されていた自分の中の他者が、ふと顔をのぞかせるような偶然性に人は魅了される——こうした能動でも受動でもないありようが、かつては「中動態」として感受され、描きとられていたのかもしれない。[13]

形の整った成果物ではなく、その後も断続的に人を触発するズレ、ぶれ、隙間や裂け目のような、語りえないものにこそ意味が宿る。語りえないものに蓋をするのではなく、言い淀《よど》みや沈黙の重みに堪えるということ。

9 高校教育の再定義へ

今日、六人に一人の子どもが相対的貧困状態にあるという。[14] それは、少なくない子どもの生活基盤が破壊され、他者との関係性が深い次元で傷ついていることを予想させる。関係の傷つきは、子どもの他者と自分自身に対する信頼感を損ない、根深い無力感を堆積させてしまうだろう。

そうした「剝奪感をも剝奪され」「希望を想起すること自体が不可能な状況にいる」[15]子どもにアクティブなかかわりを強いることは、かれらに何をもたらすだろうか？ 足を踏み出したくとも一歩も出ない、助けを求めても無理だと先取りしてしまう子たちの自尊感情は、積極性が求められる教室で、さらに引き裂かれるのではないか。生徒の「アクティブ度」を計測する教師の想像力は、そこに届いているのだろうか？

昨今、学習を支える社会情動的スキルの重要性が強調されるようになった。これは、おとなのケアと支援をうけながら、同年代の子どもたちとともに獲得していくものとされる[16]。とするならば、自立した個人としての強さを競いあうのか、傷つきやすい存在として互いにシグナルを送り、支援とケアを引き出しあうのか、教師の手法がどちらに棹差しているのか、それこそダブル・ループを生成させて、慎重に省察する必要がある。

教師のこうした省察は、子どもからおとなへ、学校から社会への移行期間が長期化、複雑化、個人化する今日だからこそ重要性を帯びる。高等学校を自立のために競争しあうアリーナとするのか、社会参加のための移行支援の場として再定義するのか[17]、われわれ教師は深く問われている。

注

1　拙稿「その不安定さに活気が宿る」（『教育』八三一号、二〇一五年）を参照。
2　本稿は、拙稿「ゆるやかな協働性を教室に」（キハラ株式会社マーケティング部編集『ＬＩＳＮ』一七一号、二〇一七年）を骨格として、注１、６の拙稿および「協働学習と子どもたち」（奈須正裕ほか編著『シリーズ新しい学びの潮流２　子どもを学びの主体として育てる』ぎょうせい、二〇一四年）で紹介したエピソードを組み合わせたものである。
3　森岡正芳『うつし　臨床の詩学』みすず書房、二〇〇五年。
4　森岡、前掲書。
5　國分功一郎『ドゥルーズの哲学原理』岩波書店、二〇一三年。
6　アクティブな生徒の言動の問題点については拙稿「子どもの学びと教師の省察」（『教育』八五〇号、二〇一六年）を参照。
7　ただ、「アクティブ・ラーニング」の定義は「伝統的な一斉講義式授業ではないもの」というものでしかありえない。
8　プラトン『メノン』岩波文庫、一九九四年。
9　拙著『学びをつむぐ』を参照。
10　ここでいう「他者」は、精神病理学者の村上靖彦のいう通り、具体的な個人である必要はない。「見られる」「触れられる」「呼ばれる」という、こちらに向かってくる受動態のベクトルという「視線触発」が、人の原初的領分の中に構造的に組みこまれ、たえず作動している（村上靖彦『自閉症の現象学』勁草書房、二〇〇八年を参照）。
11　ある種の「アクティブ・ラーニング」的な手法では、教師が「アクティブ度」を計測しているという。
12　岡田美智男『弱いロボット』医学書院、二〇一二年。
13　國分功一郎『中動態の世界――意志と責任の考古学』医学書院、二〇一七年。

14　四〇人学級に六~七人、全国で三二〇万人にのぼるといわれている（「なくそう！　子どもの貧困」全国ネットワークのウェブサイトhttp://end-childpoverty.jpを参照）。しかし新座高校での事態はもっと深刻であり、少なくとも四人に一人は相対的貧困状態にある可能性がある。
15　土井隆義「ネット・メディアと仲間関係」（佐藤学ほか編『岩波講座教育　変革への展望3　変容する子どもの関係』岩波書店、二〇一六年）。
16　秋田喜代美「子どもの学びと育ち」（同前所収）。
17　小野善郎・保坂亨編著『移行支援としての高校教育――思春期の発達支援からみた高校教育改革への提言』福村出版、二〇一二年。

コラム　グループ学習の諸類型と授業研究における視点の共有

齋藤智哉
國學院大學准教授／教育方法学

グループ学習の歴史と種類

新座高校の授業研究は、「『特別支援教育の視点』に立った多面的な深い生徒理解に基づく授業」（本書一八ページ）をめざすことで、ゆっくりとではあるが着実に進展してきた。一般に、高校では学校全体で授業研究をおこなうことが困難だと言われている。そのような状況の中、新座高校で授業研究が成立したのは、学校全体で特別支援教育の視点を共有し、公開授業研究会において生徒一人ひとりの学びの姿を語りあってきたからである。また、授業のスタイルを統一しなかったことが、教師を授業研究と授業改善に向かわせる重要な鍵だったと考えられる。そして、その一連の取り組みが結果的に、新座高校にペア学習や協働学習の広がりをもたらしたのだろう。

新座高校のグループ学習は「協働学習」と表現されているが、グループ学習の実践に関する細かな手法をみていくと、日本国内に限っても実に多様な方法が存在している。本稿ではそれらを詳細に分析し検討することはできないが、新座高校の取り組みに示唆を与えている佐藤学の分類（小集団学習、協力学習、協同学習）に従って、それぞれの概要を示していくことにしたい[1]。

（1）小集団学習・班学習（collective learning）

日本の教育実践史を振り返ると、グループ学習は戦前期からおこなわれていた。たとえば大正自由教育において、奈良女子高等師範学校附属小学校の木下竹次が提唱した「奈良の学習法」や、明石女子師範学校附属小学校の及川平治が提唱した「分団式動的教育法」などの実践がある。

一九三〇年代以降の軍国主義教育下では、大正自由教育とは異なるグループ学習が広まった。集産主義の社会政策を背景に成立した小集団学習・班学習である。なお集産主義（collectivism）とは、生産手段の集約化や計画化・統制化を進める思想を意味する。

戦後、一九六〇年代になると、全国生活指導研究協議会（全生研）が「学級集団づくり」を推進し始める。これは旧ソ連の教育者マカレンコの集団主義教育の影響を受けたもので、小集団学習がふたたび全国へ普及していく契機になった。全生研による集団主義教育で用いられたグループ（生活班・学習班）は六人で構成されることが多い。そこではリーダーの自主性が重んじられ、集団の団結によって学習や生活面の活動に取り組むことが求められる。全生研の指導的立場にあった大西忠治は「班つくりを通して、生徒たちの間に、ある種のいがみあい、せめぎあい、傷つけあい、対立をも導入してゆくことを恐れないのです。そして、そういう対立のなかで、ほんものの強さ、ほんものの理解しあい、きびしい個人の努力や集団的援助、協力を導き出そうと考えた」[2]と述べている。この「学級集団づくり」は一定の成果を上げたという評価がある一方で、さまざまな問題が起こったという指摘もある。[3]

現在でも、生活班や学習班という言葉は小学校や中学校で形式的に残っているが、「核」(リーダーの意)や「ボロ班」といった用語は使われておらず、全盛期にみられたような実践は少なくなっている。しかし、リーダーを決め、役割分担をおこない、効率よく作業を進めていく小集団学習はおこなわれている。このような小集団学習は、学級活動や調べ学習などには有効な方法になるが、個人の学びは深まりにくい可能性がある。

(2) 協力学習 (cooperative learning)

協力学習は、「教えあい」や「話しあい」学習として、現在の日本でもっとも実践されているグループ学習だと言えるだろう。この協力学習はアメリカのジョンソン兄弟によって定式化された方法である。ジョンソン兄弟は、人類が協力によって発展してきたことに注目し、適者生存や弱肉強食といった競争原理を「神話」として批判した。そして「競争か協力か」「個人か集団か」をめぐる実証研究の分析を通して、「競争意識の高い個人がより成功する可能性が高い専門領域というのは、これまでのところ見つかっていない」[4]と結論づけた。

ジョンソン兄弟らの協力学習に関する書籍は一九八四年に出版されたが、当時はレーガノミクスやサッチャリズムに代表される新自由主義が席巻し、選択の自由と競争が称揚される一方、あらゆる責任を個人が負うことが強調されていた。このような時代状況のもとで、教育において競争よりも協力の有効性を示した意義は大きい。学習の成否が個人に委ねられる講義型の一斉授業から、協力を重視するグループ学習へと、授業の様式のパラダイム転換が図られるきっかけとなったからである。

協力に価値を見いだす協力学習は、日本では「教えあい」と「話しあい」として定着している。「教えあい」学習は、「グループでわからない人がいたら教えてあげてね」「グループの全員がわかるようになったら、他のグループで困っている人にも教えてあげてね」という指示のもと、協力しあうことで最終的にクラス全員がわかることをめざす教育方法として広まっている。

全員がわかることを目標に生徒どうしが協力し、グループ内から教室全体への教えあいに展開されれば、教室は活性化し、教師も生徒も満足感を得やすい。しかし、かならずと言っていいほど「なぜ私はいつも教えなければならないの?」という不満が一部の生徒から漏れてくる。教えあいが常態化すると「勉強が得意な子」「勉強が苦手な子」といった「教える—教わる」関係が固定化し、どの子も抱く学びたい気持ちを阻害しがちになる。

他方、「話しあい」学習は、「バズ学習」(buzz＝ざわめきの意)として一九五〇年代後半に導入され、現在でも多くおこなわれている。バズ学習は、小グループでの話しあいによって学習や議論を進めた後、小グループで出された意見を全体で討議していく学習方法である。教師は課題(発問)を出した後に沈黙や静寂が続くと不安を感じる傾向にあるため、「グループの人たちと話してみて」と言った後、すぐに会話が始まればホッとする。バズ学習にはそういった教師の不安を軽減する効果もありうる。しかし、難しい問題に取り組む場合、いきなり話し始めることは難しいだろう。したがって「話しあい」学習の場合、すでに知っていることや思いつきを言葉にすることが多くなってしまう。

そう考えると「話しあい」学習は、意見の質よりも量を重視し、他者の考えに関して価値判断せず、出された意見を分類したり関係づけたりして新たなアイディアを生み出す、ブレイン・ストーミングに通じるように思われる。[5]

以上みてきたように、協力学習は、グループやクラス全体で共通の目標（たとえば「全員が解けるようになろう」など）を達成することや、アイディアを出しあう場合にはかなり有効であることがわかる。

(3) 協働／協同学習 (collaborative learning)

協働／協同学習は、「協同的学び」や「学びあい」ともいわれるグループ学習の一形態で、生徒どうしの聴きあいや支えあいを重視し、知恵を出しあって探究していく互恵的な学びである。前記の「協力学習」とは区別されるものだが、「協働」「協同」の異なる表記があるうえ、学習科学では「協調」の訳語をあてている。また、cooperativeを「協働」「協同」と訳す場合もあり、表記上の区別は明確ではない。もちろん研究上の議論はあるが、差し当たりは、それらが語られている文脈から、collaborativeなのかcooperativeなのかを判別すればよいだろう。

佐藤学の「協同的学び」の定義をみてみよう。

「協同的学び」は、ヴィゴツキーの発達の最近接領域の理論とデューイのコミュニケーションの理論にもとづいており、学びの活動を対話的コミュニケーション（協同）による文化的・社会的実践として認識し、活動的で協同的で反省的な学びを組織している。したがって、「協同的学び」においては、「協力的学び」のように協力的関係よりも、むしろ文化的実践（文化的内容の認識活動）に重点が置かれ、意味と関係の構築としての学びの社会的実践が重要とされる。[6]

この定義からもわかるように、協働学習は理論であり、他の二つのように方法として明示しにくいため、実践化がもっとも難しい。しかし、教師が理論を学び、協働学習に挑戦することで、生徒たちの豊かで深い学びが生まれる。本稿ではポイントを二つに絞って述べたい。

一つめ。発達の最近接領域（Zone of Proximal Development=ZPD）とは、子どもが自力解決できる課題の水準（現下の発達水準）と、他者との協働や援助によって達成できる課題の水準（明日の発達水準）とのあいだに生じる、学びの可能性がもっともある領域のことである。したがって授業では、ひとりでは解決できないが、仲間とのかかわりがあれば解決できるような課題（発問）によって、発達の最近接領域という子どもの学びの伸びしろを準備することが必要になる。すなわち、協働学習に必要な課題は、難しすぎても簡単すぎてもダメであるため、教師による実践化が難しい。

同時に、探究的な課題をつくるためには、教師の教科に関する専門的な知識や理解が、生徒の学びの文脈に即して翻案される必要がある。したがって、知識を一方的に伝達するのとは異なり、生徒の発見や困り感をつぶさに観察しつつ、発達の最近接領域に応じた課題をつくりだす高度な専門性が教師に要求される。

二つめは、聴きあうことを中心とした生徒どうしの関係づくりである。難しめの課題を仲間と探究するためには、何よりも関係性が重要になる。「聴く」ことは、相手のことばを情報として受けとめるだけでなく、他者の存在を認めることでもある。たとえば、グループで考えを発言したり、「これ、どういうこと？」と訊いたりしたときに、誰からも反応がなかった場合を考えてみよう。無視されることは、そこに存在していないとみなされることと同じだろう。仮に苦手な相手だったとしても、最低でも同じグループで学びあっている時間は受け応えをする必要がある。これは社会性を身に付けることにもつながる。したがって協働学習では「聴きあう」ことによる関係づくりが不可欠なのである。

以上、小集団学習・協力学習・協働学習について簡単に概観してきた。どの形態にもメリット・デメリットは存在する。また、協働学習を実践しようとして、結果として協力学習になってしまうこともあれば、その逆もある。教師自身がグループ学習によってどのような学びを創出したいのかというヴィジョンを明確に持つことが何よりも重要であろう。

おわりに

新座高校において協働学習が浸透しつつあるのは必然だったかもしれない。学校、教師、仲間に対する不信感が渦巻くなか、あらゆる信頼を回復していくためには、生徒も教師も「聴きあう」ことでお互いの存在を認めあい、関係をつむぎ直す必要があったと考えられる。特別支援教育の視点に立った生徒理解からスタートした授業研究が協働学習へ導かれた新座高校の物語は、高校における授業研究のモデルのひとつになりうると考えられる。

本稿で概観したグループ学習は、協働学習に限らず、ペア学習にせよ小集団学習や協力学習にせよ、生徒どうしの関係ができていないと学びが深まらない。そして、授業のヴィジョンの共有こそが学校全体での授業研究を推し進めていくことを、新座高校の実践は教えている。

注

1　佐藤学『専門家として教師を育てる——教師教育改革のグランドデザイン』岩波書店、二〇一五年、一〇六—一〇九ページ参照。
2　大西忠治『集団教育入門』国土社、一九九〇年、八〇—八一ページ。
3　原武史『滝山コミューン一九七四』（講談社文庫、二〇一〇年）では、原自身の集団主義教育の経験がリアルに描かれているので参照されたい。
4　ジョンソン、D・W／ジョンソン、R・T／ホルベック、E・J『改訂新版　学習の輪——学び合いの協同教育入門』（*Circles of Learning : Cooperation in the Classroom*）石田裕久・梅原巳代子訳、二瓶社、二〇一〇年（初版一九八四年）、八四ページ。
5　川喜田二郎『発想法——創造性開発のために（改版）』中公新書、二〇一七年を参照。
6　佐藤学『学校を改革する——学びの共同体の構想と実践』岩波書店、二〇一二年、三二ページ。

III 教師の変様と熟達

第1章

新座高校で学んだこと

——金子先生との出会い——

吉田友樹
埼玉県立伊奈学園総合高等学校教諭／英語

1　声が届かない

教師になって今年で一一年目になる。「教職についてからの三年間が、その後の教師生活を左右する」とよく言われるが、自分のこれまでを振り返ると、まさにその通りだと思う。

初任者として新座高校に赴任した一年目、授業がうまくいかずに毎日苦しんでいた。

新座高校には、小中学生のときに学ぶことに傷つき、挫折を味わってきた生徒が数多く入学してくる。一年生の最初の授業で「英語の授業は好きでしたか」と尋ねると、八割から九割の生徒は「英語の授業が嫌いだった」「英語を勉強する理由がわからない」と答える。大学受験対策の塾でしか授業をしたことがなかった私には、こうした英語が嫌い、もしくは苦手な生徒に対して、どのようにすれば英語を好きになり、そして英語の力を伸ばせるような授業ができるのか、皆目見当がつかなかった。

授業に向けて熱心に準備をくりかえしていたが、その努力が報われることは少なく、こちらが頑張れば頑張るほど生徒との距離は広がっていった。焦りからどんどん声が大きくなり、言葉を重ねるほどにこちらの声が届かなくなり、徒労感に襲われるという悪循環におちいっていった。

2　協働学習との出会い

そんなときに、同じ年に新座高校に着任し、同じ二学年に副担任として所属していた金子奨先生に声をかけていただき、先生の授業を見学する機会に恵まれた。

そこでは、自分の授業ではそっぽを向いていた生徒たちが四人グループをつくり、難しい問いに対してボソボソと相談しながら答えを出そうとしていた。コの字型の座席配置では、自分の考えをクラスメイトに向かって発表している。他の生徒も和やかな表情で話を聞き、その意見をもとに質問したり、自分たちの考えを述べたりしていた。金子先生はというと、コの字型の座席の中央に立ち、生徒に発言をうながしたり、グループワークの際は、課題がうまく進まないグループのそばに膝立ちになって、生徒と目線を合わせながら、質問したりアドバイスしたりしていた。

自分の授業を受けている生徒たちと同一人物なのかと目を疑うくらい、かれらの教室の中でのようすは異なっていた。また、金子先生のふるまいが、私のものとはまったく違っていることに驚いた。

この授業見学のおかげで、授業がうまくいかない原因が生徒にではなく、自分にあることをはっきりと自覚できた。同時に、自分の授業方法や質を向上させることができれば、生徒の英語嫌いを克服し、力を伸ばせるような授業ができるのではないか、という希望を持つことができた。

協働学習による授業形態に希望を見いだした私は、その後も授業改善を続けていった。しかし、当然のことではあるのだが、そのような授業を実践するのは口で言うほど容易ではなかった。私と金子先生では、教師としての経験、知識、技術、身体知など、ありとあらゆる面で歴然とした差があるうえに、教科すら違うからだ。協働学習をどのようにして英語の授業に取り入れればよいのか、やはりまったくイメージが湧かなかった。

3　教師たちの協働

大きな転機になったのが、金子先生に誘われて出かけた静岡県富士市立元吉原中学校の公開授業研究会だった。

研究会当日、校長先生のご厚意で午前中から授業を見学させていただいた。廊下を歩きながら教室を見ると、どの教科、どの授業でもコの字型の座席と協働学習が取り入れられていた。二時間目に一年生の英語の授業を見学させていただいたのだが、そこでは四人グループで単語を調べて本文の和訳や文法問題に取り組んだり、コの字型の座席配置になって、その日に学習した文法事項を活用して表現しあったりしていた。何か特別な課題が準備されているというのではなく、日常で使用する教科書の学習を協働学習の形式で進めていたのである。

研究授業の対象になったのは、五時間目の三年生の英語の授業だった。ここではマグネット式のホワイトシートが四人グループに一枚配られ、関係代名詞を用いる英作文に取り組むことが課題とされていた。どのグループも、クラスメイトと協力しながら課題と向きあい、時には先生の助けを借りながら試行錯誤をくりかえし、みごとに英作文を完成させていた。協働学習によって、英語が得意な生徒と苦手な生徒、双方の学びを保障する授業が目の前で繰り広げられていた。この授業のおかげで、協働学習を自分の授業で活用する具体的なイメージを得ることができた。

さらに、この日の公開授業研究会では、先生たちが、生徒の学ぶようすを真剣に語りあっていた。生徒一人ひとりの名前を挙げながら、研究授業の最中に気づいたこと、自分の授業における姿との違い、以前の姿から成長した点、またこれからこう育っていってほしいという願いを語る姿に衝撃を受けた。語っている内容ではなく、むしろ、穏やかな表情でうれしそうに生徒について語る、そのようすに感動したのだと思う。元吉原中学校の先生たちは、授業力や教科に関する知識、生徒の学ぶようすを語る言葉といった教科教育の専門性以前の、教師としてあるべき姿勢、また教師集団として持つべき関係性を具体的に示してくれたのである。

元吉原中学校では和やかな空気が学校全体に広がっていた。これは一部の教師が協働学習をおこなっているからではなく、学校全体が授業研究を核にしてつながっているからこそ実現する空気だった。学年団が授業研究会を通して生徒理解を深め、現在の課題やこれからの目標を共有し、高い同僚性を構築するからこそ、生徒が安心して穏やかに授業に取り組めるようになると確信できた。もし私が生徒なら元吉原中学校に通いたいと思ったたし、新座高校もこのような空気が流れる学校にしたい、そのために学校全体で授業研究会に取り組み、元吉原中学校のような高い同僚性を構築したい、という思いを強くした。

4　気づきをことばにすること

新座高校に赴任してから二年目、私は金子先生と同じ一学年の担任になった。この学年の担任団は、東京大学付属中等教育学校や広島県立安西高等学校の公開授業研究会を参観し、一学年一学期からビデオによる授業研究会を定期的に開催して、生徒のことを語りあい、課題と目標の共有に努めてきた。

しかし、一朝一夕で協働学習を取り入れた授業を実践できるようになったわけでもないし、元吉原中学校のような高い同僚性を構築できたわけでもなかった。そんな中でも協働学習と授業研究会に対する高い意欲を粘り強く持ち続けることができたのは、さまざまな授業研究会や研修に参加して、熱心に取り組む先生たちからエネルギーをもらえたからだと思う。

またこのころから、金子先生に紹介していただいた書籍をよく読むようになった。授業について相談すると、具体的なアドバイスと同時に、後日かならずと言っていいほど、書籍や論文がさりげなく机上に置いてあったのだ。難しすぎてあまり理解できないこともよくあったのだが、とにかく読むことが大切だと自分に言い聞かせて読み続けた。

校内外の授業研究会に参加し、本を読み続けることで、少しずつ生徒のようすを語る言葉やとらえる視点に変化があらわれてきた。

金子先生の著書『学びをつむぐ』の中に、「文字の羅列にしか見えない教科書も、ひとりでは何となく見過ごしてしまう絵画史料も、友達の視線やことば／考えが介在し、重ねあわせられることによって、たんなるモノ thing から対象 object へと変化《へんげ》する」という一文がある。ある日の授業で、英語が嫌いな生徒が、グループのメンバーから「ねえ、これどういう意味だと思う?」と尋ねられたことで、その生徒にとって何の興味も湧かなかったただの紙が、一緒に取り組むべき「教材」に変わった瞬間を認識できたことをいまでも覚えている。

その日から私は、生徒の目の前に置かれているプリントが「ただの紙」なのか、それとも学習を引き起こす「教材」になっているのかを区別するようになった。そうすると、協働学習の際にどのグループに声をかけるべきなのかわかるようになる。また、グループを支援する際に、課題に取り組まない生徒に「しっかりやろうよ」と言うかわりに、「ちょっとみんなで見てみようよ」と声をかけ、さりげなく教材をグループの中央に置くようになった。同僚がおこなう研究授業の際も、生徒と教材の関係がどうなっているのかに注目するようになり、授業研究会でその点について語ることができるようになっていった。

このように、日々の授業に悩みながらも協働学習と授業研究会に取り組み続け、その効果をはっきりと実感できるようになったのは、教師になって三年目、二学年の担任のときだったと思う。

きっかけは、「すべての生徒が孤立せず参加できる授業を目指して」というタイトルで、それまでの取り組みをまとめ、文章の形で報告したことだった。そこには、一年生のときにはなかなか成立しなかったグループワークに生徒が穏やかに取り組み、関係ない話をする子や寝ている生徒もなく、わからない点についてためらいなくクラスメイトや私に質問をするようす、そしてその変化にうれしい驚きを示す学年団の姿が描かれている。

5　問題の課題化

協働学習を取り入れた授業に慣れ、少しずつ自分や生徒の成長を実感できていたとはいえ、私の授業はもちろん問題をたくさん抱えていた。

二学年になって一回目の授業研究会は私の授業が対象だったのだが、生徒の成長した点を指摘していただき、とても勇気づけられる一方で、メンバーがほとんど活動できていないグループに対して働きかけなかった理由を質問された。映像を見返すと、私はそのグループの前を何回も素通りしていた。見て見ぬ振りをしていたわけではなく、授業中にこのグループが困っていることに気づくことができなかったのである。このグループで協働学習が成立することを次の目標として設定し、この研究会を終えた。

「問いを立てることができれば、半分は解決したようなものだよ」と日頃から言われていたのだが、もし授業研究会がなければ、私は自分の授業が抱える問題にいつまでも気づくことができなかっただろう。

授業研究会のおかげで、自分ひとりでは気づくことができない問題に気づき、それを課題としてとらえ直し、問いを立てることができたのである。

このようにして私は、

①日々の授業に取り組む。
②授業研究会を通して自分の授業が抱える問題を自覚し、解決すべき課題としてとらえ直す。
③自分の実践を振り返り言語化することで、これまでの成果を確認しながらも、新たな問いを立て、これからめざすべき方向を明確にする。
④同僚の研究授業、校外の研修や書籍などからヒントを得る。
⑤日々の授業で改善に取り組む。

というサイクルを、知らず知らずのうちに確立したのだと思うし、それは一一年目のいまでも変わっていない。

6 壁を越える

新座高校に赴任して四年目、二〇一〇年度の一学期。学校全体ではじめて実施する授業研究会の研究授業を担当することになった。金子先生から「挑戦してみようよ」と指名されたのである。

この授業の課題を「マグネット式のホワイトシートを用いたグループによる英作文」に設定したのは、

もちろん元吉原中学校の公開授業研究会を念頭に置いてのことである。取り組む英作文の難易度は大学入試問題の水準であり、形式目的語構文という複雑な文法事項を用いなければならない課題であったが、担任する三年二組の生徒たちは真っ向からこの課題に取り組み、半分以上のグループが正解に辿り着いた。

生徒たちが、四苦八苦しながらも粘り強く課題に取り組むようすを見せてくれたこと、そしてその生徒の姿を通して、協働学習と授業研究会が持つ可能性を学校全体で共有できたことがとてもうれしかった。しかし何よりうれしかったのは、金子先生から「壁を越えたね」という声をかけてもらえたことだったのかもしれない。

『学びをつむぐ』の中で、授業研究会から帰る新幹線の車中で「オレってラッキーなんですかねえ?」と尋ねる、初任者だったかつての私に伝えたい。

「君は日本一幸運な初任者だよ」と。

第2章

若手教師の変様

新座高校では授業研究のかたわら、教育学研究者の協力を得て、若手教師の変様と熟達をうながす要因を探究してきた。二〇一〇年度には高井良健一・東京経済大学教授を座長とする共同研究グループを立ち上げ*、授業参観やインタビュー、初任者カンファレンスなどを通して、初任者がどのようにして教師として成長していくのかを、かれらに寄り添いつつリサーチしてきた。

以下の二人の教師の文章は、その探究の一環として、二〇一五年九月、信州大学にて開催された日本教師教育学会での報告をもとに、さらに一年後（六年目）の振り返りを加筆したものである。

（金子奨）

＊メンバーは高井良健一（東京経済大学教授）、木村優（福井大学准教授）、齋藤智哉（國學院大學准教授）、岩田一正（成城大学准教授）の四氏に、新座高校から金子奨が加わっている。

主体的な学びを追って

新座高校教諭／数学
髙石　昂

1　歩み（四年目の振り返り）

容赦ない、ありがたい一言

「説明も全然わかんないし」

新座高校に来て半年、二年生の授業で、江川くんに言われた一言だ。

私は大学を卒業後、母校と他の大学付属の学校の非常勤講師を経験した。大学を出たての私が想像していた授業とは、生徒は静かに着席。シーンとした教室で、教員が練りに練った説明をおこない授業が進んでいく。私が高校生だったころ受けたような授業をすべての学校でおこなう。そう思っていた。一年目は進学校二校、二年目は定時制。二年間は教材研究をする時間が多く、想像している理想的な授業に向け日々精進し、未熟ながらも問題なく授業を進めることができた。正直に言えば、定時制でできたからという自信もあったと思う。

新座高校着任一年目、二年三・四組の授業（二クラス三展開の一クラス）。このクラスは私の担当していた三クラスの中で、最初のつかみは一番よかったクラスだった。しかし二学期の中頃からようすが変わり、のっけから隣の生徒に話しかける生徒、授業に平気で遅れてくる生徒、注意すると窓の縁に座ってしまう生徒……いろんなことをやってくれる生徒が同時多発的にあらわれた（新しく生徒が増減したわけではない）。一人ひとり生徒に声をかけているときに、江川くんから言われたのが「なんで俺だけ注意されなきゃいけねーんだ。説明も全然わかんないし」だった。この一言は相当こたえた。

何がいけなかったのだろうかと考えたところ、大学を出たての二年間の授業には「生徒の聞く姿勢が整っていた」「説明が途切れなかった」という二つのポイントがあった。対して、新座高校での授業は「生徒の聞く姿勢が整っていない」「説明が途中で切れる」と真逆になっていたのだった。

「聞く姿勢が整っていない」とは、前記のような生徒を最後まで指導できず、そのまま進めてしまっていたことによる。「説明が途中で切れる」は、説明の途中で問題行動を示す生徒が多く、五分で説明が終わるはずのところ、やりとりを含めると一五分も説明し、注意の時間なのか説明の時間なのかよくわからない時間を作ってしまっていた。この二つのポイントが押さえられていないと、理解力のある生徒でも教師の話がわからないことに気がついた。江川くんも、しっかり説明を聞いたものは理解できていたのだ。

江川くんに言われた当初は「話を聞かないんだから、わからなくて当然だ」と思っていたが、生徒が話を聞かないのは自分自身にも問題があったのだということに気づいた。

研究会での気づき

次年度の授業では、前記の二つのポイントを踏まえ、授業開きのときに「切り替えをしっかりする」「先生が説明をしているときはしっかり聞く」という約束を生徒とした。あわせて私自身も「説明は簡単に、短くして深追いはしない」ことをポイントに授業を進めていこうと決めた。年度当初、生徒との二つの約束を徹底しておこなうと、私と生徒たちのあいだでいい距離感がつかめるようになった。そして授業もうまくいっていたように見えた。

新座着任三年目の授業研究会でのこと。その研究会は私の授業が対象で、クラスは担任していた二年五組（一クラス二展開の一クラス、二〇人弱）。授業内容は三角比の授業だった。

私の説明を聞いて、生徒の葉山さんが「いまのところ、よくわかんないんだけど」と説明の途中で質問してくる。その受け答えのなかで島田さんが「どういうこと?」と何度も質問し、その会話を聞いていた大林さんが「先生、もう一回最初から説明して」……という感じで進んでいった。こうして生徒の質問を拾い上げながら授業を進めていくスタイルに落ち着いていた。

授業終了後の研究会で、ある先生から「説明はわかりやすくてよかったし、田代さんもノートをしっかり書けていたのだけど、全然わかってなかったみたいよ」と指摘を受けた。さらに「質問できる生徒にはいいかもしれないけど、田代さんみたいなタイプの子はノートを取っているだけだった」との指摘もいただいた。

時おり冗談も混ぜながら授業を進めていく、いい形になってきたなと自分では思っていた。しかし、レスポンスのある生徒しか見られなくなってしまっていたことに気がつかされた。

それ以降は、説明のときはレスポンスのある生徒たち（葉山、島田、大林など）の相手をし、演習のときは田代さんタイプの生徒たちの相手をするようにしてみた。この気づきは、学校独自でおこなっている授業研究会ならではのものだと思う。

新座高校での「学び」

授業スタイルが固まってきそうだった昨年度（二〇一四年度）。あるとき、ちょっとした違和を感じた。授業中の生徒からのレスポンスが徐々に絞られてきてしまっていたのだ。気がつくと、課題が簡単すぎて終わったら寝てしまっている生徒が、クラスの中に三、四人はいた。そのときからまた、授業のありかたについて考えるようになった。

そのころ、同学年の深見先生の授業を参観して公開授業研究会がおこなわれた。授業内容は「イスラームはなぜ発展していったのか」をグループで考え、その根拠を発表するというもの。根拠を考えることなど、いままでの私の授業ではあえて避けていた。新座高校で見てきた生徒たちの多くは、難しい課題にはすぐに逃げ出してしまい、課題を乗り越える生徒がいなかった。しかし深見先生の授業で生徒の取り組みを見ると、クラスの八割がその課題に立ち向かっていた。

私は低学力の生徒にスポットを当てすぎて、比較的勉強のできる生徒に対しては何も手立てを考えていなかった。私自身の「授業」は成立しているけれど、「学び」は成立していなかったとも言える。

研究会後、金子先生との会話の中で「学び」とは何かという話になった。さまざまな話をしていただいたが、私は「なんで？」と思い、それを解決するために課題に立ち向かうことが「学び」なのだろうと解釈した。それをふまえて深見先生の授業を振り返ると、生徒たちは課題に立ち向かっていた。つまり、生徒たちがお互いに「学び」あう空間がつくられていたことに気づいた。

数学で「学ぶ」授業とは何だろうか。私は、計算することも重要と思うが、数学の授業で一番学ぶことができるのは「定理を証明できること」ではないかと考える。今年度は選択科目を担当しているので、学年末考査を定理の証明の論文に変更しようと考え、証明の授業を始めたところだ。新座高校の生徒がどこまで学べるか不安もあるが、「学び」のある授業のため、これからも授業のありかたについて考えていきたいと思う。

生徒を〝受け入れる〟

「おまえ、いい加減にしろよ！」

新座高校に着任して四カ月。七月の終業式に遅刻した生徒を指導するため、体育館で全生徒の退場を待っていたとき言った言葉だ。

指導されることになった理由は本人の遅刻なのに、「なんで俺がこんなことやらなきゃいけねえんだ」と文句を言いながら、その生徒は待っていた。その態度を叱ろうと思ったとき、咄嗟《とっさ》にそんな言葉が出てきたのだった。しかし彼の態度は変わらず、私の言うことに耳を傾けてくれなかった。

校務分掌は生徒指導部だったが、それまでの二年間、彼のような生徒への指導経験がなかった私は、同学年の先輩教師の方法を参考にしていた。参考というより真似をしていた。このときも、先輩教師のような厳しく叱責する指導法でうまくいくと思っていた。しかし事態は悪化する一方で、近くにいた金子先生になだめられてその場は収まった。

新座高校に来て七カ月。自分の生徒指導の方法について迷走していたとき、ちょうど金子先生とお話をする機会をいただいた。そのとき「指導するときは生徒のことを受け入れて指導しなければならない。他人を自分の中に受け入れなければならないから、とても大変。しかし、受け入れなければ生徒はついてこない」とアドバイスをいただいた。

私は生徒をしっかり理解しなければならない。そう解釈し、生徒が何を考えて問題行動を起こしているのかを考えながら接するようになった。その行動を起こした理由を生徒に聞きながら指導することもあった。ときには怒鳴り、ときには諭すような口調で、問題行動をなぜしてはならないのかを理解させるよう心がけた。そうするようにしてから、先輩教師の指導をもう一度観察すると、ただ怒っているのではなかったことに気づいた。〝怒る〟指導は、内面での冷静さを欠いていて、よい結果を生まないのだ。

教師も人間であり、生徒の態度によって感情的になってしまうことがある。しかし、その態度の裏には、生徒が主張したい本心が隠れていることに気がついた。生徒を〝受け入れ〟て本心を見抜くことによって、はじめて指導ができる。いろんな生徒がいるなかで、どのようなアプローチがあるのかをつねに考えていかなければならないのだ。

最後に

新座高校に来て四年目。授業スタイルや生徒対応スタイル、ワーキングスタイルなど、いろんなスタイルが四年間で構築されてきていると思う。

しかし、生徒たちも年々質が変わってきている。これまで取り組んできた授業研究会を後に残していくため、私たち四年目の教員が学校の中心となって動いていかなければいけない。私自身の授業や生徒とのかかわりなどを、たえず試行錯誤しつつ、学校全体と私個人の仕事の双方を考えられる器を持ち合わせることが必要だと考えている。この先の新座高校での教育活動、また二、三〇年先の教育活動に向けて、たくさんの経験をしながら、これからも精進していきたいと思う。

（二〇一五年八月記）

2　あれから二年（六年目の振り返り）

プレイヤー（担任）からチーフ（主任）へ

新座高校赴任六年目にして、私の立場が大きく変わることになった。初任で副担任、二年目から四年間担任をしてきた。昨年は担任だったが学年副主任。今年の立場は生徒指導主任となった。結果として生徒とのかかわりより、本校の教員・校外関係者とのかかわりが多くなったように感じる。

主任となって、分掌の総意で学校を動かさなければならないことに難しさを感じている。思い返せば、最初に担任をしていたときは、自分は意見を出すポジションにいた。意見を出すことで私自身も学年運営にかかわっているんだという考えがあったからである。しかし昨年はポジションが変化したことによって、学年会議での発言を少し控えた。控えることで、他の教員から出た意見を学年としての総意にするため整理・調整することが、いかに難しいかを知ることができた。

いまのポジションは、リーダーシップをとりつつ、分掌内の意見を整理・調整して生徒指導部の総意にし、反対意見等を私が前面に立って受ける。そのような重責を担っている。

「やりたいことをやらせてくれる学校だから、どんどん意見を出していいよ」

初任のときに先輩の先生に言われたことである。卒業生を送り出して、振り返れば私の後ろにはたくさんの後輩教員がいることに気づいた。そして今度は私が後方支援に回り、意見を整理・調整するポジションになったんだなと思う。

プレイヤーとして、生徒とかかわり育てていく窓口の筆頭は担任。それを後方で支え、学校の根幹を支えるポジションが主任（チーフ）であると思う。担任の個性を活かせる生徒指導体制を、これから複数年かけてつくっていけたらと思っている。

生徒が学ぶ授業づくりとは

二年前の振り返りでは「『学び』のある授業のため、これからも授業のありかたについて考えていきたいと思う」と書いた。その後、「定理を証明できること」を数学の「学ぶ」授業として、教材研究をおこなってきた。二〇一六年度は中位クラス（数学科では習熟度別クラスを採用。三クラス中の中位にあたる）の担当になった。そして一一月の公開授業研究会では、私が「数学で議論する」をテーマに教室を公開した。金子先生は授業研究会ニュースで、次のように書かれている。

授業を象徴的に表しているのは、終了のチャイムが鳴ったときの「あー」という声だろう。教室中から湧いて出たこの声は、ため息にも悲鳴にも似ていたのだが、五〇分の学びが中断させられたことへ向けられていたことはたしかである。それほどまでに子どもたちは課題に集中して取り組んでいたということだ。

この授業での生徒の取り組みは目を見張るものがあった。授業の雰囲気を文章であらわすと、まさしく右のような表現になるだろう。「五〇分の学びが中断させられたことへ向けられていたことはたしか」と書いていただき、あらためて自分も、生徒たちのあいだに学びが生まれていたと感じることができた。授業の雰囲気を文字に起こせなかった自分には、とてもありがたかった。もともと対話ができ、そこから学びが生まれることが多いクラスだったので、「数学で議論する」ことも容易だったのではないかと思う。

今年度は一年生の下位クラスを二クラス担当している。昨年度と同じスタイルで授業をしているが、授業で問いかけても返ってこないことが多く、一方的な授業展開になり、生徒の学びは生まれていないように思う。そこで、いま取り組んでいるのは問題演習を友達どうしでおこなわせることだ。友達と会話するなかで疑問をあぶり出し、理解できていない内容が明確になると考えたからだ。始めて一カ月がたち、生徒から出てくる質問の内容が変わってきていることに驚いている。以前は、

「これわかんないんだけど」

「どこがわからないの？」

「これ全部（考査内容すべて）」

といったやりとりが多く、

「まずは授業ノートを見てからおいで」

と返すしかなかった。しかし、最近は、

「先生、式がこうなったんだけど合ってる？」

「ここが違うよ」

「なんで違うの？」

「ここに代入するでしょ？　これを足して……」

「あ、なんだ！　そういうことか！」

といったやりとりが多くなった。何より「あ！　わかった！」と言って笑顔で席に戻る生徒が増えていった。その笑顔を見ると、生徒たちが学ぼうとしているんだなと感じられる。


残り一〇分を切っているのに生徒の集中は増す一方。「見えないね」といって教卓を脇にずらす。五年前は教卓を砦のようにしていた高石さんが、である。黒板と教壇と教卓は三位一体となって教師を守ってきた。それを脇にずらすということの意味は重い。そして、黒板には試行錯誤の痕が刻まれた生徒たちの作品が貼られている。

「さあ、どうしよう、どうしよう」「いい感じに割れてきたね」

生徒との対話にこころ躍らせ、その力を信頼し、彼らの力を借りて、協働して教室という場を生成させようとする教師が、ここにはいる。（授業研究会ニュースより）

確かに、いままでの私は教卓を授業中、脇にずらすと心細くなっていたし、少し怖かった。また「生徒の力を借りる」「生徒にさせてみる」ことも、授業が崩壊しそうで怖くてできなかった（実際、初任のときに授業が崩壊したことがあった）。しかし、教室が一体となって学ぶ空間をつくるのに、教卓や教師からの講義（説明だけの授業）はいらない。いままでは生徒と一緒に授業をつくりあげてきたつもりだったが、生徒の反応を見ると一方的な授業だったのだろう。自分の思い込みと授業の現状のギャップが、二年前の「歩み」で書いている「違和感」だったのか。最近の生徒の取り組む姿を見ていると、モヤモヤしていたものが晴れていくように感じている。

この二年間の振り返りをするなかで、つねに教師が生徒に知識を与え続け、授業をおこなうのではなく、生徒が学べる環境づくりをすることで生徒たちが主体的に学べるのではないかと思うことができた。生徒たちの学びの質が変わってきたこともあるが、たくさんのツールを持った先生方の授業を見る機会を与えてくれた新座高校の授業研究会に感謝したいと思う。また、これからも生徒が変様していくなかで、「主体的な学びとは何か」を追い続けながら教員人生を歩んでいきたいと思う。

（二〇一七年九月記）

教職生活を振り返って――四年目と六年目の視点で

小島武文
新座高校教諭／保健体育

1　四年目の振り返り

はじめに

「若さは特権」。私が赴任した最初の年、たくさんの助言をくださった先輩の先生から言われた言葉だ。若いうちはとにかくやってみる、試してみる。若いうちは考えも柔軟だから何でも吸収できる、いろいろ試して自分の可能性を広げよう、そういうモチベーションをもって新米教員生活を送っていた。

気がつけば教員生活四年目、担任として迎え入れた入学生は三年生に成長した。私の教職生活三年間を振り返ってみたい。

「緑学年」の体育

「あの緑学年は大変だったたね」

教員生活四年目になった現在でも、時おりそのような台詞を耳にする。「あの緑学年」とは、私が新座高校に赴任した年に一年生だった生徒たちのことだ。その年は例年よりも募集定員が一クラス分（四〇人）増えて、受験生はほぼ全入状態だった。そんな一年生と接していて、一番苦労したのが体育の授業だった。

赴任一年目、私は一年七組女子の授業を担当していた。このクラスは一年生の中でもとくに指導が困難なクラスであり、体育の授業に全員が着替えて出席できたことは、私が記憶する限り一度もなかった。

体育の授業に着替えずに出席することを新座高校では「異装」と言うが、彼女たちは気分や体調が悪ければ平気で制服のまま授業に向かう。異装は減点対象だと知っていても、成績なんてクソくらえといったような感じだった。もっとも酷いときは一七人いる女子のうち、着替えてきたのはたったの四人ということもあった。残りの一三人は欠席あるいは異装で、まともにゲームをすることもできなかった。

そのような生徒たちを前に、先輩の先生から受けたアドバイスは、とにかく「生徒になめられない」ということだった。「この先生の言うことは聞かなくても大丈夫だろう」と思われてしまうと、体育の指導はとても困難になる。時間と約束事をしっかりと守らせ、つねに厳しい態度で接するというのが新座の体育教員の伝統だった。私もその指導に感銘を受け、先輩方のように指導できるようになろうと必死だった。振り返って考えると、体育授業の厳しさと、グループワークの柔らかさを融合させるような授業ができたとすれば、彼女らの授業への意識を変えることができたかもしれないと思う。

固定観念

「保健の授業も、体育の延長だと思って厳しくやったほうがいい。生徒になめられたら指導は入らないぞ」

赴任一年目の五月ごろ、先輩の先生にそんなアドバイスをいただいたことがある。新座高校の体育の授業は開始時間厳守、忘れ物は大幅減点など厳しいルールが設定されている。私にとっては、とにかく授業の規律をしっかりとつくることが第一だった。

保健の授業でも、私の授業のスタイルは板書、説明、生徒はプリントに穴埋めで書き写す。授業の流れは、私の説明に対して数人の元気な生徒が反応するという形で進んでいた。授業のはじめには服装を正させ、持ち物を確認する。私は、授業というものは生徒たちが静かに板書を写しながら先生の話を聞いているのが一番だと考えていた。当時の生徒の性質も関係していたと思うが、授業の内容を十分に伝えることよりも、いかに落ち着いて「静かに」授業を受けさせるかということに私はこだわっていた。

また、私の授業は内容が膨大で、生徒たちは板書を写すだけで精一杯という感じになってしまうことがよくあった。自分がこれまで受けてきた保健の授業がそのようなイメージだったということもあるが、説明一色で単調な授業に、生徒たちが退屈するのも当然だった。

グループでのはじめての実践

一年目の一月、はじめて授業研究会で公開授業を担当することになった。保健体育の授業は生徒指導の延長であるというイメージが強かった影響もあり、私の授業の中でグループワークのような活動はこれまでおこなったことがなかった。

「保健なら題材はいろいろあると思うよ。やってみたら?」

金子先生からそんなアドバイスをいただいたこともあり、グループワークを実践してみることにした。まず、本番に向けて、担当クラスの生徒たちにグループに慣れてもらう必要があったので、予備授業をおこなった。題材は「自己実現」の単元から「高校生Aさんの悩み相談」という身近なテーマ。女子高校生のAさんは「自分には気の合う友人がおらず、高校生らしくない」と悩んでいる。その内容を読み、グループで解決策を考えようというものだ。

はじめてグループを取り入れたのは「あの緑学年」一年二組の授業だった。自己実現とはどういうものか、グループ学習の進め方について説明した後、机を向かい合わせて活動を始めさせた。

私がそれまでグループに挑戦しなかったのは、授業の規律を保ちたいという気持ちのほかに、コントロールしきれなくなるのが怖いという気持ちがあったように思う。グループの時間に突入して、まず驚いたことは、プリントの内容について生徒どうしが話しているということだった。いま考えれば当たり前のことだが、それまでは、生徒どうしが授業中に話すのは決まって関係のない話ばかりだったのだ。そんなとき私の口から出るのは、「いま○○の話は必要ない」とか「いま喋ってる時間じゃないんだけど」などの注意ばかりだった。

私は、生徒たちが話しあっているところにアドバイスをしながら巡回していた。ところが窓際の岡本さんは、グループワークが始まっても机に突っ伏したままグループの形を作らない。何度か声をかけるも

の の、机の向きを数センチ動かすだけだ。寝てしまっているというわけでもなく、グループワークに対する「拒絶反応」のようなものだと思う。そのような生徒はどこのクラスにも二～三人はいるものだ。私は、彼女を気にかけつつも、授業全体の進行を優先して授業を進めた。

そして、授業をビデオで振り返ったときのこと。私は自分の行動を見て愕然とした。グループワークの際、私は無意識のうちに岡本さんに背を向けて、他の班員にアドバイスをしていたのだ。

「参加しない生徒に背を向けてはだめだよ。グループに途中から入ろうか迷っていたとしても、それで生徒の気持ちが離れてしまう」

金子先生からそんなコメントをいただいた。私はむしろ岡本さんもグループに参加させたいと思っていたはずなのに、実際の行動は、都合の悪いところを見ないようにしていたのだ。この経験を通して、自分の視野は思っているよりもずっと狭かったということ、自分の何気ない行動が生徒にとっては大きな意味を持つということに気づかされた。同時に、ビデオで自分の授業を振り返ることの大切さも痛感した。

体つくり運動の実践

赴任二年目、埼玉県保健体育科の調査研究プロジェクトの一員として研究にかかわることになった。一〇月、私は授業実践の担当となり、一年生を対象に体つくり運動のグループワークをおこなった。テーマは「五〇年後の運動プログラムを考えよう」。いろいろなトレーニング、ストレッチを紹介し、それをグループごとに生徒が考え組み立てるというものだ。

これまで何度か体育の授業でグループワークを実践してきたが、体育でのグループは座学とは別物だと感じる。まず、体育では座席（自分の定位置）が存在しないので、話し合いでも練習でも、同じ場所に同じ姿勢でいるということがない。つねに動きをともなうグループの活動では、自然と運動が得意な生徒や元気な生徒が中心となってしまう。活動が活発になるきっかけはそれでもよいのかもしれないが、運動に自信がない生徒が「よい気づき」をしても、すんなりグループに向けて発信できるケースは滅多にない。自信がないがゆえに、活動と発言がセットで消極的になってしまう。運動に自信がない生徒がグループ内で活発に学びあうということは、想像以上に難しいと感じた。

グループワークを取り入れるからには、授業の質を高めたい。しかし「学びの場」の設定を少し間違えてしまうと、運動に自信のない生徒が萎縮しやすい空間になりかねないとも言える。運動の得意・不得意に関係なく、どんな生徒も学びあえる、そんな体育の授業をめざしたい。

厳しい指導とは

「体育の教員なんだから、もっとガツガツ生徒に言っていかないとだめだよ」

先輩の先生から、こんな指摘をいただいたことがあった。生徒指導部として、もっと生徒に対して厳しい指導をしていかなければいけないと感じていたときのことだ。ある生徒が一限目に遅刻して、職員室に遅刻カードを取りに来た。本人に遅刻した理由を尋ねたところ「遅刻した理由なんてない」と当然のように言った。その生徒は連日遅刻をくりかえしていたため、厳しく指導しなくてはいけないと思い、私は

「毎日悪びれることもなく遅刻してくる奴が、学校にいる資格はない」ということを言った。

その言葉に対して生徒は「先生が私に学校を辞めろと言った」と猛反発してきた。私も引くに引けなくなってしまい、お互い怒鳴りあうという収拾のつかない状態になってしまった。幸い先輩の先生に介入していただき解決できたが、とても反省した。間違ったことをした生徒に対して「次やったらもうこれでは済まないよ」「もう学校にいられなくなるよ」などの言葉がけは、必要以上に生徒の気持ちを追いつめてしまいかねない。生徒によっては「これができたらもっと良くなるのに」といった、前向きな言葉がけが効果的な場合もある。先輩のアドバイスを受け、「厳しい指導」＝「厳しい言葉」とは限らないということを知った。この経験を通して、いかに自分が「厳しさ」ということに漠然とした考えで指導していたかを気づかされた。

自分の姿

これまで私は自分の表情や口調がどのようなものかということをあまり考えたことがなかったが、新座高校に来て、そのことを考えさせられる機会がとても多くなった。

保健の授業でのこと。私は、この単元は楽しい雰囲気で授業をしたいと思い、普段よりも表情や口調を意識して話すようにした。ところが、生徒からは「先生、なんでそんな険しい顔してるの？」「先生、怒ってるの？」と言われてしまった。自分の知らないうちに、自分がイメージする姿とはまったく異なる態度をとってしまっていたのだ。そのことを自覚してからは、自分の表情や口調にこれまで以上に注意を払うようになった。そして、自分が言葉を投げかけた後の生徒の返事や表情まで見て、この生徒は私の言葉をどのように受け取ったのだろうかということをよく見るようになった。まだまだ生徒を観る目は未熟だが、一人ひとりとのかかわりあいを丁寧におこなって、自分自身を成長させたいと思う。

教職生活三年間を振り返ると、思い出すのは教員を始めて間もないころのことばかりだ。それほど当時の生徒たちにインパクトを受けたのかもしれない。同時に、私の価値観や考え方に大きな変化を与えたできごとが多かったとも言える。

私は保健体育の教員として、先輩の先生方からいろいろなアドバイスをいただき、厳しい指導の大切さを教えていただいた。一方で、グループワークは生徒の学びを豊かにする可能性を秘めているということも、授業研究会を通して教えていただいた。今後、新座高校体育の伝統を大切にしつつ、生徒がのびのびと学べる授業を実践していけるよう、自己研鑽を重ねていきたいと思う。

（二〇一五年九月記）

2　あれから二年（六年目の振り返り）

新座高校に赴任して丸五年が経った。五年目の節目には、新座高校で中核となっていた先生方が大勢入れ替わり、これまでとは職場の雰囲気がガラッと変わった印象を受ける。私は今年度から一年生の担任となり、分掌も変わり、これまでに感じたことのない新たな気持ちで新座での六年目を送っている。六年目を迎えた現在、感じていることを以下に記したい。

先輩教師としてのありかた

「若さは特権」。冒頭に書いた通り、赴任した最初の年に、たくさんのアドバイスをくださった先生から言われて印象に残っている言葉だが、六年目のいまでも自分の中で意識している。

赴任して五年も経つと先生方も多く入れ替わり、自分よりも若い先生や経験の浅い先生が増えてきた。いままでは、自分が一番に動き、何でも積極的にやっていくという意識だけで精一杯だったが、最近は新座高校の先輩教師という立場を強く意識するようになってきた。とくにTT（ティームティーチング）でおこなっている体育の授業では、自分の先輩教師としての立場を考えさせられた。今年度は体育科にも新任の先生が赴任したが、当初は、自分も体育科の中では下から二番目の年齢だし、あまり主張しないほうがいいのではないかと考えてしまい、授業後に自分の感じたことなどを積極的に伝えることができなかった。しかし、授業内で生徒と意見が衝突したときや、学期末の成績会議で意見が対立してしまったとき、どうして普段からもっと意見交換ができなかったのかと後悔することがあった。

これまでを思い返すと、授業で行き詰まったときや会議で意見がぶつかったとき、最後には先輩の先生がかならず救いの手を差し出してくれた。また、何気ないときでも普段から声をかけていただき、私がより多くのことを学べるようにリードしてくださったことを思い出した。

今後は、自分が何をやりたいかや、どうありたいかということに加えて、自分の立場に求められていることは何なのか、組織全体のためにはどのように行動したらいいのかということも考えていかなければいけないと思っている。自分が学年・教科をリードする、そういった自覚をしっかり持ち行動していきたい。

話し方について考える

夏季休業中に、剣道部の複数校合同合宿に参加し、そこで一部の練習の指揮を任された。他校の生徒たちも一緒に練習させている手前、実りのある内容にしなくてはと意気込んで指導したが、傍から見れば中途半端な練習だったのだと思う。その後、同年代の他校の先生が指導した際には練習がとても盛り上がり、生徒の力を引き出しているように見えた。

私はこれまで、「何を教えるか」という内容のことを考えすぎて「どのように教えるか」や「どのような声の抑揚や話し方、リズムやタイミングで話すか」ということをあまり意識していなかった。同年代の先生の活気ある指導を見せつけられ、これまで自分のやってきたことが甘かったのだと思い知った。

教師の仕事は、話しかけ、語りかけ、みずから生徒とかかわる仕事だ。自分の話し方や語り方ひとつで生徒の心が動くこともある。今後、クラス経営や授業において、話し方（声の抑揚、間のとり方、話すテンポ）を深く研究し、意識して取り組んでいきたいと思う。

新しい分掌で見えること

過去五年間は生徒指導部という分掌を担当したが、今年度からは自分の希望を尊重してもらい教務部を担当することになった。まだ一学期だけのことなので、すべてを理解したわけではないが、学校の中核的な仕事でミスを起こしてはならないという緊張感があり、これまでの生徒指導とは違った大変さを感じている。しかし、教務の仕事に関しても「生徒のことを一番に考える」という観点は、これまでやってきた生徒指導と同じだと感じている。生徒の立場に立ってものごとを考える、当たり前のようだが日常の忙しさにかまけて忘れがちになっていたことだと思う。生徒のこと、学校のことをよく観察し、自分の役割をしっかり果たしていきたい。

（二〇一七年八月記）

第3章

新しい見え方

——中学校と高校での教師経験から——

深見　宏
埼玉県志木市立志木中学校教諭／社会科

1 「見え方」の変化

「まなび」ってなんだろう？　これは、ある日の新座高校授業研究プロジェクトでのトークテーマである。参加した教師が、次々に自己の〝まなび〟観を文字にし、言葉であらわしていく。教師なのだから、「まなび」が何であるかなんて、いつも考えながら教壇に立っているはず。簡単に思えたが、いざ表現するとなると盛り込みたい言葉は絞れず、言葉にならない部分もある。すっきりと簡潔に言いあらわすのは難しく、同時に新鮮さも感じた。「まなび」という三文字の言葉に対し、参加したさまざまな経歴をもつ教師たちがそれぞれ違った言葉でとらえていたことが印象的だった。

学びや教育のとらえ方は、その教師がどのような経歴をたどってきたかで大きく異なるようだ。学力によって生徒の層が分かれている高校教育においてはなおさらだろう。進学校と呼ばれるような学校、あるいは教育困難校と呼ばれるような学校、どのような学校で教師としての形が確立される時期を過ごしたかが、その教師の教育観を形づくっている。そのようにして、さまざまな経験に基づいて出された意見を、正しいとか間違っているということを越えて、集約することもなくお互いに聞きあっていく。

自分と他の教師との意見の違いに気づく場、教育に関するさまざまな考え方を表出させ交差させる場を、新座高校は生み出していた。新座高校にいた期間は、僕に自分の考えを言葉や文字にする機会、他の意見にふれる機会をたびたび与えてくれた。新たな考え方や状況を表現する言葉を得て、目の前の状況を立体的にとらえる視差が加わり、いままではぼんやりと思っていたこと、肌感覚で実行してきたことが、文字や言葉となり体系化されていく感覚があった。

状況を表現する機会を得、さまざまな言葉や考え方にふれた三年間で変化したこと。何と言ってもそれは「生徒の見え方」だ。それまでは、生徒とその生徒にまつわるできごとを平面的にとらえ、校則に当てはめて指導をしていたものが、新座高校で先輩教師や同僚の助言、公開授業研究会（以下、授業研と略）や学年会での生徒語り、もちろん生徒との会話や、さまざまな資料の裏づけなどを得たことで、変化した。生徒が起こす問題行動を、生徒の背景とともに立体的にとらえ、その言動に意味づけをおこない、どのような支援が必要かという視点で教育をとらえるようになったというのが、この三年間の大きな変化だ。

このような変化はなぜ起きたのか。新座高校での三年間を振り返って考えてみたい。

外れたもくろみ

二〇一四年春、中学校との人事交流制度を利用して僕は新座高校へ赴任した。この制度に応募したきっかけは、教師が働くフィールドに常々狭さを感じていたからであり、他の校種を経験できる制度が始まると聞いてすぐに願いを出した。何に狭さを感じていたかと考えると、かかわる世界の少なさであるように思える。僕は「学校」という枠を越え、対象とする年齢や職種、分野を越えて、さまざまな力を結びつけて教育がしたいと考えていた。

また、社会科という教科の性質上、教師個人のもつ世界の広さ・深さが、授業のアカデミックさや生徒の意見に対する展開力を担保すると考えていたためだ。そうした理由から、(学校という枠組みには変わりないが)外の世界に出られる機会があると聞いて、飛びつく形で希望を出した。中高のあいだで教科のマッチングが図られた上で交流が成立するしくみらしく、志望動機書には希望校を書く欄が付いていた。僕は、任期が終了して中学校に戻ってきた際の進路指導と部活指導を念頭に置いて、大学につながる受験指導が経験でき、かつ指導したい部活動の実績がある高校の名を書いて提出した。しばらくして、人事交流の成立と、赴任先が新座高校であるという知らせが届いた。

隣の志木市の中学校で働いていたこともあり、新座高校の話はよく耳にしていた。公立でありながら「進学校」と呼ばれていた前任校からも、毎年一、二名程度の生徒が新座高校へ進んでおり、前年度送り出した卒業生が中学校に顔を出しては、新座高校の実情(聞いた話では〝惨状〟に近い)を語っていたからだ。外の世界に出られるという喜びと、赴任先が自分の希望とは一八〇度違うという落胆が同時に訪れ、ガッツポーズをつくった腕を静かに降ろした。

「研究授業」と授業研の違い

こうして始まった新座高校での活動だが、自分がイメージしたものとは大きく違っていたのが、月に一回程度開かれる授業研である。

それまで中学校でやってきた研究授業では、授業者が生徒の先に見ているのは他の教師や教育委員会から来る指導主事であり、日頃の成果や新しい実践を、大人に対して見せる場としての意味合いが強かった。指導案には予想しうる生徒の反応を書き出し、指導者から指導される範囲は、様式やその字体にまで及んでいた。大きな研究発表になると、指導者となる他校の校長を訪ね、指導案を何度も修正し、授業の完全なる設計図として準備し、当日は指導者や新しい授業法に興味をもつ教師を、授業者と生徒で出迎える日のようであった。

指導案とのズレは後で細かく突っ込まれるため、教室では授業をおこなう教師が誰よりも緊張し、授業前には生徒に「今日はよろしくね」とか「手を挙げてね」と、ズレが生まれないよう「お願い」をして授業に臨むこともしばしばあった。授業後には一時間程度にわたって指導主事と他の教師の講評を聞く時間が設けられた。この方法でも、教師が授業の基礎を学ぶ時期ならば、授業の進め方や発問法など学ぶことも多く、「教師のための特別の日」としての研究授業の位置づけにも(自分が学生のころから受けてきたものもそうであったためか)何の違和感も覚えなかった。

対して、新座高校の授業研は「生徒を見て、よりよい支援の方法を参観者全員で探る」という目的が第一に掲げられているため、授業者は普段着で普段通りの授業をおこない、参観者は教師や生徒どうしの働きかけによる生徒の反応や変化を見守っていた。一カ月に一回程度とかなり頻繁に開催されるため、指導案は簡略化され、教師の指導よりも生徒の動きに焦点が当てられていた。この形の授業を最初に見たときは、生徒も教師たちの中にも正装とは言えない格好の人がいたし、提供される授業方法にも目新しいものがあまりなく、「見せる」意識のない時間という印象だった（実際に参観した中学校教師から、短パンでの授業に対して意見が寄せられたこともあった）。

教師を中心に、授業のやり方を参観し、指導者が授業の改善点を論じる、いわゆる「研究授業」と、生徒を中心に看取り、その生徒に合った指導の方法を参観者全員で探ること、カジュアルで持続可能であることを重視する新座高校の授業研はまったく別のもので、見ているポイントが違うため、このようなズレが生じるのも無理のないことだと言える。

この授業研では、授業での生徒のようすを看取ることと並んで、参観者どうしが看取りを話す時間に重きが置かれており、授業後は先ほどまで見ていた授業の中での生徒の反応を、さまざまな教師が個々の視点から語りあう。大学の研究者、特別支援の専門家、大学生、指導困難校と呼ばれる学校で日々の指導の立ち行かなさにつらさを感じている教師など、外部の教育機関との交流も図られる。研究者がさまざまな事例をもとに導き出した「学」としての教育と、現場の実践とが出会う場所という形を成していた。この流れの中で研究者や、過去に同じような問題を抱えた生徒を見てきた参観者から、自分の中にはなかった考え方や、教師の授業スキルや生徒のやる気の有無では説明がつかない状況への見立てなど、生徒を立体的にとらえる視差がもたらされ、見立てを語りあった同僚や外部参観教師とのつながりも生まれた。

語りあいの場は校内にとどまらず、年に数回、福井大学で開催される、実践や看取りを語るラウンドテーブルや他校の授業研究会への参加によって、つねに新しい考え方が供給され、そのたびに自己の実践を客観視する材料が得られた。籍を置く学校以外に吸収・発表の場を得たことで、それまでは「すでにそこにあるもの」をわかりやすく嚙み砕いて与える提供者としてとらえていた自分を、研究者であり、得たものを合わせて新しいものを生み出す合成者として意識するようになった。

言葉で表現することの難しさ

新座高校で重要視されていたことのひとつに、書くこと、読むことがある。定期的に開かれる授業研の振り返りをはじめとして、他の教育機関における実践報告資料の作成、ときには若手教師が集まり読書会を開くこともあった。いままでは、自分の働きかけによる生徒の変化や授業の方法を指導案以外で語ることは少なかったのに対し、頭の中にニュアンスとしてあったものを文章であらわさなければならない機会が増えた。書き始めると、表現できない状態があり、目の前の事象の意味づけに困ることになった。恥ずかしながら、それまで定期的に文章を書くということをしてこなかったので、自分の思いをうまく言い当てる言葉を探すのに毎回時間がかかった。しかし、ありがたいことに社会科準備室では隣に金子先生がいて、相談すると「金子文庫」の中から、現在の疑問や困りに関連する本をごそごそと探し出して貸してくださった。ときには、授業や教室でぶつかった問題に関連する資料がそっと置かれていたこともあった。

自分の中からは文章が出てこないときも、同じ授業を見た同僚の振り返りを読むことで事象のとらえ方の様式が増え、自分の考えが言葉となって出てくるという経験が何度かあった。同僚の文章を読み、話を聞くことは、同じきつさを抱えているときには励ましにもなった。とくに、高石先生、小島先生など同期三人が新座高校での初任からの三年間の経験を綴った文章（前章）には、教師の高圧的な指導がもたらす弊害や生徒に対する恐れ、その考え方が変様していくようすがストレートに描かれていて、共感とともに、つらさを共有できたことによる安心感のようなものが湧いてきたのを覚えている。僕も、授業中に化粧を始める生徒や、注意してもガムを噛み続ける生徒に対し、効果的な指導法を見いだすことができず困っていたのだ。ついに解決には至らなかったことも多かったが、自分の弱さや至らなさ、目の前で起こっていることの困難さを素直に認め、その生徒が抱える問題の裏側にまで思いを巡らす方法を知ったことで生徒への対応の幅も広がり、教師から見て困った生徒＝困難を抱えている生徒という変換もなされた。こうして目の前の事象に意味づけがされ、頭の中だけにあったことが、言葉や文字となって体系化されていった。

2　働きかけ方の変化

赴任二年目からは、自分が担任する学級・学年において、学校の内外で得たものを実践できる範囲が広がった。一年目に副担任をしていたときには、担任教師のためにも自分のためにも、深く立ち入ることを避けていた。自分が担任するホームルームを持ってみて気づいたことは、（それが生徒の質が変わったことが原因なのか、自分が生徒との距離を縮めたことが原因か、その両方かは定かではないが）教師の指導を乗り越え従わないような生徒はほとんどおらず、むしろ教師の呼びかけはおろか、クラスメイトの呼びかけにも反応しないような生徒が一定数いたことだった。

それらの生徒に自分を開かせ、他とかかわり、その先の学びを手に入れさせるためには、自尊心を高めることや、かれらが「いま・ここにいてもいい」と感じられるような所属感を高めることがまずは必要と考え、授業スキルよりも前に「ホーム」の機能を高めることに重点を置いた。

生徒にクラスの理想像を話しあわせ、居心地のいい理想のクラスをつくるための具体的で持続的に運営が可能な方策を出させた。それぞれの生徒と僕、生徒どうしが話す時間を増やし、クラスにおける共通の話題も多く持った。「高校生」とひとくくりにとらえず、「さまざまな家庭環境の中で、定型の発達を遂げることができなかった生徒」へと見方を転換すること。できない生徒としてではなく、「いまはまだできないが、必要な働きかけによって、ゆっくりではあるが社会に必要な力を身につけることができる生徒」ととらえること。これは、新座高校で学んだ特別支援の視点と、それぞれの居場所を確保することを重視する中学校での指導を足した格好だ。生徒と生徒、生徒と教師のつながりを強め、居場所感や自尊感情を高めて学びのスタートラインに立たせるという方法に関しては、日々の声かけ、日頃の提出物に対する返信、生徒の日々のようすをとらえ来学期の成長をうながす通知表所見など、中学校で培ったやり方を採用した。中学までに十分で丁寧な（家庭・学校における）ケアを受けてきていない割合の高い新座高校生には、生徒の自主性や生徒どうしのコミュニティを尊重し、教師の介入を極力減らす高校型の接し方よりも、中学型の接し方のほうが有効であると思われたためだ。

授業においても、生徒どうしがつながる活動に重点を置いた。クラスの仲間に優しい言葉をかけてくれる生徒が多くいたことも手伝い、二年生に上がるころには、生徒どうしのケアや助けあいがおこなわれるようになった。

担任するクラスを越えて指導をおこなう際には、学年会や職員室での何気ない時間の生徒語りや、うまくいかなさの共有が効果を高めた。学年主任のコーディネートによる、養護教諭やカウンセラーを含めたチームの多角的なアプローチが、層になって生徒の状況を改善に導く瞬間も何度か見られた。ただ、どうしても伏せたままの生徒もおり、進路変更を止めることができない場合もあった。学年主任とともに家庭訪問をおこない、生徒が暮らす環境を知るなかで、「授業で伏せている」という表出された行為の奥に隠れた問題の深さ、生徒が背負っているものの重さを知り、学校教育だけでその子たちの状況を好転させることに限界を感じることもあった。

しかし、新座の生徒たちを理解するにあたって、家庭環境を見ることの意義の大きさも同時に感じた。子どもたちが背負っている状況は教師の想像を超えていることが多く、「もう高校生なんだから、自分でなんとかしなさい」という言葉が、かれらにとってどれだけ高いハードルかということに気づかされた。

目の前の生徒の状況を、その場での圧力により改善させる方法を取らず、日々の関係を築くことによって教師の願いを伝え、社会に出た際にその生徒が被る不利益を説くことで、内面からの改善をうながす立場をとること。生徒の学びを三年間でとらえること。新座高校での教育は、教師が効果を焦らず、時間をかけて相手を信じることで効果を高める方法を取ったが、しかし、そこには「わずか三年」という時間の限界に対する責任もつねにつきまとった。そういう意味で、社会に出ていく寸前の子どもたちの教育格差を是正し、人とつながり生きていくための力をつける、セーフティネットの役割を担う緊張感があった。

新座高校に来て、授業のやり方も少し変化した。これは赴任して間もないころに授業を見てくださった金子先生からのアドバイスがきっかけだった。それまでは、教師・教科書のもつ「ただひとつの答え」に向かって生徒が話しあい、課題解決をめざすという「静的」なスタイルで授業をおこなっていたが、根拠の説明をともなうもの、すでにある答えに至るまでの道筋が複数ある、ともすれば教師の予想を超えるような解答を生徒が導き出す可能性のある「動的」な課題を含む授業スタイルへと変化した。この手法を取り入れたことによって、生徒たちは誰の中にも答えがない横一列でスタートを切ることができ、意見を交換しあうなかで自分が思いもしなかった言葉を口にし、思いもよらない言葉やストーリーを受け取ることになった。それにともなって授業準備も、予期しない素晴らしい偶然を起こすための課題を仕組む時間へと変化した。

3　ふたたび中学校に戻って

多くのものを受け取り、三年間の人事交流が終了した。

中学校に戻ってくるのと時を同じくして、世間では教師の働き方改革が叫ばれるようになり、異動先の学校でもタイムカードが導入された。その名も「打刻ちゃん」。しかし、それで勤務時間が短縮され、働き方が改善される見込みは薄く、現場の反応は冷ややかだ。

実際に、一カ月の残業時間が過労死ラインと言われる八〇時間を大きく超え、二〇〇時間に迫る同僚もいた。この全国平均から見ても異常な残業時間の長さの根底には、学校で長く勤務し、休まず働き続けることが「頑張っている」「頼りになる」とみなされるような考え方がある（一方で、平日に年休を取得する者には「困った教師」のレッテルが貼られることもあるし、自分も過去にはその考え方だった）。子どもの数の減少に反して事務仕事は増え続けているのに、業務を「減らす」ことに対する抵抗感があることも挙げられるだろう。

たとえば、年間の職員研修は回数・時間が決まっていて、そこに題材を当てはめるという手法がとられているが、学習・共有したいことがあって、それに見合った回数を設けるという流れのほうが自然ではないだろうか。早く帰るよう圧力をかけるしくみよりも、まず仕事内容の精査が必要だろう。新座高校に三年間いたことの収穫は、授業スキルのみならず、生徒の背景を研究し学ばねば説明のできない状況が生まれてきていることを知ったことに加え、「疲れたから助けて」「子育てが忙しいので手を貸して」と同僚に言えるようになったことかもしれない。新座高校に赴任した年の四月に長男が生まれたこともあって、家庭を犠牲にしない働き方を考える機会にもなった。

新しい考え方を得て、生徒の見え方が変わったことも、文章を書く機会を得て、授業やそれに付随する生徒支援の方法が体系化されたことも、このタイミングで新座高校に赴任できたことによるものだ。

新座高校の授業研究プロジェクトも、はじめからうまくいっていたわけではなく、長い歩みがあって現在の形に辿り着いたと聞いた。困りを抱えた生徒を救い、立ち行かない授業の状況を改善するための方法として、新座高校では圧力による統制をやめ、生徒の困りの根元を掘り下げた。そこには貧困があり、複雑な家庭環境がもたらした生徒の不定形な発達が見えてきたそうだ。そうして辿り着いた、特別支援の考え方を取り入れた教育に、たった三年の人事交流で出会えたことは幸運だと言える。

中学に戻ってみると、以前より支援を必要としている生徒が増えているように感じた。そうした子たちに対する自分の対応も三年前とは違う。いま聞かれたら、前とは違う言葉で「まなび」を表現するだろう。新座高校で得たものを、中学校でゆっくりと還元していこうと思う。

第4章

「見る」から「見えてくる」へ

――教師の熟達について――

金子 奨

新座高校教諭／社会科

1 視る・診る・看る

「金子さん、あの先生、授業でいったい何をみてらっしゃったんでしょうねえ」

公開授業研究会が終わった後、若い同僚がこうつぶやいた。というのも、校外からのその参観者は、授業後の研究会で「期待外れ。生徒の服装、姿勢がだらしない。教師の服装にも違和感を覚えた。もっときちんと指導すべきだ」と指摘したのだった。

「どう思う?」

「やっぱり、新座の先生方と、みるところが違うんだなと思いました」

教職は「きく」ことと「みる」ことに支えられている。とくに、教師の「きく」モードが教室の雰囲気と深い関連をもっていることは、さまざまに明らかにされているが、[1]「みる」ことも「きく」ことと交差しつつ教師の実践を枠づけている。

「みる」には一般的に「見る」をあてる。「見る」とは「相手に向かって霊的な交渉を持つこと」を原義とするが、[2]「見る」ことにおいて人はたえず他者とかかわるということだ。

教職における「見る」は「視る」「診る」「看る」に分けられるが、[3]公開授業研究会は、教師のどの「見る」力を育んでいるのだろうか。

最初の「視る」はもともと、人が神を仰ぎみることによって神意が示される事態をあらわすのだが、神意を簒奪した王が神のような俯瞰的な位置から人々を監視する意味へと転じたのだろう。「視る」は、かつての「視学官」のように、教師が「上から目線」で生徒の姿かたちをチェック／指導／監督する、一方的で一義的な目線なのである。したがって、この視線のもとでは「決まりなんだから守れ」「誰が決めたんだよ」と際限ない問答がくりかえされることになる——秩序という線引きに、根拠を明示することはできない。

次の「診る」は、「湿疹の状態を診て察する」を源とする。つまり、目前の生徒の状態を察し、その背景や原因を探るまなざしである。「診る」には「どうしたの?」という問いかけとそれへの応答、子どもを受容しつつ当面の見立てをおこなう過程が含まれる。複数の見立てに基づいて診断し処方する医者と同じような渉りあいを、教師は教育の専門家としておこなうのである。

最後の「看る」は、「目に手を当てて遠くをまなざす」という行為だ。教室での子どものようすをまるごと看取り、かれらの遠い将来といまを結びつけて見通すことになる。まなざしの深みで子どもの肌理《きめ》を感じとり、彼方を展望しながら対話することが「看る」なのだ。

「見る」を以上三つに腑分けしてみると、なるほど先ほどの教師は、子どもたちをみていたことは確かだろう。しかし彼の目は、生徒と教師の姿かたち／外形を「視て」いただけなのだ。その見方に違和感を覚えた若い同僚は、公開授業研究会での学びを通してまなざしの深度を深め、伸度を拡げてきたに違いない。「視る」から「診る」そして「看る」という具合に、教師としての熟達／学びを経験してきたと言える。

ところで学びとは、見慣れた世界をいつもとは違う仕方で眺めるということだ。日常を非日常化するとは言ってもいい。だから、それは離脱／逸脱を含んだ活動なのである。しかもその脱自的飛躍は、ひとりでは為しえない。不意打ちのような他者との遭遇が、人を安定した世界からの離脱に誘うのである。

そう考えると、もし学校／教室という学びの場が教師の一義的な「視」線にさらされるならば、学びは衰弱するだろう。なぜなら「ルールを守れ」という一律の指導は子どもたちを萎縮させ、自明の世界からの離脱を妨げるからだ。さらに、「然《しか》あるべし」という指導／叱りは、思いがけないことやあいまいなもの、偶然性への耐性を弱め、学びへの動機づけを萎ませるだろう。学びとは、みずからは意図しえない偶然の出遭いのことなのだから。

もちろん、「視る」に基づいた指導が必要な場合はある。しかし、それも「診る／看る」まなざしに包まれ、それとの往還を経て、かろうじて有効性を持つにすぎない。「診る／看る」という省察によって醸成される信頼関係なしに、「視る」という一義的な指導が奏功しないのは現場の常識だろう。

そして、重要なのは「視る」「診る」「看る」という往還的で専門的な力量は、自然に、独力で獲得されるものではないということである。教師の熟達には、より熟達した教師との協働的で対話的な「診る／看る」経験の堆積が必要とされるのである。その意味で、新座高校の公開授業研究会は、若い教師にとって授業を「診る／看る」きっかけとなり、熟達した教師の「診る／看る」語りから学ぶ場として機能していると考えられるだろう。

2　状況からの触発

看護師の「見え」

看護師の語りを通じて、その熟達を探究している精神病理学者の村上靖彦は、看護師の「見る」行為について刺激的な議論を展開している。[4] 彼によれば「看護師は個別の対象ではなく、『全体』を『見る』」という。「手術した部位」や「血圧の値」という個別の事象ではなく、「患者をめぐる病室の状況全体」を問題として見るのである。そして「この全体を見るという能動的な知覚は、同時に、『見えてくる』という受動的なあるいは自然発生的な経験」でもある。しかも、「見えてくる」ものは「対象ではなく『してほしい行為』」だという。

「してほしい行為」が見えてくるということは、熟達した看護師は「何がしかの欠損」をその状況に感じとっているということを意味する。その欠損は看護師に埋めることを要請し、それにしたがって一連の行為が自然発生的に引き出されてゆくのである。つまり看護師の熟達は、状況に欠損を感じとり、必要とされる行為の「見え」という形で表現されるということだろう。

教師の「見え」――教師の実践的思考様式

この点は教職とも重なるところが多いように思われる。いま、それを教師の熟達の研究に先鞭をつけた佐藤学らの研究[5]に探ってみよう。佐藤らの研究では、たとえばＶＴＲで授業者の場面を見ていた初任者は「字。うまそう」「黒板に書くときは、何も話さないで書く」と感想を発話するだけだが、熟達者は「板書をやりますと、授業はあるところでストップしますので……もうちょっと続けて聞きたいなという気がいたします」とか、「板書はごく簡単でいいわけで……わからないでややもだえているようなところはこんなことなんだねと、全体にはっきりさせれば、まだ共感者はいるはずなんだ」という具合に、状況に求められている行為を語っている。

他にも、熟達教師のプロトコルは「もっと問い返さなくては」「話題をつくり出していく変わり目を今感じるわけです」「教えろ、教えに行け」「この子の考え方を聞きながらやれたら、いちばんいいんだけど」「もっと見てないとだめだよ」「もう一度……やらせてみると良かった」「やらないといけない」「もっと、いくつか引き出してやらないとあかん」「机間巡視は……もう少し意図的に……立ち止まってもいいのにな」というように、その場で必要とされる行為の「見え」として表現されている。

ということは、佐藤らが五つに分節した「教師の実践的思考様式[6]」は、熟練教師自身には「状況に感じとられる何がしかの欠損が要請する一連の行為群の見え」として経験されていることを示唆しているのではないだろうか。その「見え」は、授業に臨むにあたってあらかじめ準備されうるようなものではなく、状況が触発してくるものによって自ずと生成してしまうような動き、あるいは場によって引っ張り出されるようにして行為化される経験として、かたどることができるだろう。

実際、実習生や初任者の授業を参観していると、ぼく自身「ああ、ここではそこではなくてあそこにアプローチすべきなのに……」とか「ここで切り口を変えて展開すれば、別の可能性がひらけるのに……」「この場面での立ち位置は違うだろう」と、手や口を出し、身体を動かしそうになる体験を幾度もしている。それは認知的な側面にかかわる思考というよりも身体レベルで作動している思考、あるいは、子どもへのケアや支援という側面にかかわる情動と表現したほうが、よりふさわしいかもしれない。

状況からの触発

それは、村上を援用すれば、場が触発してくるものへの身体的なシンクロが引き出す行為、と言いうるだろう。視線や声、ふれあいにおいて、相手からこちらに向かってくるベクトルへの感受性の総体が、熟達者の熟達者たる所以になっているということである——これが従来「暗黙知」や「身体知」と言われてきたものの内実なのかもしれない。

とすれば、この触発という感受性は、「〜しなければならない」という義務や規範に基づいた行動

behavior においては作動しない。「視る」まなざしにおいては、相手は対象化され固定されて、触発性を奪われてしまう。なぜなら、「視」られることによって場は応答すべき状況性を失い、たんなる無機的な空間に堕してしまうからだ。メドゥーサの視線は相手への干渉となり、対象の石化をもたらすのである。

村上は別の著作[7]で次のように指摘している。

> 行為の質が干渉から交渉へと変化している。干渉は看護師から患者へとむかう。交渉は患者の希望を聞き取ったうえで、訪問看護師が他の援助者たちと交渉する。ベクトルの方向や動き方が異なる。そして運動のダイナミズムも、干渉があらかじめある規範への固定を目指す閉じたものであるのに対し、交渉のほうが動的であり、これから方針を作ろうとする開かれた運動である。

他方、「診る／看る」まなざしのもとでは、状況は「過去の経験が活性化して、未来の行為が見えてくる場」としてあらわれてくる。状況が教師を触発し、複数の行為 action の連鎖を引き出すのである。行為の連鎖と組み替えは、「自然と自分の中で浮き上がってくる感じ」と表現されるように、「おのずから」と「みずから」が未分化なまま駆動する状態で、受動と能動が入れ子状になって作動している。言い換えれば、他者との出遭いに身体がひらかれた状態になっていると言えよう。[8]

看護師の熟達

では、こうした触発に対する感受性は、どのようにして獲得されていくのだろうか。村上は、ある看護実習生の体験を考察している。

看護師は技術や経験をもとに、できるだけ早く患者と関係をつくり、見えてくる必要な手当てを遂行しようとする。しかし通常、看護師と患者の生活のパターンや行為のリズムは異なっていることが多い。そうした場合、両者は間主体的な現実と状況を開くことができず、行為のあいだに齟齬が発生し、双方に違和やズレが生まれてしまう。

しかし、齟齬が生み出す「しっくりこない」「かかわり方がうまくいってない」という違和感は、とくに経験の浅い看護師には、自覚され、言語化され、行為として実現されることなく、たとえば「頭痛」という個人的な身体症状として表明されてしまう。なぜなら初心者は、現実からの触発を、適切な一連の行為を要請する状況としてくくり出すことができないからである。自分に生じているものを関係のズレとしてではなく、個人的な身体の失調として感じてしまうのである。しかし、この身体症状は、先輩看護師との語りあいによって現実と結びつけられ、行為として働きかけうる状況へと再変換されていく。ここに患者との齟齬を調和させる相互行為が始まるのである。

ところで、この相互行為は意識的、自覚的なものではなく、現実からの触発の受容によって、適切な行為がおのずと生まれてくるというプロセスを辿る。新たな行為は、いつの間にかうまくできるようになるという形で看護師に学ばれる。必要とされる行為は「なんとなく自然に」状況の中に見えてくるのである——このプロセスは、だから、患者によって強いられる受動でもなく、看護師が主体的に遂行する能動でもなく、両者のあわいで生成する、いわゆる中動態的な様相と言うことができるかもしれない。[9]

看護師の行為は、つねに新たな状況に応じて、その都度予測しえない仕方で、しかも認識に先立って更新され続ける。行為における学びは、自然に生成してしまうがゆえに、事後的にしか気づけないのである。「認識は、行為の水準での現実触発への応答に対して遅れる」ということだ。したがって看護師の熟達のプロセスは、①無理のもたらす違和やズレの感受→②状況に適した新たなスタイルの生成による齟齬の克服→③事後的な気づき／認識、という経過を辿る。

「見る」から「見えてくる」へ——協働的な関係における教師の熟達

以上のような看護師の熟達のプロセスは、教職にも同様に見いだせるだろう。

①違和やズレ、齟齬という状況からの触発の受容→②行為の次元での新たな様式の獲得→③気づきという形での事後の認識、という一連の過程は、前章までに収録した教師の振り返りにもうかがうことができる。「授業がうまくいかない原因が生徒にではなく、自分にあることをはっきりと自覚」できるようになり（吉田友樹）、「いままではぼんやりと思っていたこと、肌感覚で実行してきたことが、文字や言葉となり体系化されていく感覚」が生じ（深見宏）、「モヤモヤしていたものが晴れていくよう」になり（髙石昂）、「自分の何気ない行動が生徒にとっては大きな意味を持つということに気づかされ」る（小島武文）という経験。違和感を解消するのではなく、それにこだわり抜くことで、新たな意味づけが生じてくる。そうした過程がそれぞれの文章に描かれている。

郵 便 は が き

料金受取人払郵便

本郷局承認

2347

差出有効期間
2020年3月31日
まで

(切手を貼らずに
お出しください)

1 1 3-8 7 9 0

473

（受取人）

東京都文京区本郷2-27-16 2F

大月書店 行

注文書

裏面に住所・氏名・電話番号を記入の上、このハガキを小社刊行物の注文に利用ください。指定の書店にすぐにお送りします。指定がない場合はブックサービスで直送いたします。その場合は書籍代税込1500円未満は530円、税込1500円以上は230円の送料を書籍代とともに宅配時にお支払いください。

書　名	ご注文冊数
	冊
	冊
	冊
	冊
	冊

指定書店名 （地名・支店名などもご記入下さい）	

ご購読ありがとうございました。今後の出版企画の参考にさせていただきますので、下記アンケートへのご協力をお願いします。

▼※下の欄の太線で囲まれた部分は必ずご記入くださるようお願いします。

●購入された本のタイトル		
お名前《フリガナ》		年齢　　歳
電話番号（　　　）　　―	ご職業	
ご住所 〒		

●どちらで購入されましたか。

市町
村区　　　　　　書 店

●ご購入になられたきっかけ、この本をお読みになった感想、また大月書店の出版物に対するご意見・ご要望などをお聞かせください。

●どのようなジャンルやテーマに興味をお持ちですか。

●よくお読みになる雑誌・新聞などをお教えください。

●今後、ご希望の方には、小社の図書目録および随時に新刊案内をお送りします。ご希望の方は、下の□に✓をご記入ください。

□ 大月書店からの出版案内を受け取ることを希望します。

●メールマガジン配信希望の方は、大月書店ホームページよりご登録ください。
（登録・配信は無料です）

いただいたご感想は、お名前・ご住所をのぞいて一部紹介させていただく場合があります。他の目的で使用することはございません。このハガキは当社が責任を持って廃棄いたします。ご協力ありがとうございました。

このプロセスは、「見なければならない」「理解しなければならない」という規範的で自発的な姿勢が後景に退き、状況が触発してくるものをひとまず待つという受容性への転回とも言いうる。「見る」という主体性においてはかえって見えなくなるものを、場に身をさらしながら受け容れるということ、あるいは、できごとのさなかにおのずと「見えてくる」ものを迎え入れるということ。それが、看護師や教師という省察的な専門家 reflective practitioner における熟達のひとつの様相なのだろう。[10]

重要なことは、この過程が、先輩教師や同僚との対話的で協働的な関係によって支えられ、気づきという形で自覚され、省察の対象となっていくということである。新座高校の公開授業研究会と協働的な専門家コミュニティがそうした関係をつくりだし、教師の熟達に大きな影響を与えていることは言うまでもない。

注

1　教育心理学研究者の一柳智紀（新潟大学）の一連の研究を参照。

2　漢字の解釈は白川静『字統　普及版』（平凡社、一九九四年）、同『文字逍遥』（平凡社ライブラリー、一九九四年）等に多くを負っている。

3　この部分の着想は、鷲田清一『哲学の使い方』（岩波新書、二〇一四年）による。

4　村上靖彦『傷と再生の現象学――ケアと精神医学の現場へ』青土社、二〇一一年。

5　佐藤学・秋田喜代美・岩川直樹「教師の実践的思考様式に関する研究（１）」（『東京大学教育学部紀要』第三〇巻、一九九〇年）、佐藤学・秋田喜代美・岩川直樹・吉村敏之「教師の実践的思考様式に関する研究（２）」（同第三一巻、一九九一年）。

6　教師の実践的思考様式は、①実践過程における即興的思考、②不確実な状況への敏感で主体的な関与と問題表象への熟考的な態度、③実践的問題の表象と解決における多元的な視点の総合、④実践場面に生起する問題事象相互の関連を場面に即して構成する文脈的な思考、⑤授業展開の固有性に即して不断に問題表象を再構成する思考の方略、とまとめられる。

7　村上靖彦『摘便とお花見——看護の語りの現象学』医学書院、二〇一三年。

8　この変様は、岡野八代のいう「義務論的な倫理」から「責任論的な倫理」への転回と言うこともできるかもしれない（岡野八代『フェミニズムの政治学——ケアの倫理をグローバル社会へ』みすず書房、二〇一二年）。

9　國分功一郎『中動態の世界——意志と責任の考古学』（医学書院、二〇一七年）を参照。

10　省察的専門家についてはドナルド・A・ショーン『省察的実践とは何か——プロフェッショナルの行為と思考』（鳳書房、二〇〇七年）を参照。そう考えると、看護師や教師の仕事において、主客未分離で間主観的な事態、言い換えれば、受動とも能動とも取れない中動態的なありようの重要性がはっきりしてくるように思う。

［付記］本稿は、拙稿「その不安定さに活気が宿る」（『教育』第八三一号、二〇一五年四月）と部分的に重なっている。

第5章 新任教師の変化をうながすもの

高井良健一
東京経済大学教授／教育方法学

はじめに

教員採用の氷河期から、一転して新任教師の大量採用の時代を迎えて、教師の知識や文化の継承が危惧されている。一人ひとりの子どもに応じたケアをしつつ、知識の高度かつ柔軟な運用が求められる新しい時代の教育は、これまでにも増して新任教師にとってハードルが高いものである。このため教育現場ならびに教育行政は危機感に包まれている。そして、この危機感をベースに、教育委員会を中心として、さまざまな研修プログラムが準備されている。しかしながら、テーマを細分化しつつトップダウンでおこなわれる研修プログラムが、果たして新任教師をその土台から支えるものになるのだろうかという疑問が残る。その中にあって、ここまで綴られてきた新座高校の新任教師の学びと成長の過程は、新しい時代における教師の専門家としての成長のモデルケースとなっているように思われる。

　ナラティヴ的探究（narrative inquiry）によって教師の語りを引き出し、教師を支える研究をおこなっているカナダの教育学者であり教師教育者であるクランディニンは、教育行政は新任教師をつなぎとめよう（retain）とさまざまなプログラムを準備するが、新任教師がほんとうに求めているものは、一人ひとりが自分の課題と向きあいながら自分の歩幅で成長できるように支えられる（sustain）ことであると述べている。[1]その上で彼女は、新任教師の葛藤の主要な理由は、一般的に言われているような教科指導力や生徒指導力のなさにあるのではなく、個人的なアイデンティティ――自分自身がこれまで大切にしてきたこと・大切にしていること――と、専門家としてのアイデンティティ――教師として求められること――の亀裂にあるのだと述べている。

　確かに、新座高校の新任教師たちは、教師の成長を支える気づきを研修プログラムによって与えられたのではなく、学校内での授業研究会や先輩教師からの学び、そして自分自身の実践の省察によって得ている。また彼／彼女らはすべて、一人ひとりが固有の自己であることを大切にしながら専門家としての成長を実現している。ある学会のラウンドテーブルの後、高石昂さんと小島武文さんの語りを聞いた参加者が思わずつぶやいた言葉がいまも心に残っている。その言葉とは、「いまの時代に、こんなにも柔らかい青年たちが高校教師として生き生きと働いていることは奇跡のようだ」というものであった。

　教師がただひたすら自分自身の教育哲学にこだわることは容易である。また、自分自身の教育哲学を捨てて「教師らしく」振る舞うことも容易である。しかしながら、教師が自分自身の教育哲学を守り育てながら、子どもの学びを支える専門家として変様していくことは容易なことではない。それでも、日々変様し続けている子どもたちの学びと成長に寄り添い、一人ひとりの子どもを看取りながら、みずからの教育哲学を柔軟に編み直し続けることによってのみ、教師は反省的実践家としての専門家でありうる。

これまでの各章で振り返りの文章を綴ってきた新座高校の新任教師たちはまさに、この困難なミッションに立ち向かい、専門家として育っていった教師たちであった。それでは、新任教師たちはどのようにして、自分自身であることを失うことなく専門家として育っていくことができたのだろうか。本章では教師研究の鍵となっている概念を用いながら、新座高校の新任教師たちがどのような条件のもとで、個人的なアイデンティティと専門家としてのアイデンティティを架橋してきたのかを描き出していきたい。

1　新任教師のリアリティ・ショック

1章に登場した吉田さんは、中学時代から英語の授業で傷ついてきた生徒たちを前にして、良い授業をしようと「頑張れば頑張るほど」生徒に「声が届かな」くなるという厳しい事態に遭遇している。これは、まさしく新任教師のリアリティ・ショック（reality shock）であった。リアリティ・ショックとは、すさんだ教室での過酷な日常的現実に直面し、養成教育で身につけた使命感に満ちた理想が崩壊する、新任教師の心的状態を指している。[2] 吉田さんは、生徒たちの英語の授業に対する拒絶反応に出会ったのち、他の誠実な新任教師と同じように、生徒たちのためにわかりやすい授業をしようと努力を重ねた。しかしながら、吉田さんと生徒たちとのすれ違いは、吉田さんが熱を入れて生徒たちに英語を教えようと前のめりになればなるほど広がっていった。

両者のすれ違いが広がったのは、吉田さんの教え方が拙いからではなかった。これまで英語の授業で傷つきを重ね、「英語の授業が嫌い」で「英語を勉強する理由がわからない」状態にあった生徒たちの目には、英語を噛みくだいてわかりやすく教えようと接近してくる吉田さんは、苦い思い出のある食べ物を無理に食べさせようとする理不尽な大人にしか映らなかったのだ。生徒の小さな反応の向こうには、一人ひとりの生徒の重い個人史が存在している。生徒たちの学びの履歴と向きあうことなく、ひたすら教え方の工夫に自閉してしまうと、教師は生徒との関係性の中でその専門性の深みを学ぶ貴重な機会を失ってしまう。もしもメンターとなる金子さんと出会うことなく、メンタリングを通して学ぶ機会がなかったら[3]、そして新座高校の公開授業研究会と出会うことがなかったら、吉田さんは努力してもできない自分を責めて心を病むか、自分が努力しているのに応答できない生徒たちを責めて教師としての成長の道を閉ざすか、どちらかの道を辿ることになったかもしれない[4]。

吉田さんがリアリティ・ショックを乗り越えるための契機となったのは、二〇〇七年一二月一二日におこなわれた、静岡県富士市立元吉原中学校の公開授業研究会での「協働的な学び」との出会いであった。この研究会において、生徒たちは仲間との関係の中で学び育ち、教師も先輩や同僚との学びあいの中で育つことを痛感した吉田さんは、教師にとっての省察の重要性に気づいている。それまでのように、目の前のことをひたすら頑張るというのではなく、一人ひとりの生徒たちの学びを保障する専門家として、より長いスパンの見通しの中で、自分自身の読む力、観る力を育てることに力を注ぐようになったのである。具体的には、ケアリングに関連する読書、生徒の学びの観察等を通して、みずからの中に「学び」と「育ち」をとらえる視座を育てるようになった。ちょうどそのころ、英語嫌いな生徒が、仲間の言葉かけによってはじめて英語を学びの対象と感じられるようになった決定的な瞬間に出会ったのである。

教師がくりかえし語っても生徒に届かなかった「なぜ英語を学ばなくてはならないのか」という「学びの壁」が、仲間からの呼びかけと仲間への応答という、生徒どうしの「協働的な学び」によってあっさりと乗り越えられたのである。もちろん、このできごとの意味に気づくことができたのは、吉田さんが省察を通して「学び」の成立について深く考え、生徒たちの「学び」のようすを注意深く観察していたからである。そして、このできごとは、リアリティ・ショックを教師としての成長に変えるターニングポイントとなった。

その後、吉田さんは、生徒と教材との関係を診るという視点をもったことで、教師としての新たな一歩を踏み出している。そして、英語というひとつの教科の専門家であることを超えて、生徒たちの「学び」と「育ち」を看取る教育の専門家としての歩みを重ねている。この歩みを支えたものは、金子さんというすぐれたメンターの存在と、新座高校の公開授業研究会という教師にとっての語りあい、聴きあい、学びあいの場の存在であった。吉田さんはすぐれた学び手として、メンターの金子さんの授業から学び、同僚の教師たちの生徒の学びの語り口から学び、のちには年下の教師たちの葛藤から学んでいった。リアリティ・ショックを乗り越えさせ、成長の契機となしえたものは、新座高校が育んできた関係性であり、授業研究を媒介とした教師どうしの「協働的な学び」であった。そして、これらをみずからの成長につなげたものは、吉田さんの自己変革への痛みをともなう「学び」であった。

2　教師のヴァルネラビリティ

教師は、多様な人々からさまざまな要求を突きつけられながら教職生活を送っている。全能者ではありえないのだが、教育行政も地域社会も、あるいはときには校長や管理職すらも、教師に全能者であることを求めがちである。そして真面目な新任教師ほど、これらの要求に懸命に応えようとする。ところが、全能者として振る舞おうとすればするほど、教師はその意に反して、みずからの脆弱さを露呈させることになる。みずからの脆弱さとどのように向きあうのかというテーマは、新任教師のみならず教師にとっての大きな課題である。

日本にとどまらず国際的にも、教育研究の世界では、教職は社会からの要求や求められる責任の大きさに対して圧倒的に資源が不足している職業であるため、教師は脆《もろ》く傷つきやすい存在であるとみなされている。こうしたことから、ヴァルネラビリティ（vulnerability）が教師研究の重要な概念として立ち上がっている。ヴァルネラビリティとはヴァルネラブル（vulnerable）から派生した用語であり、ヴァルネラブルには「（精神的に）傷つきやすい、（非難などを）受けやすい[5]」という意味がある。まさに現代の教職の性格を言いあらわしているように思われる。

ところで、教師研究において「ヴァルネラブル」ではなく「ヴァルネラビリティ」という概念が用いられていることに注目したい。語尾のアビリティ（ability）とはableとityの結合形であり「〜できる能力」という意味をもっている。つまり、ヴァルネラビリティには「傷つきやすさ」と「傷つくことができる能力」という二つの意味が含まれており、教師のヴァルネラビリティは、教師のストレスの起源と、専門家としての成長の契機という両義性をもっているのである。

教師は、脆弱さをはらんだ傷つきやすい存在であり、そこから自分自身を守る術をもたないと教職生活を続けることはできない。その一方で、心に痛みを感じ、他者の苦しみに共感できる能力がなければ、子どもたちの学びや育ちを支えることはできない。自分が全能者でありえないことに傷ついて立ち直れない教師が、教師を続けることができないのと同じように、子どもや保護者や同僚の苦しみや痛みを感受できない教師も、教師とはいえないのである。

二〇一二年に初任者として新座高校に赴任した髙石さんと小島さんは、みずからの脆弱さを引き受けて、これと向きあい、教師としての成長につながるヴァルネラビリティへと組み替えながら、専門家として育っていった教師たちであった。ここからは、2章に収録した二人の文章を手がかりとして、その組み替えの過程を辿っていこう。

髙石さんは私立大学の数学科を卒業後、二年間の非常勤講師としての経験を経て新座高校に赴任した新任教師であった。髙石さんは赴任早々、ひとりの生徒に「説明も全然わかんないし」と言われて「相当こたえた」と記している。教師の脆弱さは、授業の場面において顕著にあらわれるものである。講師経験をもち、軽妙な語り口での説明を中心とする数学の授業に自信をもっていた髙石さんは、生徒のこの一言で、みずからの脆弱さと向きあうことを余儀なくされている。髙石さんの新任教師としての歩みは、生徒の応答を正面から受けとめ、みずからの授業を省察するところから始まっている。

生徒の学びと、みずからの授業デザインがすれ違っていたことに気づいた髙石さんは、自分の授業を見つめ直し、生徒に学びのルールを周知することにした。これで第一のヴァルネラブルな状況は乗り越えられたように思われた。ところが教職三年目の公開授業研究会で、複数の同僚から「説明はわかりやすくてよかった」が、授業の中でうまく学べず理解できないままの生徒たちがいたことを伝えられる。これらの生徒たちは、一斉授業中の教師への質問をためらいがちな、物静かな生徒たちだった。

ここで、ふたたび髙石さんは自分の脆弱さと向きあうこととなる。同僚からの助言を受けて、授業で問題演習をおこなう際には、物静かな生徒たちのケアにこれまで以上の配慮を払うようになった。授業研究を通して先輩や同僚との信頼関係を築いていたことで、同僚から授業の課題の指摘を受けるというヴァルネラブルな状況を、専門家としての成長につなげることが可能になったのである。

ところが、これで問題が解決したわけではなかった。しばらくして第三のヴァルネラブルな状況が立ち上がってきたのである。これは、教室での学びのルールの確立と生徒のタイプ分けによるケアの配慮といった工夫にもかかわらず、「気がつくと、課題が簡単すぎて終わったら寝てしまっている生徒が、クラスの中に三、四人はいた」という気づきから始まっている。この気づきが自分自身から生まれていることは、みずからの授業を省察する力が以前より深まってきたことのあらわれである。そして、公開授業研究会で同学年の深見宏さんの授業を参観し、そこでの子どもたちの学びに衝撃を受けて、みずからの授業の改革に挑んでいる。具体的にいうと、高い課題を設定した上で、生徒たちを信頼し、生徒たちどうしの「協働的な学び」を通して数学の根っこを考えさせる授業に取り組み始めたのである。

髙石さんの感受能力としてのヴァルネラビリティは、まずは生徒によって引き出され、続いて同僚によって高められている。重要な他者の視点を内在化させた髙石さんは、今度はみずからの省察によって生徒たちの学びを妨げているものを感受し、学びと授業のデザインを組み替えるところまで到達している。このみごとな専門家としての成長を支えたものは、授業研究を基軸として育まれた新座高校の教師たちによる専門家共同体の存在であった。

一方の小島さんは、国立大学の教育学部を卒業後、新卒で新座高校に赴任した新任教師であった。巡りあわせにより、赴任一年目にいきなりベテラン教師ですらも指導に困難を覚えるような学年の担当となった小島さんは、先輩教師から「生徒になめられない」ようにという助言を受けている。生徒の統制が利かなくなるヴァルネラブルな状況が生じる前に予防するという意図だった。同校の先輩教師たちの「指導に感銘を受け、先輩方のように指導できるようになろうと必死だった」小島さんはこの助言を受けて、規律ある整然とした授業スタイルを追究しながら日々格闘を続けていた。

しかしながら、この授業スタイルは小島さんのアイデンティティと調和したものではなく葛藤をはらむものであった。小島さんは、新任の四月におこなわれたカンファレンスで「苦手でやりたくないっていう生徒をつくらないような授業」をしたいと語り、運動に自信のない子どもに対する深い配慮を示していた。[6]

このように、みずからの教育哲学において、弱い立場にある者に対するケアを大切にしてきた小島さんにとって、「生徒になめられない」ために、一人ひとりの生徒の声を聴けなくなることは本末転倒なことであった。授業の規律を確立したことで、一見すると脆弱な状況を回避できたように見えた。だが、みずから「説明一色で単調な授業に、生徒たちが退屈するのも当然だった」と省察したように、小島さんの内面では疑念が膨らみ、むしろ脆弱さが増していた。ちょうどこの時期に、小島さんは公開授業研究会の授業提供者となり、保健の授業ではじめてのグループワークによる「協働的な学び」に挑戦している。

グループワークでの「協働的な学び」の挑戦を通して小島さんは、教師が強制しなくても「プリントの内容について生徒どうしが話している」事実に衝撃を受けている。さらに、授業を終えてビデオで授業を振り返ったとき、グループワークに参加できていない生徒にかかわれていなかった自分自身に気づき、二重の衝撃を受けている。この衝撃を経て、小島さんの省察は生徒たちの態度、行動、振る舞いにとどまらず、言葉がけ、表情、身体の構えといった、みずからの生徒へのかかわりに向けられるようになった。

このときから小島さんは、あらかじめ問題が生じないように堅い鎧《よろい》を着て生徒と対峙するのではなく、みずからの柔らかい身体を自覚的にさらしながら生徒たちと向きあうようになった。その後、教職二年目に入り、体育の授業においてもグループワークによる「協働的な学び」を本格的に導入し始めている。小島さんは「グループワークを取り入れるからには、授業の質を高めたい」と考え、「運動の得意・不得意に関係なく、どんな生徒も学びあえる、そんな体育の授業」をめざすようになった。みずからの教育哲学を活かし育みながら、生徒の学びをより高い次元で実現することがめざされたのである。

同時に同僚との関係性も変化してきている。着任当初、小島さんは軋轢を生まないように自分の主張を抑制し、同僚間のヴァルネラブルな状況を回避しようとしていた。だが、こうした当たり障りのない方略が互いの意思疎通を妨げ、結果的に具体的な子どもの支援場面において、より深刻な事態を招くということへの気づきが小島さんを変様させている。それからは、同僚に対して「普段からもっと意見交換」をおこなう必要があると考え、同僚との関係性においてもお互いの課題や脆弱さをさらけ出すこと、つまりヴァルネラビリティを顕在化させる方向に踏み出している。

小島さんのヴァルネラビリティは、着任当初は、生徒に対しては「なめられない」ように振る舞い、同僚に対しては「あまり主張しない」方略をとることにより顕在化させない方向に導かれていた。しかしながら、みずからの内なる声に、この方向の発展性の乏しさを気づかされた小島さんは、ヴァルネラビリティを顕在化させながら、生徒たちの声、同僚の声を受けとめる専門家として育っていく道に進んでいる。

髙石さんと小島さんの二人の教師が、ともにヴァルネラビリティを顕在化させることができた要因として、金子さんをはじめとする新座高校の先輩教師たちの支えや、公開授業研究会での教師相互の「協働的な学び」といった学校内の学びの条件とともに、福井大学のラウンドテーブルや日本教師教育学会での実践報告といった、学校外での学びの条件があったことも見逃せない。新任教師が勤務校で自身の脆弱さや弱みを語ることは思いのほか難しいものである。学校内ではどうしても評価がつきまとうからである。これに対して学校外では、自身のためらいや迷いについて、あまり身構えることなく語ることができる。これが重要なのは、ためらいや迷いといった一見脆弱に見えるものの中にこそ、その教師の成長の可能性が秘められていることも多いからである。さらには、文脈を異にする学校外の人々に対してみずからの歩みと実践を語るためには、日常的な教職生活に対する深い省察が要求される。この省察もまた教師としての成長の鍵となる。

このように考えると、新任教師の成長を支える（sustain）ためには、赴任校における授業研究を基軸とした同僚たちとの「協働の学び」を保障するとともに、そこで得た経験を対象化し公表する機会の保障が重要であることがわかる。新座高校の新任教師たちは、これらの経験を通して、ヴァルネラビリティを教師としての成長に欠くことのできないものとして受けとめることが可能になったのである。

3　教師のレジリエンス

国際的に教師のストレスが問題になっている状況のもとで、近年とみに注目されているのがレジリエンス（resilience）の概念である。レジリエンスとはラテン語のresilire（跳ね返る）を語源とし、復元力、回復力、立ち直る力という意味をもっている。研究の概念としては、そもそも自然科学の領域において弾性エネルギーをもつ物質の性質として用いられていたが、一九九〇年代以降、心理学の分野で、深刻なダメージやストレスから回復する力として用いられるようになった。現在、発達心理学、臨床心理学の分野では、レジリエンスの概念によって、しなやかに困難を乗り越えていける子どもや大人の回復力についての探究がおこなわれている。[7]

さて、一九八〇年代後半以降、教師研究の分野において、教師のストレスに関する研究がさかんにおこなわれるようになった。これらの研究によって、現代における教師の仕事がストレスに満ちたものであることが明らかになった。ところが教師のストレスに関する研究は、その深刻さを強調すればするほど、教師をストレスに対して無力な存在ととらえがちになるというジレンマを抱えていた。この状況のもとで、レジリエンスの概念は、このジレンマを乗り越える期待とともに登場している。ストレスに向きあう教師の回復力に焦点を当てることにより、教師をより能動的な存在としてとらえることが可能になったからである。この能動性は、いわゆる教師力や指導力なるものとは、その次元が異なっている。ケアの専門家としてケアリングの能力を育み、他者との協働的な関係性を構築することによって、困難な状況においても他者のケア、自己のケアをおこなえるという能動性である。

ここからは、中学校との人事交流により二〇一四年から三年間にわたって新座高校で教職生活を送った深見さんの学びの経験（第3章）を辿りながら、ストレスをしなやかに受けとめる教師のレジリエンスが形成される過程を叙述していきたい。

中学教師の深見さんが高校の教育現場に身を置いたのは、自分自身の「かかわる世界」を広げることによって「さまざまな力を結びつけて教育がしたいと考え」たからである。異なる世界の扉を叩き、新たな学びを求めて行動した深見さんは、そもそも柔軟な思考力の持ち主だったといえる。ところが、赴任先として決定したのは希望していた進学校ではなく、進路多様校の新座高校だった。

高校という新しい世界に赴き、受験や部活における指導力に磨きをかけようとしていた深見さんだったが、新座高校に着任して真っ先に魅了されたのが、これまで経験したことのない不思議な形式での公開授業研究会であった。そこでは、教師の授業の出来不出来が論評されるのではなく、さまざまな立場にある参加者が、一人ひとりの生徒の学びのようすを看取り、それぞれの看取りを語りあっていた。

さまざまな角度から一人ひとりの生徒の学びを看取ることで、生徒のバックグラウンドである個人史が生き生きとした物語としてつむぎ出される。深見さんは、一人ひとりの生徒たちの学びと成長を支える物語を生み出す教師たちの語りあいに接し、これこそが教師の専門的な実践だと心躍った。そして、授業における一人ひとりの生徒の学びを個人史の一局面としてとらえる視座をもったことで、生徒の学びの支援にも深みが生まれた。受験や部活の指導といった限定された領域における指導方法を習得することも大事だが、もっと大事なことは、一人ひとりの生徒の人生という軸から生徒たちの学びを看取ることであると深見さんは考えるようになった。その結果、みずからの教職アイデンティティが知識や技能の「提供者」から、生徒たちの学びと人生の「研究者」「合成者」へと変様している。

この変様の過程で深見さんは、同僚の文章や語りに触発されて、みずからのヴァルネラビリティと向きあっている。新任教師としての葛藤を率直に綴った髙石さん、小島さんらの文章を読み、「共感とともに、つらさを共有できたことによる安心感のようなものが湧いてきた」ことがきっかけだった。そして深見さん自身、「自分の弱さや至らなさ、目の前で起こっていることの困難さを素直に認め」、みずからのヴァルネラビリティを受け入れている。その結果、現時点における自分の弱さと限界を見据えたことで、かえって「生徒への対応の幅も広が」るという経験をしている。

さらに、公開授業研究会の振り返りや学校外での実践報告のために、みずからの教育実践記録を綴る営みを始めている。そこで「自分の思いをうまく言い当てる言葉を探す」ことの難しさに直面し、試行錯誤することになった。そのときに助け手となったのが、同じ社会科の先輩教師である金子さんだった。金子さんのアドバイスにより、関連する本と出会い、そこから言葉を得て、自分の経験をより練られた言葉でつむぎ出すことが可能になった。まさに「目の前の事象に意味づけがされ、頭の中だけにあったことが、言葉や文字となって体系化されていった」のである。ここから深見さんの「支えとする物語」[8]が生まれ、それらの物語が編みあわされることで、困難な状況を持ちこたえる力、性急な判断をせずに溜《た》める力が育っていった。これらが、教職生活において直面するさまざまなつらさから回復に向かう力、すなわちレジリエンスを高めることにつながっている。

新座高校において深見さんが習得したことがらは授業や生徒理解にとどまらず、教職生活と家庭生活のバランスの取り方にまで及んでいた。「『疲れたから助けて』『子育てが忙しいので手を貸して』と同僚に言えるようになった」というのは、生徒たちが教師やまわりの仲間たちに対して「わからない」「助けて」と言える教室づくりとつながっていた。スーパー教師として全能を求め、何でも自分ひとりで抱え込むのではなく、同僚間での協働をベースとして思考し行動することが、いつしか深見さんのフレームとなっていた。専門家として学びあう共同体に身を置き、「協働の学び」を自分の教育哲学の中に深く受けとめた深見さんは、教師たちが相互に支えあう同僚性の文化を中学校に持ち帰った。深見さんのように信頼される教師がまわりに助けを求めると、ほかの教師たちもＳＯＳを出しやすくなる。その結果、学校の教師集団全体のレジリエンスも高まるのである。

米国の困難な高校で働いている教師たちを対象としたインタビュー調査によると、高いレジリエンスをもつ教師たちは、生徒たちを深く尊重し、専門家としても個人としても充足し、周囲からのサポートを得られているという特徴があることが示されている[9]。深見さんも、生徒たちを深く尊重し、授業の質を追究しながら専門家としての成長を体感し、充実した家庭生活を送るとともに、同僚からのサポートも得られている教師である。新座高校において生徒たちの看取りの方法を学び、一人ひとりの生徒の置かれた状況をより深く理解できるようになったことが、これらの好循環の根幹となっている。

新座高校で学んだ三年間を通して、深見さんはみずからの教師としてのレジリエンスを向上させた。そしてそのことは、子育てと教職生活の両立という、教師としての生活の質（quality of life）を高めることにもつながっている。深い知性と明るい笑顔をもって同僚どうしの学びの輪をつないでいる深見さんの姿から、困難な時代の中で教師としての充実した人生を約束するものは、協働の哲学と実践であることを確信させられる。

4　教師のジェネラティヴィティ

この五、六年間、新座高校では新任や若手教師が増え、教師の年齢構成が大きく変化している。その中にあって、彼／彼女らの学びと成長を日常的に支えていたのは、金子さんをはじめとするベテラン教師の存在であった。新任教師たちの若さとモチベーションの高さは目を見張るものがあるが、それだけで専門家としての教師の成長が保障されるわけではない。メンターとなる先輩教師との出会いと、そこでの学びを通してはじめて、新任教師たちは一人ひとりにふさわしい成長の方向性を見定めることが可能になる。またベテラン教師にとっても、教師としての成熟はしばしば新任、若手教師から受けるさまざまな刺激と、ときには忍耐を求められる彼／彼女らとの同行の旅からもたらされる。吉田さんが金子さんとの出会いによって教師としての成長の指針を得ることができたように、金子さんもまた吉田さんとの出会いによって、次世代の教師を育みつつ、みずからを育てるという教職生活の新たなステージを示されている。

筆者がはじめて金子さんと出会ってから今年でちょうど二〇年となった。この歳月の中で、こんなにも大勢の同僚教師たちに囲まれている金子さんを観るのはいまがはじめてである。教育雑誌『ひと』の編集委員も務め、若いころから高校の教育実践をリードしてきた金子さんは、長らく「一匹狼」として教壇に立ち続けてきた。この金子さんに大きなターニングポイントが訪れたのは二〇〇三年、長期研修のため東京大学で学んだときのことである。静岡県富士市立岳陽中学校を訪れた金子さんは、そこで社会科の授業を参観し、深い衝撃を受けたという。ずっと夢見ながらも叶わなかった、すべての生徒がひとり残らず学ぶ教室がそこで実現していたのだ。しかも、それを実現していたのは教職わずか一年目の女性教師であった。このとき岳陽中学校では、佐藤雅彰校長のもとで、すべての授業に学びあいを導入し、教師たちが子どもたちの声をしっかりと聴き、一人ひとりの子どもの学びを保障する授業をおこなっていたのである。[10]

ひとりで努力を重ねてきた、それまでの一九年間の教職生活をまるごと否定されるかのような衝撃を受けた金子さんは、深い中年期の危機を経験している[11]。そして、長期研修ののち二〇〇四年に着任した和光国際高校では、自分自身の授業のスタイルを根底から変えようと、一斉授業をやめ、生徒たちの学びあいに挑戦しながら、これまでの教師としてのありかたを変えるために、身体のきしみを感じるような苦しい三年間を過ごしている。

二〇〇七年に新座高校に赴任したとき、学校を変えることはひとりではできないと痛感した金子さんは、たとえゆっくりとした歩みであっても校長や同僚たちとともに歩むことを決意している。同時に、学校の外部との連携も必要だと考え、私たち教育研究者に対してみずからの教室を開き、のちの公開授業研究会の土台をつくっている。柿岡文彦校長と吉田友樹さんは、ちょうどこのとき金子さんとともに新座高校に着任したのだった。

これまであまり人に頼ることのなかった金子さんが、校長室にぶらりと立ち寄り、柿岡校長と話を交わすようになった。また、ことさら人の世話を焼くこともなかった金子さんが新任の吉田さんに声をかけ、他校の公開授業研究会に誘うようになった。金子さんは、柿岡校長にケアされ、吉田さんをケアするようになっていた。ケアリングの関係性に入ることで、他者へのかかわりが少しずつ柔らかくなっていった。

吉田さんも自分の哲学をもった新任教師だった。金子さんと馬が合ったのは、自分の芯を持ち、筋を通す性格が似通っていたからだろう。金子さんは吉田さんに、若かりしころの自分自身の姿を重ねていたように思う。吉田さんは、金子さんが語る学びあう授業の必要性を簡単に納得したわけではなかった。金子さんは吉田さんに学びあう授業の魅力を伝えようと、自分自身もまた学びあいの授業について真剣に考え、懸命に学んでいた。ひとりで奮闘していた長期研修までの一九年間の教職生活を、吉田さんにくりかえさせたくはない。金子さんはそういう思いで吉田さんの学びを支えていた。そして吉田さんも、金子さんの言葉の向こうにはきっと何か確かなものがあると信頼し、懸命に学ぼうとしていた。

このような、ベテラン教師と若手教師とのあいだの育ちあう関係性をジェネラティヴィティ（generativity）と呼ぶ。ジェネラティヴィティとは、精神分析家であり発達心理学者でもあったエリク・エリクソンが創成した概念である。日本語では世代継承性などと訳され、次世代の価値を生み出す行為に積極的にかかわっていくことと定義されている。[12] エリクソンは、人生の発達段階においてアイデンティティの概念を提示したことで知られるが、そこで成人後期の課題として挙げたのがジェネラティヴィティであった。[13] つまり、中年期以降において人間は、自分のことだけを考えていては停滞せざるをえず、次世代を育むという意識をもつことによって、さらなる人としての成熟を経験することが可能になるというのである。

ジェネラティヴィティは異世代間の学びあい、育ちあいによって実現する。金子さんが長らく「一匹狼」だったのは、続く世代が教員採用の氷河期にあたり、ずっと不在であったことと深くかかわっている。ジェネラティヴィティの関係性に身を置くためには、みずからのものの観方の変化とともに、ケアを必要とする後進が不可欠であった。金子さんの場合、二〇〇〇年代半ばからの教員採用の潮目の変化を待たなくてはならなかった。

このような歴史的、社会的文脈のもとで実現した金子さんと吉田さんとの運命的な出会いは、まさにジェネラティヴィティの典型例であった。金子さんに出会った吉田さんが、みずからの軸を育み、教師と

図１　新任教師の変様

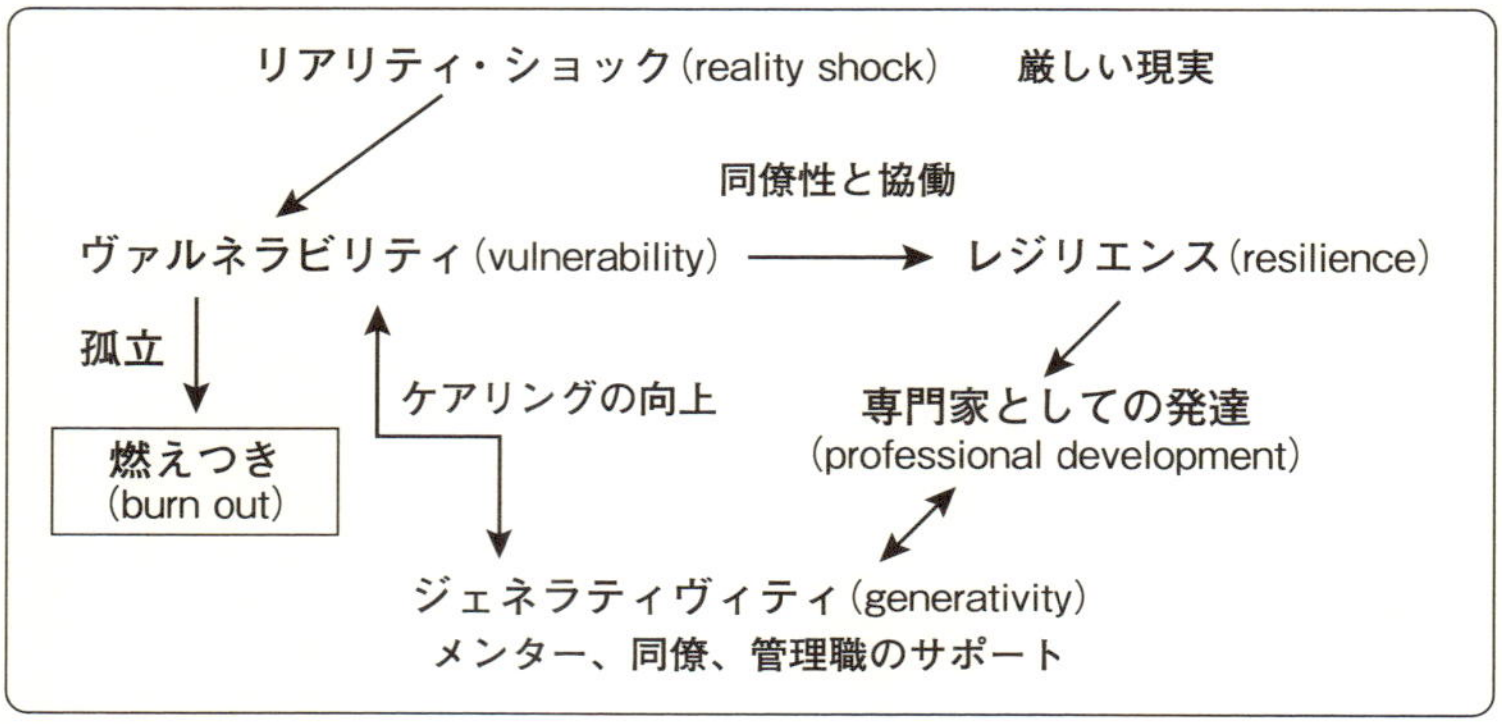

してのアイデンティティを確立することに成功したように、吉田さんと出会った金子さんは同僚性を育むことで、教師としてのアイデンティティの再構築に成功している。

髙石さん、小島さん、深見さんの歩みにも、吉田さんと金子さんの関係と同様のジェネラティヴィティが存在している。金子さんやほかの先輩教師たちと出会うことによって、それぞれが自分の教師としてのアイデンティティを育て、厚みをもたせることに成功している。そして金子さんやほかの先輩教師たちも、髙石さん、小島さん、深見さんら若い教師たちと出会うことによって、みずからのアイデンティティを、学びあう共同体の創造にまで広げることに成功している。このように拡張されたアイデンティティが、ベテラン教師たちの存在意義を確かなものとしている。

新座高校における教育の物語を綴った金子さんの単著『学びをつむぐ』[14]の刊行から今年でちょうど一〇年となる。同じく新座高校の教育の物語を綴った本書は、その続編の性格ももっているが、前書が金子さんの単著だったのに対して、本書は金子さんを中心としつつ、新座高校の授業改革にかかわった新任からベテランまでの教師たちや教育研究者など、数多くの著者によって編み上げられた多層の教育の物語となっている。ここに、この一〇年間の新座高校の学校改革の裾野の広さと、金子さんの教師としてのアイデンティティの再構築の様相が映し出されている。新座高校は、教師としての成長を希求する新任教師たちをベテラン教師たちが支えつつ、相互に影響を及ぼしあい、変様を経験することによってその改革の原動力を得ている。新座高校の学校改革は、異世代の教師たちの「協働の学び」、すなわちジェネラティヴィティによる、ベテラン教師たちと新任、若手教師たちとの学びあい、育ちあいによって実現したのである。

注

1　二〇一七年一〇月一九日に東京学芸大学で開催されたジーン・クランディニン教授の講演による。

2　S.Veenman, "Perceived Problems of Beginning Teacher," *Review of Educational Research*, 54 (2), 1984, pp. 143-178. (p.143)

3　教育学者の佐藤学は、メンタリングとメンターについて次のように定義した上で、新任教師にとってのメンタリングの重要性を論じている。「教えることを最小限にした指導方法を『メンタリング』、自らモデルを示しながら後輩を育てる親方や先輩を『メンター』と呼んでいるが、職人としての教師の『技』や『技法』は、教師コミュニティにおける『模倣』と『メンタリング』によって伝承され学ばれるべきなのである」（佐藤学『教師花伝書——専門家として成長するために』小学館、二〇〇九年、六四ページ）。

4　実際に、いわゆる教育困難校に赴任した異動一年目の教師に休職が多いという（保坂亨『〝学校を休む〟児童生徒の欠席と教員の休職』学事出版、二〇〇九年）。

5　ランダムハウス英語辞典による。
6　新座高校カンファレンス（二〇一二年四月四日）より。新座高校では、新年度が始まる四月に、新任教師が先輩教師や教育研究者とともに小グループで語りあうカンファレンスをおこなっている。
7　学術雑誌『臨床心理学』第一七巻五号（二〇一七年）では「レジリエンス」の特集が組まれており、巻頭論文において東京大学の石垣琢麿は、アメリカ心理学会のレジリエンスの定義を次のように翻訳、紹介している。「レジリエンスは逆境、心的外傷体験、悲惨な出来事、脅威などの重大なストレスにうまく適応する過程のことである。重大なストレスの具体例として、家族をはじめとする人間関係の問題、重大な健康問題、職業や経済的なストレスなどが挙げられる。つまり、レジリエンスとは、困難な体験からの『回復』を意味する」。
8　「支えとする物語（stories to live by）」とは、クランディニン教授のナラティヴ的探究の鍵となる概念で、（教師が）存在の拠りどころとしている語りを指している。
9　G. J. Brunetti, "Resilience under Fire : Perspectives on the work of experienced, inner city high school teachers in the Unite States," *Teaching and Teacher Education*, 22, 2006, pp. 812-825.
10　佐藤雅彰・佐藤学『公立中学校の挑戦――授業を変える学校が変わる』ぎょうせい、二〇〇三年。
11　高井良健一『教師のライフストーリー――高校教師の中年期の危機と再生』勁草書房、二〇一五年。
12　『用語集　現代社会＋政治・経済　二一―二三年版』清水書院、六ページによる。
13　E. H. Erikson, *Childhood and Society*, Norton, New York, 1950.（エリクソン『幼児期と社会』１・２、仁科弥生訳、みすず書房、一九七七・一九八〇年）。
14　金子奨『学びをつむぐ――〈協働〉が育む教室の絆』大月書店、二〇〇八年。

Ⅳ 子どもの変化

第1章

保健室から見た新座高校一〇年の変化

野澤美沙
新座高校養護教諭

1　養護教諭として感じた生徒の変化

二〇〇八年度、私は養護教諭として新座高校に着任した。私が着任した当時、授業研究プロジェクトは「授業改善プロジェクト」という名前で、ある学年でおこなわれていた教職員どうしの授業見学を、全校的なものへと少しずつ拡げようとしているときだった。いまでは新座高校名物とも言える公開授業研究会だが、当時からそうだったわけではなく、職員会議で提案されると消極的な声も上がっていたと記憶している。それがいまにつながっているのだから、やはり継続は力なりだと思う。

養護教諭である私にとって、授業研究会は堂々と授業を見ることができる、ありがたい機会だ。公開授業は「誰が見てもよく、授業の内容ではなく、そこに参加している生徒の姿を共有するもの」ということで、他の先生方と同様、「自分の授業（私にとっては保健室）とは違う顔をした生徒」を見るために見学させていただいている。

先日参観させていただいた授業は、私の中に強烈に焼きついているかつての新座高校の授業風景とは、かなり違っていた。たとえば、たくさんの人が見ているにもかかわらず（見ているからかもしれないが）、立ち歩く、歌う、踊る……といった生徒の姿がまず浮かぶ。その一方で、「こんなの耐えられない」とばかりに机に突っ伏して顔を上げない生徒も一人二人どころではなく、そもそも公開授業が嫌で、直前に逃亡する猛者《もさ》もいた。上履きのまま、窓から。もちろん無断早退。その結果、学年による指導という流れとなる。それにひきかえ先日の生徒たちは、いつもと違う部屋に集められ、たくさんの大人たちに取り囲まれているというのに、若干の緊張と恥じらいを見せながらも落ち着いて一時間を過ごすことができていた。一般的に考えればごく普通で当たり前の姿なのだろうが、私は新座高校の変化を感じた。

では、どんなふうに変わったのか。私が保健室を通して見てきた新座高校について書きたい。

2　やり場のない苛立ちを抱えた生徒たち

ここ数年、保健室の来室者が減ったなあ、生徒の印象が変わってきたなあと感じていた。実際の数はどうなのかと、来室者数について過去のデータを見返してみた。私が着任した前年の二〇〇七年度の保健室年間来室者数は延べ二〇一〇名（在籍生徒数五〇八名）。着任した二〇〇八年度は一四〇四名（在籍四七四名）だった。対して二〇一六年度は七五五名（在籍五四九名）。二〇〇九年度から二〇一五年度はおおよそ七〇〇～八〇〇名程度で推移している。

当時の来室記録の来室理由の欄を見ると、イライラ・ムカツク・ウザイ・帰りたい・だるい・疲れた……などが目立つ。そういえば「イライラ」と「ムカツク」を合体させてか「ムラムラ」と言う生徒がいた。これでは意味がまるで違ってしまう。そう伝えても「ムラムラするんだ！」と真剣に言い張るものだから、そういうことにしておいた。これらは、テンプレートからの選択ではなく、保健室に来た際の本人たちの第一声をそのまま記録している。

あの当時、保健室にはいつも生徒がいた。別に、当時の私がいまよりも優しくて、生徒を追い返せなかったわけではない。休み時間には手の空いている先生方が保健室を覗きに来てくれたり、授業へ向かう道すがら、保健室でクダを巻く生徒に声をかけて連れ出してくれたりしていたが、とにかく授業中だろうがなんだろうが、ひっきりなしに生徒たちは来る。いつも誰かが情緒不安定で泣いているし、イライラして壁を殴って、血まみれの拳をパンパンに腫らして来る生徒も一人や二人ではなかった。あるいは、「保健室に来ていませんか」と捜索願いが出され、生徒が隠れていそうなところを探しに行くことも、もはや日課だった。通りかかった教室で、「プリントがない！　先生キライ!!」と絶叫し床を転がる生徒を見たことがある。見なかったことにして生徒探しの続きをした。トイレの前で、何人かの教員が右往左往していることがしばしばあった。個室に籠城し過呼吸を起こした生徒がいるのだが、外からの呼びかけに一切答えないというので、私が個室の扉をよじ登った。内側から鍵を開け、パニック状態の生徒を引っ張り出して保健室まで抱えていった。彼女の手首にはリストカットの痕が細かく刻まれていた。またあるとき、外に呼ばれて行くと、教室は嫌だ、行きたくないとフェンスにしがみつく生徒がいた。指を一本ずつフェンスから外し、保健室に連れていってお喋りをした。それから彼女は毎日昼休みに保健室に顔を出し、私に髪を結んでほしいとせがんだ。ぐちゃぐちゃにほつれた髪をとかし、毎日髪を結んだ。そして予鈴が鳴ると教室へ戻って行った。卒業するまで、彼女の髪を結んだ。

これらは保健室でのありふれた日常だった。ここに書ききれない特別なエピソードも枚挙に暇《いとま》がない。あのときの生徒たちの多くは、いつもイライラしているようすで、学校にいること自体がストレスであると全身であらわしていた。それなのに学校に行くしかなくて、あふれる不満や不安、やり場のない苛立ちを抑えることができなかった。自分のことを見てほしい、話を聞いてほしいと、ある意味ではとても素直だったと言える。

3　現在の新座高校の生徒たち

いま、こんな生徒にはほとんどお目にかからない。授業中に抜け出して保健室へ来ることも稀で、頭痛・腹痛・気分不良、因果関係がはっきりしたケガなど、ごく普通の内容である。間違っても「ムラムラする」とは言ってこない。しかも、休み時間に来る。一人ひとりを見れば、それぞれがさまざまなものを抱えているが、教室で授業を受けられる生徒が大半だ。

先生方が授業の中で、かれらのありのままの姿を受け入れて寄り添ったことで、生徒たちにとって教室は安心できる場所のひとつになった。それぞれに抱えるものがありながらも、それなりに折り合いをつけながら過ごせるようになりつつあるように思う。

一方で、みずからの感情を表現できずに固まる生徒や、折り合いをつけられず突然学校から去る生徒も目立つようになった（いわゆる「やんちゃ」が落ち着いたことで、浮き彫りになってきたのだろう）。

こんな生徒がいる。学校を休まず、提出物もきちんと出し、そこそこの成績を保っている、「普通の」とくに目立たない生徒だ。その彼が、進路活動の進捗状況を報告するために進路室に行ったのだが、部屋の前で三〇分以上も固まっている。どうしたのかと声をかけると、何人か先客がいたのを見たら極度に緊張してしまい、声も出せず足も動かず、入室できないのだという。彼は、とにかく他人に迷惑をかけないことだけを気にして生活していると言っていた。自分の存在や発する声でその場を乱したくないのだと。傍から見れば「気にしすぎ」であるが、彼にとってみれば自分ではどうすることもできず、かといって「他人に迷惑をかける」ため誰にも相談できなかったし、「つらい」と言ってはいけないことだと言い聞かされてきた。ただただ独り緊張で詰まる喉をかきむしり、うつむいたままじっと待ち続けていた。

家庭環境にまつわる諸問題や発達の課題、人間関係の持ち方については、相変わらず悩ましい問題であり、一〇年前から変わってはいない。むしろ、生徒たちがかれらの問題を表面に出さなくなっていて見えにくいし、どのような困り感を抱いているのかを読み取るのが難しくなっているように思う。何しろ本人たちでさえ、自分が困っているのか、何に困っているのかもわからないようすなのだから。このように、自己表現や他者とのコミュニケーションが苦手な生徒たちが、私はいまとても気になっている。

しかし、このような状況は新座高校にだけ見られるわけではないだろう。発達障害や家庭環境の複雑さは、いまや社会的に広く認識されるようになり、どの学校でも対応に苦慮しているという話を聞く。その点、新座高校は授業研究会や特別支援教育への取り組みを通して、生徒たちを「見る」視点を持った。この視点が一番変わったところだと私は思っている。ひとつの授業を多くの目で見て、それぞれが見た生徒像を共有しあう。これが、自分には見えなかった生徒を見ることができる視点だ。私自身、気になる生徒について情報交換をする際に、「先生の授業ではどう？　他の授業では？」と聞くようにしている。そこで、かれらが出しているかすかなヘルプサインに気づくことができたり、課題や支援の手がかりを得たりすることも多い。また、保健室だからこそ見えるものもあるはずで、私はそれを他の先生方や生徒たちに還元したいと思っている。

こうして振り返ってみると、ほんとうにいろいろな生徒たちがいたのだとあらためて思う。学校だから当然の話ではあるが、おかげさまで一〇年間、毎日が刺激的である。なんでもない日というのはまったくない。……などという話をしていたら、金子先生に「それを書いてみなよ」と言われたのだった。なかなか皆様にお見せする機会のない保健室の日常を垣間見ていただけただろうか。一度、公開授業研究会で、保健室の公開でも……なんて、冗談である。

第2章

新座の生徒を一七年見続けて

――子どもたちに関係性をどう保障するか――

新座高校教諭／国語科
両角　章

1　新座高校への異動

私は一七年前に、希望して新座高校に異動してきた。前任校はこの地域では進学校で、野球部を中心に部活動もさかんな高校であった。それ自体にはとくに不満はなく、子育て中の私にとっては部活動が七時で終わるという大きな利点もあった。定時制が併設されていた関係で、七時には教室もグラウンドも空けなければならなかったからだ。ただ、興味を持ち始めていたサッカー部は、遅れて部に昇格したため、活動する場所も時間も与えられていなかった。それでなくとも、当時はワールドカップの影響で部員が一〇〇人を超え、それを抱えての指導は困難なものであった。私のように競技経験のない者にとっては人一倍ストレスのかかる状況であった。

そんな折、公式戦の会場で新座高校サッカー部の試合を観て、異動希望を考えるようになった。いま振り返るととても申し訳ない話だが、当時の新座高校にはサッカー専門の指導者がいなかったこと、前任校より部員数が少ないことがわかり、また部員の技術レベルも発展途上に感じられたので、競技経験のない私にも部活指導ができると思ったからであった。

そのような事情もあって新座高校に異動してきたのである。

2　岡島くんとの出会い

異動した年に一年の担任になった。トイレの場所も視聴覚室への行き方も知らない私が、いきなり担任かと正直なところ少しだけ不満に感じたのだが、私の個人的な希望による異動であったことから、分掌委員会の先生方から示された担任依頼を快く引き受けることにした。しかし、クラスの生徒たちは多様な問題を抱えていた。中学校で不登校を経験した生徒が複数名。鑑別所の経験のある者。自傷行為の常習者、家出等々。入学式に来ただけで二度と登校しない生徒もいた。その中に、とりわけ担任団として注意しなければならない生徒がいた。岡島くんだ。手の甲には「根性焼き」の痕があり、目が据わっていて体格もガッチリしていた。同級生も「岡島さん」とさん付けで呼んでいた。しかし、なぜかクラスでは目立つ行動はしなかった。その理由を察することができる事件が五月に起こる。

書道の授業中、岡島くんが書道室の机を挟んで前にいる生徒の後頭部を蹴り、気絶させるという事件を起こした。彼は過年度卒業の生徒で、詳しい事情は知らなかった。当然、岡島くんは生徒指導措置を受けることになるが、そこで本人や母親と話をするなかで彼の気持ちを理解することができた。事件を起こした当日は暑い日で、彼は自分なりにまじめに書写に取り組んでいたなか、前席の二人がふざけて投げあっていた紙つぶてが彼に当たったそうである。暑さによる不快感もあいまって、彼はキレて蹴飛ばしてしまったということである。

この一件で、彼は開口一番「母親に迷惑をかけたことを後悔している」と話した。母子家庭で、母親が働きながら自分や妹を育ててくれていること。地元の高校に入学したものの、その年の一一月には欠席数の関係で進級できず退学したこと。もう一度高校受験をさせてもらい新座に入学したが、入学したてで暴力事件を起こしてしまったこと等々。そして、母親はとても優しい、でも一番怖いと付け加えた。指導措置の申し渡しの当日、はじめて母親と言葉を交わしたが、穏やかなたたずまいの中に凛としたものがあり、子どもを見る目は慈愛に満ちていた。普段あまり話す機会はないが、時間があればよく彼の話を聴くようにしているという。彼が「怖い」というのは、小言を言うとか、説教が長いことではなく、自分のことを理解しようとしてくれることに対して感じる気持ちだという。

岡島くんは、中学生のときからすでに警察や、いわゆる不良たちの中で名前を知られた人物で、母親も苦労したという。前の高校を退学したのも、自宅から近すぎて、進学しなかった仲間からの誘いを断れなかったからだという。

この一件以降、彼が大人しくなったわけではない。しかし、本校では珍しく一般受験で都内の大学の英文科に入学し、教員免許取得のための教育実習も本校でおこなった。教科外活動では、かつて部員であった関係からサッカー部の指導実習をおこなった。部員とともに彼自身も楽しそうに指導していた。高校生のころの彼を知る教員には受け入れを嫌がる者もいたが、大きな問題もなく実習は終了した。大学卒業後は不動産会社に就職し、数年後には仲間と会社を立ち上げたと聞く。稀なケースだと思うが、何よりも親子関係の大切さ、とくに子どもを理解しようとする親の気持ちの大切さを考えさせられた経験であった。

3　障害を持つ児玉くんとの接し方

児玉くんは軽度の知的障害と発声の障害を持っていた。入学当初、学年団に保護者から以下の申し入れがあった。ノートを常時携帯するように指導してきたので、保護者あての用件だけでなく本人への用件もメモさせるようにしてほしい。プリント等の配布物は整理できないので、科目ごとに用意した入れ物に入れるよう、その都度声かけをしてほしい。理解に時間がかかるのでゆっくり話をしてほしい、等である。児玉くん自身も、幼いころから訓練してきたこともあり、ノートは制服のポケットに携帯し、朝のＳＨＲ前や業間や昼休みにはノートを開いて予定を確認することを日課としていた。本人にもきちんと生活したいという気持ちがあるので、用件は何回も確認した上でノートに記入したものであった。

このような作業をくりかえして生活している児玉くんにとって一番やっかいなことは、予定の変更や直前の日程の変更である。教室の変更や、天候による体育の授業内容の変更など、学校生活では時おり起こることだが、児玉くんは混乱し、ひどい場合はパニックになったりする。しかし、教員だけでなく周囲の生徒も事情がわかっているので、時間をかけて対応することができた。教科ごとに用意されたファイル入れもよく管理されていた。本校ではほとんどの教科でノートやプリント提出をさせている。児玉くんの日課は、そんな意味でも彼の進級・卒業に大きく影響していたと思う。

教師の側も、児玉くんと話をする場合、伝えたい内容が正しく理解されているかどうか、つねに質問し確認しながら用件を伝えた。このような経験は私たち教員にとって、一般の生徒とのコミュニケーションの上でも、確認を当たり前のようにおこなう習慣を身につけることにつながったようだ。

4　生活体験の希薄化と家庭の変化

岡島くんや児玉くんのように、さまざまな困難を抱える子どもたちが高校で生活する上で、保護者の姿勢の影響が大きいという事実を間近で見てきた。だが、この一〇年で高校生と保護者（とくに親）との関係に大きな問題が生じているように思う。十数年前には経験しなかった親子関係の希薄さである。

進路指導の仕事をしていて、生活体験の貧弱さに驚くことがある。会社見学をする場合も、最寄りの駅から会社までの地図が読めない。スマートフォンで地図を出しても、地図の上が北であることも知らず方角がわからない。お礼の手紙を書かせようとしても、手紙を書いたことがなく、宛先の書き方もわからない。切手を貼る場所も値段も、どこで売っているかも知らない。活発に見える生徒も、ひとりでは電車の乗り換えができなかったりする。はじめはたまたまそのような生徒に出会ったのだと思ったが、数年仕事をしていると、ほとんどの生徒がそのような状態にあることがわかった。能力の問題ではない。一度指導すれば理解し、当たり前のように手紙を書く。つまり家庭で経験していないことが原因なのだ。

生徒の相対的貧困化が進んでいると言われるが、親の長時間労働・低賃金と生徒自身のアルバイトは、経済的な問題だけでなく関係的な、とくに親子間の精神的なつながりの希薄さを生んだように思う。このような家庭では日常生活のすれ違いが多くなる。多感な時期には大人が考える以上の影響があると思われる。

八年ほど前、ある父子家庭の生徒が、九月までは進学を希望していたが、父親から金銭的に進学させられないと言われ、一〇月に急遽就職することになった。ある会社を受験しようとしたが、いっこうに書類が提出されない。本人を呼んで催促したところ、父親が連日夜勤で進路の話ができないと言う。置き手紙をする等の指導をしたが、書類はなかなか提出されなかった。父親の承諾を得たときには、すでにその会社の求人は充足していて、結局その生徒は就職することができなかった。以後、生徒の意欲はなくなり、進路未定のまま卒業していった。

当時は特殊な事例と思っていたが、ここ数年このような親子の意思疎通が機能しない事例が多くなった。四年前にも、進学を希望している生徒が、三年の三者面談以降に突然、経済的理由で進学を断念する事例があった。それ以降、進路指導部も「進学にかかわるお金の話」と題した指導を機会あるごとにおこない、いつの時点でどのくらいの金額が必要になるかを周知してきたが、やはり毎年このような事例があり、増え続けている。

5　若手教諭との対話

一〇年前、新座高校に二人の新任教師が赴任した。この二人が授業研究プロジェクトの第一世代である。そのひとり吉田教諭とは、彼が高校サッカーの経験者であることもあり、また教職員組合への勧誘もあってよく話をした。二年目からはともに学年団を組み、生徒、クラス運営、生徒指導など、突っ込んだ話をしてきた。

あるとき、学校のありかたを話していたなかで、彼は新座高校のように毎年複数の新任教員を迎えるところは、官製研修だけでなくその学校の特性を考慮した研修を組むべきだと言った。また、すぐれた実践をしている教師もいるが、特殊な資質を持った教師の場合が多く、そのような資質を持たない者には参考にならないという。ベテラン教員の善意の助言・指導もありがたいが、もっと組織的に、系統的に学校の実態を理解し、生徒対応のノウハウが習得できる場、少なくとも交流できる場が必要だと彼は言うのだ。

私が新任であったころは、年代ごとに経験豊かな教員がいて、学校の中でそれぞれ役割があった。クラス運営は三〇代の教員の実践を参考にし、教科のことは四〇代の教員のスタイルをまね、学校全体にかかわることは五〇代の教員の発言や行動を見て学んできた。当時はそれでよかったが、現在の本校の教員集団の年齢構成では、そのようなことを期待するのは非現実的だ。大学院を修了した教員が増えたこともあり、三〇代はほとんどが本校を初任とする教員で、四〇代はほとんど在籍しない、いびつな構成である。

私と組んだ学年を卒業させた後、授業研究プロジェクトで指導的な立場で活動する吉田教諭と、授業や学校のことを話すなかで「生徒を変える方法」に話が及んだ。私は経験的に、担任として問題を抱える生徒を指導し支えられるのは、せいぜい一人か二人だと考えていた。ただ、かれらと〝同じ言葉〟を持てば、問題を抱えた生徒を〝共通の言葉〟を持つ仲間で支え、その中で生まれたつながりは長く継続すると考えていた。私にとって部活動は生徒とかかわる〝言葉〟であった。前述の岡島くんもそうであった。しかし、職場での生徒理解が進むと、教科外の部活動という〝共通の言葉〟だけではつながれない生徒の存在も見えてくるようになってきた。

このような私の考えに対して吉田教諭は、部活動の力を認めながらも、それは特殊なシチュエーションであって一般的ではないと言う。彼は、授業で生徒どうしをつなげることが、生徒を変え、学校を変える道となり、それはすべての教員がすべての生徒に対してできることだと言った。ある意味では当たり前のことだが、それまでの生徒指導で壁を感じていた私には、とても新鮮な衝撃を感じた瞬間であった。

学校教育は、子どもの貧困の深刻化と親子関係の希薄化という現代的な問題を直接解決することはできないのだが、それでも学校教育で、ひとつひとつの授業で私たち教員にできることはある。それは授業をはじめさまざまな場面で生徒どうしをつなぎ、互いに支えあう関係をつくり、その経験を体感してもらうことである。その結果、支えあう関係をつくる力を生徒たちは身につけていくのだと考えている。

新座の生徒を一七年間見続けて思うことは、かれらが教師を困らせる「困った」生徒ではなく、なんらかの事情で「困っている生徒」だということである。現在、その「困り感」が攻撃的に表出されることはなくなってきたが、もしかしたら岡島くんや児玉くんよりもさらに根深いところで「困っている」生徒が増えてきているのかもしれない。

第3章

子どもたちの変様を支える
――移行支援としての高校教育へ――

金子 奨
新座高校教諭／社会科

はじめに

新座高校の一一月の公開授業研究会は、全教員で一学年の一講座を参観することになっている。入学して半年を経た一年生のようすを見て、学校のこれまでの課題と、これからのありようを全員で考えるとともに、学年色の強くなりがちな職場に、学年を越えた交流の場を設ける意味あいがある。さらに、インパクトのある授業を公開してもらうことで、参観した教師一人ひとりが新たな挑戦を始めるきっかけとするのである。

二〇一七年度は「ジグソー法」[1]を取り入れた意欲的な授業が公開された。グループ活動でのフリーライダー問題――活動に貢献しないまま、その成果だけを享けるメンバーがもたらすマイナス面――をクリアし、より深い学びへと誘う可能性のあるジグソー法は、今後さまざまな実践を開拓できる領域といえる。

埼玉県では六年ほど前から、県教育委員会が東京大学CoREF（大学発教育支援コンソーシアム推進機構）と連携して、「協調学習」という名のもとにジグソー法による協働的な学びあいを初任者に経験させてきている。その影響力は大きく、一斉講義形式一辺倒の現場に風穴を空けるひとつの契機となってきた。ただ、以前の新座高校ではハードルの高い手法であり、すぐに授業で活かせる代物ではなかった。

いまでこそグループやペアによる学習は市民権を得ているが、一〇年ほど前の新座高校では、「そんなことしていいの?」「授業の秩序が崩れる」「対話だけではダメなんです」といった否定的な声を聞くことが多かった。実際、グループワークはとてつもなく重く、さまざまな面に気を配り、心を砕きながら、ようやく実践できるかな……というほどに難易度の高い方略だった。気がつけば、一人を除く全員が机に突っ伏して活動を拒否するという事態に、ぼくもおちいったことがある[2]。

しかし、いまでは一年生でもそのハードルを越えることができるようになってきた。子どもを取り巻く社会経済的な状況は好転しないままだが、この一〇年で学校の雰囲気は大きく変わり、登校する生徒の表情は格段に明るくなった。

今回公開された教室の生徒は、柿岡文彦元校長が語っていたように、いい感じでリラックスし、一クラスだけ残される負担感よりも、選ばれたという誇らしげな雰囲気すら漂わせていた。自分たちの学びのようすを多くの教師にみてもらえるという感覚が、少なくない生徒に共有されていたのだろう。

かつては「一クラスだけ残すなんて、担任として指示することはできない」と公言する教師がいたし、公開直前に無断で早退してしまう生徒もいた。そして教室には、不満げな表情をした子どもたちが少なからず見受けられたものである。

もちろん現在は、そうした生徒を見ることはほとんどないし、かえって楽しげに学んでいる姿を見せてくれるようになった。研究会で参観者のひとりが「いま、めっちゃ書きたい」「脳が冴《さ》えてる」と授業後に語りあう生徒の姿を紹介してくれたように、学びへと向かう姿勢にも積極性が増してきている。

こうした学校と子どもの変化は、何によってもたらされたのだろうか。この章では、印象に残る三人の軌跡を追いながら、その変様を支えたものをかたどってみたい。[3]

1 教室の中の〝異人〟

かつての三年生に長田という女子生徒がいた。教室の隅に座り、グループワークになっても机を微妙にずらしてしまう。せめて教室の中央に……と思って、くじ引きによる席替えをしても、どういうわけだかいつも端っこになってしまう。突っ伏していることも多く、かかわり方もぶっきらぼう。とにかく、ぼくとクラスメイトから距離を置こうとする。潜在的な力はありそうなのだけれども、それをまわりと分かちあおうとはしない。

彼女のために、というわけではないのだけれども、三学期の残り少ない授業でポスターセッションに挑戦することにした。日本史の教科書に登場する人物をひとり選び、学校図書館で調べ、それをポスター風に表現し一対一で発表するという活動だ。毎年、理科の同僚が司書とともに取り組んでいたものだが、表現する生徒たちの表情がとても柔らかく、あたたかいものだったので、ぼくも真似してみることにしたのである。

二階の渡り廊下に展示してある理科選択生徒のポスターから表現方法の工夫などを学び、その後、図書館で調べる活動に入る。調べるプロセスで強調したのは、クラスメイトに伝えたいことをはっきりさせること。歴史上の人物について漠然と調べるのではなくて、知ってほしいと思うこと、表現したいことを中心に探究するという点だった。

件《くだん》の長田さん。司書にも事情を伝え、声かけをお願いする。しかし図書館でもひとりで陰に隠れ、顔をあげようとしない。

「どう？　進んでる？」

「……」

彼女が司書とともに選んだ人物は松尾芭蕉。理由は定かではない。手元の調査用紙はいつも白紙。活動時間はあまり残されていない。

「芭蕉はいつも旅をしていたのだから、そういう生き方をみんなに知ってもらうのもいいんじゃない？」

「……」

「白地図に、彼の歩いた跡を落としてみるとか……」

司書が近隣の高校から集めてくれた何冊かの本を示し、ポスターのイメージを喚起してくれる。しぶしぶ活動を始め、彩りに乏しさを残しながらもポスターを完成させ、かろうじて発表にこぎつけた。

その彼女の感想。


まず、高校に入って初めて、調べたことをポスターにした。中学の頃以来で、やり方など忘れてしまっていたと思い込んでいたが、体が覚えてくれていて、本当に助かった。

ポスターが完成したまではまだよかったものの、次に待っているのはあのクラスでの発表だった。発表ですら……といった感じなのに、あのクラスの人たちに。そう思うと、不安だらけだった。

しかし、私が思っていた以上に、クラスメイトの反応は新鮮なもので、発表することが苦ではなくなっていた。しかも、評価してもらえることで、今までのクラスのイメージが一気に打ち消されてしまった。最後の授業で調べたものを発表できて本当によかったと思う。


小学生のころ児童養護施設で暮らしていたという長田さん。これを手渡しに来てくれた表情には、いつもの寂しげな作り笑いではなく、なにか突き抜けたような微笑みが浮かんでいた。

「いい点取れなかったけど、選択してよかった。ありがとうございました」と授業の感想を書いてくれた彼女の発表は、「旅に病《やん》で夢は枯野をかけ廻《めぐ》る」という芭蕉最後の句で締めくくられていた。三年間の最後の最後に、コミュニティからどうしてもずれてしまう、みずからの異人性を引き受けたのか。それとも、そうしたありかたへの訣別を意味するのか、彼女の胸中を確かめる術はない。

ただ、はっきりしていることは、教室での消極的な姿勢の源が「あのクラスの人たち」であり、ポスターセッション時の能動的なかかわりの駆動力もまた「あのクラスの人たち」だったということだ。まさしく、他者は地獄でもあり、なおかつ悦びの源泉でもあるのだ。

教師に求められているのは、教室の子どもたちの多様性を引き受けること、そして一人ひとりの生徒が表出する多彩な姿に向きあい、それがどのような関係の布置に依っているかを見きわめること。長田さんの一年間の軌跡が教えてくれたのは、そういうことであるように思う。

2　子どもたちを支える教師の協働

「梅本くんが、文化祭の仮装コンテストにエントリーしたの知ってました？」

「ほんとう？」

「今日、仮装した写真を撮ったんですけど、うれしそうに笑ってました」

「そこまで来たかあ」

「思わず涙が出そうになっちゃいましたよ」

梅本くんに関する中学からの申し送りは「場面緘黙《かんもく》」。いつもうつむき加減で髪が顔にかかって表情がまったく見えないし、声をかけても返事はない。授業でグループになっても、メンバーと視線を合わせることもない。行事でも、まわりの子たちの数歩後ろをついてまわるだけで、みずから進んで活動するようすは見られない。どのような場面でも、他の生徒と身体が共振しないのだ。ただ、協働活動や他者を拒否している感じではないのが救いだった。

彼のように、さまざまな事情から、ひとへの一般的な信頼感を築けていない生徒が「学力」的に下位の高校に少なからず在籍している。かれらの多くは他者と社会的な関係を結び、維持することが苦手である。そうしたかれらの不安をやわらげ、安心感を培いつつ協働活動へと誘うためには、子どもどうしの協働だけでは不十分である。おとなの、とりわけ教師のチームとしての協働が欠かせない。

幸いなことに、新座高校の職員室では生徒をめぐるエピソードがたえず交流され、子どもの多面的で動的な姿が共有されている。その核となっているのは、ほぼ月に一度おこなわれている公開授業研究会である。教師は公開授業を通して、〈場〉に応じて変様する子どもを目の当たりにするとともに、みずからの実践の弱さや至らなさ、無力さに気づいていく。その経験は、困難をもつ子どもをひとりで抱えることはできないことを痛感させ、個々人ができることをさりげなくおこないながらも、協働してつぎはぎを当てていく「パッチングケア[4]」の重要性を認識させていく。それは、教師自身がヴァルネラブル（攻撃を受けやすい）な身体感覚を探りあて、自分をひらいて同僚にヘルプサインを出せるようになる過程でもある。

梅本くんは、教師たちが生成させるつぎはぎのケアのネットに包まれるようにして学校生活を送ってきた。ぼくがしてきたことは、たとえばグループ活動時に「梅本くん、どう思う?」などとこまめに声をかけ、答案返却の折には「話せなくても、グループメンバーの話を聴けていればいいからね」「卒業までには、考えたことをもう少し表現できるようになっているからね」と語りかけることぐらいだった。大切なのは、生徒の声にならないつぶやきを聴きとり、小さな変化が生じてくることを待つこと、そして、それを共有する関係性を教師が築くことなのである。

小さな変化も見られないまま一年が経ち、二年生に進級。グループ活動の際、話してみたいという彼の気持ちが、わずかながらも感じられるようになってきた。他の授業でも変化の兆しがあるという。しかし、「どう?」と水を向けても、ことばはまだ出ない。そして六月。指名したわけではないのに、梅本くんが黒板の前に出て、グループ活動の成果を発表したのだった――しんと静まりかえる教室。

三年生になり、グループ活動をしているとき「ねえ、梅本くんはどう考える?」と訊くと、ぼくの目を見て小さな声で応じる場面が増えてくる（ただグループのメンバーとは話せない）。そして七月、就職活動が始まった。最大の難関と思いきや、彼は進んで求人票をチェックし、教師の心配をよそに、会社見学もこなしたのだった。

九月。就職試験の事前指導のため、梅本くんと二人きりになった。

「梅本くん、変わったねえ。うれしいよ」

ぼくを見つめる目には力が宿り、笑顔が広がる。あれ?　こんなに生き生きした表情を見せるのか、と思っていると、

「先生、履歴書を出すのは、どこの郵便局でもいいのですか?」

と話しかけてくる。入学以来はじめてのことだ。

「どこでもいいんだよ」

「そうですか。じゃ、自宅近くで出すことにします」

「そうか」

「実はぼく、郵便局でバイトしたことがあるんです」

「えっ、そうなの?」

まったく普通に彼はお喋りを続け、教室を後にしたのだった。

その彼が、今度は全校生徒の視線の集まる仮装コンテストに出るというのだ。

「仮装か……」

「変身したかったんだろうね」

「すごいよなあ、彼は」

「ほんとうに」

「ま、まだクリアしなきゃならない壁はあるけど……」

「でも、卒業まではまだ何カ月もありますよ」

職員室で、そうしたことばが静かに交わされる。特別なことをしたという思いはない。ぼくらがしてきたことは、教師としての至らなさをさらけ出しながら、互いに学びあう場を生成させてきただけだ。しかし、教師たちのその学びあう協働性が、子どもが仲間とともに活動し、学び、育つ場を用意していることは確かだ。

3　他者への感受性と力の分かちあい

「二年F組、早く灯油のポリタンクを戻してください！」

「あれ？　今日は誰も行かなかったはずなのに……」

校内放送を耳にした担任が、首を傾げつつ教室に向かう。

「どうだった？」

しばらくして戻ってきた彼に訊いてみる。

「ああ、道川くんでした。灯油がないと凍えるだろうからと、当番じゃないけど取りに行ったそうです」

と、担任はにこにこしている。

入学当時、道川くんは線が細くて顔色もすぐれず、欠席がちの子だった。授業中はいつもマスクをし、突っ伏していることもしばしばで、グループでのかかわりもほとんどない。と思えば、いつの間にか他グループの仲のいい男子生徒の膝の上に座っていたりする。成績も最悪の状態。でも、何を訊いても「大丈夫っす」「何でもないっす」と、寂しく笑いながらかわしてくる。

「高校生のくせに困った子だ」ということばを飲みこみながら、学年の教師たちが彼の「困り感」に寄り添うようにしてようすを看取り、情報を集め始める。養護教諭の助けも借り、身体計測の結果を活用しつつ、学校医の来校日に健康診断をしてもらう。「成長曲線から外れている」「彼、昼ごはん食べてないよ」「週五日のバイト代はすべて保護者の手に渡っているそうです」「妹が小学校で倒れたらしい」……心配な知らせが続々と入ってくる。経済的な困難もあり、保護者が生活の余裕を失っていたのである。自治体、児童相談所、小中学校と連携しながら、生活基盤の保障に向けた取り組みが始まる。

あれから一年半が過ぎた。背筋がピンと伸び、眼には力があり表情もいい。授業中に積極性を見せ始め、「わからない」というヘルプサインを出せるようにもなった。その結果、全科目についていた欠点も二つにまで減らせた。

「やっぱり回復というのは、他人を優先させてきた姿勢を、『自分を真ん中にして考える』ことへと変えていくプロセスなんですねえ」と、担任がつぶやく。

「そういう経過を経て、他者への感受性を取り戻していくんだろうね」

三年生となり、卒業後は保育関係の専門学校に進学したいと言っていた道川くんだが、家庭の経済状況からその実現は難しそうだ。進学を諦めきれず、就職活動に踏み切れないようすだったが、一〇月に入り会社見学をして試験も受けた。就職して自立すべきと説得していた進路担当の教師が彼のために取り置いた求人票は、独身寮をもつ堅実な企業のものだった。

「四月からすぐに寮に入るの？」

「いえ、しばらく自宅から通って、仕事に慣れたらのつもりです」

内定通知を受けた道川くんは、しっかりした口調で応えてくれた。

「あとは追認考査を受けることなく、無事卒業式を迎えることだね」

彼の長い変様のプロセスを看取りつつ思う。現今の分断化社会を生きる力の核心には、子どもどうし、教師と子ども、教師どうしが、ヴァルネラブルな存在として互いの力とときを惜しみなく分かちあい、それを通じて「～ねばならない」という規範や義務から互いを自由にしあう関係をつくりあげること、そうしたものが据えられねばならない、と。

4　「弱い紐帯《ちゅうたい》」の重要性

しかし、うまくいくケースばかりではない。ぼくの机上には、これまで転学した生徒（その転学先の多くは私立の通信制高校だ）や中途で退学した生徒の資料がある。それは第Ⅴ部で詳述するように、いまだかなりの数になる。

一枚一枚めくってみる。

入学当初から登校できなかった子。父親がほとんど帰宅せず、自宅がいつしか無職少年の溜まり場になってしまった生徒。ラーニング・サポート[5]を受けるように勧めた途端、学校に足が向かなくなった子。保護者の再婚によって年の離れたきょうだいが生まれ、親の拒否的な態度に直面していた生徒。言い訳ばかりして自分と向きあえない女子。もうひと踏ん張りというところで諦めてしまった生徒。強い衝動を抑えきれないために、何度も指導を受けた男の子。入学以来マスクを外すことができず、素顔を一度も確認できなかった子……。

新座高校を卒業できなかった生徒の多くに共通するのは、弱い紐帯weak tieをつくるのが不得手という点だ。少数の似たようなタイプの子と強い関係をつくることはできるけれども（これを「真友」と表現した生徒がいた）、それ以外の子とかかわることがなかなかできない。

それが顕著にあらわれるのはグループによる協働活動の場面である。机を寄せられない、顔を伏せたままにする、寝たふりをする、自分から一歩踏み出して新しい世界へ越境できない……。教師は手を替え品を替え、何とかつながりをつくろうとするけれども、すんなりとはいかない。そのうち、こうした生徒を支えていた「強い関係」にさまざまな理由で亀裂が入り、あっという間に学校を去っていく。紐帯が強かっただけに、その断裂のダメージは大きい。関係が網の目状をなしていないがゆえに、一本の糸が切れると、差し伸べられているはずの手が見えなくなってしまう。[6]

だからこそ、ペアやグループを取り入れた学習活動を展開し、異種混交の「弱い紐帯」の生成をうながすのであるが、子どもが長年にわたり身体化してきた行動パターンを変えるのは難しい。その背景に経済的な状況も含めた家族の困難が潜んでいる場合は、とくにそうである。家族もまた孤立し、関係の貧困に喘いでいる。

あのときこうしておけば……。保護者がもう少し子どもに向きあってくれれば……。外部機関と早めに連携しておけば……。高校入学以前に、いや就学以前に手が打たれていたら……。高校でできることはまだまだあるだろう。しかし、学校だけでできることは限られている。

学校を去る子どもの後ろ姿に、無力感と悔恨、苦渋の念が入りまじって胸にひろがる。

5　移行支援の場として

二〇一七年一二月、以上のようなことを、模擬授業も交えながら、ある大学の教職課程の講座で話す機会に恵まれた。二十数名の学生が熱心に協働学習に取り組み、その後、意義深い質疑応答が一時間以上にわたって続いた。

教職課程は履修したものの、母校である進学校の教師像に違和感を覚え、教職に就くことを断念した学生が次のような感想を書いてくれた。心理学を専攻する彼女は卒業後、ある施設で働くことが内定しているという。

> 自分のエンカレッジスクール[7]での教育実習と今日の先生のお話を聞いて、自分が抱いた「教師像」の違和感が少しはっきりしました。
>
> 私にとっては、「教育＝指導する」、「福祉＝〝できない〟人を助けてあげる」、「心理＝共感する、その人にとっての現実を一緒に考える」という図式があり、別々のものとしか考えていなかったのだと思いました。
>
> しかし、今日のお話の中で語られていたのは、これらすべてが融合していたものでした。
>
> このような発想、志向をもつ教員が増えてほしい、社会の中に、こうやって人のことを〝想える〟人が増えてほしい、一人でも多くの人が、〝人として〟生きていてよかったと思えるような人生を送ってほしい……

あー、私はこう思っていたんだと。だから、心理を選んで、そして、エンカレッジスクールに行ったんだと、気がつきました。

先生にもっと早く出会っていたら、私はきっと教員を目指しただろうと思いました。悩みながらも、自分と、そして生徒たちと、先生方と向き合い続ける先生の姿は、私が〝なりたい〟と思う人間像に近いです。

この感想にふれて、ぼくもまた、新座高校での仕事の中では彼女のいう「教育」「福祉」「心理」が一体となって遂行されていることに、あらためて気づかされた。新座高校の教師たちは、「指導・伝達・教授」「支援・援助」「受容・共感」という三つのモードを「融合」させながら生徒に働きかけている。それが逆境的な経験をくぐり抜けてきた子どもたちを勇気づけ、支えてきたのである。

もちろん、高校階層構造の上位に行くほど「指導・伝達・教授」の側面がいまだに強くなるのかもしれないし、「支援・援助」「受容・共感」の比重は、一九九〇年代半ば以降、徐々に増してきたともいえる。

しかし、中央教育審議会が「社会に開かれた教育課程」を強調し、高校生を一人前の社会人に育てる教育への転換を進めようとしている今日、「受容・共感」をベースにした「支援・援助」の側面は、どの学校においてもより重視されるようになるだろう。[8] 教育政策の動向に並行する形で、発達心理学などの立場からは、高校教育を「大人への移行支援の場」として再定義することが提唱され始めている。[9]

移行支援とは、進学準備や就職活動を助けるにとどまらず、子どもの学びと育ちを総合的に支援しつつ、自立的な成人期に向かう準備を十分に整えることを意味する。高度な知識や専門的な技術を伝達するだけではなく、教師が多様なニーズに応えながら、個々の能力の向上を図るとともに、子どもがさまざまな集団・コミュニティに参加できるようにうながすことが、移行支援の要となる。

ここにおいて教師は、「伝達」だけにとどまらない、包括的な支援の専門家として定義し直される。まさにこれは、先の学生の言う「教育」「心理」「福祉」を「融合」させた教師像と言いうるだろう。

少子化が進行し、さらなる高校の再編の波が新座高校にも及んでくることは必至だ。だが、子どもたちの変様を長期的なスパンで支えてきた教師たちの姿が、今後の高校教育の指針となることもまた、間違いないことだと思われる。

注

1 ここでいう「ジグソー法」はCoREFが開発したもので、同じ資料を読んで話しあい理解を深める「エキスパート活動」の後に、違う資料を読んだメンバーで新たなグループを作り、それぞれが責任をもって説明しあい発展的な思考を誘う「ジグソー活動」から構成される。

2 その雰囲気の一端は、拙著『学びをつむぐ』の「五月」で描いた。

3 本章は、拙稿「ゆるやかな協働性を教室に」(キハラ株式会社マーケティング部編集『LISN』一七一号、二〇一七年)と「協働学習と子どもたち」(奈須正裕ほか編著『シリーズ新しい学びの潮流2 子どもを学びの主体として育てる』ぎょうせい、二〇一四年)を再構成し、大幅に加筆修正したものである。

4 西川勝『ためらいの看護――臨床日誌から』岩波書店、二〇〇七年。

5 新座高校では「ラーニング・サポート」と称し、埼玉県教育委員会の助成と複数の大学の協力を得て、学習に困難を抱える生徒を対象に、大学生による放課後の個別補習を実施している。

6　「弱い紐帯」については、マーク・グラノヴェター「弱い紐帯の強さ」（野沢慎司編『リーディングス　ネットワーク論』勁草書房、二〇〇六年）を参照。グラノヴェターは「弱い紐帯は、疎外を生み出す元凶とみなされることが多かったが……個人が機会を手に入れるうえで、またその個人がコミュニティに統合されるうえで、不可欠のものとみる。一方、強い紐帯は、局所的に凝集した部分を生み出すがゆえに、全体を見渡せば断片化をもたらしているといえるのである」と述べ、「弱い紐帯の強さ」を強調している。

7　エンカレッジスクールとは、東京都が、基礎的な学習からの学び直しができることを強調し設置している高校のことをいう。

8　中央教育審議会「幼稚園、小学校、中学校、高等学校及び特別支援学校の学習指導要領等の改善及び必要な方策等について」答申（二〇一六年一二月二一日）。この答申については石井英真『中教審「答申」を読み解く』（日本標準、二〇一七年）を参照。

9　小野善郎・保坂亨編著『移行支援としての高校教育』福村出版、二〇一二年、同『続・移行支援としての高校教育』福村出版、二〇一六年。

コラム　子ども世代の変様――あるいは、子どもに対する言説、視線の変様

岩田一正
成城大学教授／教育学、教育史

ある事件などを契機として「子どもが変わった」と語られることがある。このことは以前から反復して生じていることであるが、ここでは、一九九〇年代以降に生じたいくつかの事象に焦点を合わせ、それらを契機として「子どもの変様」がどのように論じられたのかを概観し、当該時期の子ども世代の変様（を論じる言説）の特徴に言及していくこととしたい。

心理、内面、発達への着目――いじめ問題の論じられ方

学校教育にかかわり、子どもの変様を論じる言説を増大させた事象のひとつに、いじめ事件がある。一九九〇年代以降で言えば、山形マット死事件（九三年）、愛知県西尾市中学生いじめ自殺事件（九四年）、福岡中二いじめ自殺事件（二〇〇六年）、滝川高校いじめ自殺事件（二〇〇七年）、桐生市小学生いじめ自殺事件（二〇一〇年）、大津いじめ自殺事件（二〇一一年）といった事件が生じるたびに、子どもの「心の闇」、

了解不可能な子どもの内面、子どもたちの規範意識の低下などがさかんに語られ、それらの言説を踏まえた立法などがおこなわれてきた。

「心の闇」について付言すれば、九七年には神戸市児童連続殺傷事件が、そして翌年には黒磯女性教師刺殺事件が生じ、少年たちの「心の闇」が問題化され、「心の教育」の必要性が中央教育審議会答申などで論じられた。それらを契機に、二〇〇二年度から『心のノート』(二〇一四年度以降は『私たちの道徳』)が小・中学校に配付されるなど――教師による心の教育の実効性に対する判断は措くとしても――学校において道徳教育に力が入れられることとなった。そして、二〇一六年度末に改訂された小・中学校の学習指導要領で道徳が「特別の教科」となり、二〇一八年二月に公表された高等学校学習指導要領案では「公共」という必履修科目が設置されたことに見られるように、今後も「心の教育」は重視されることだろう。

このように、社会の「心理主義化」と呼ばれる傾向と連動しながら、九〇年代以降、子どもの変様は、子どもの心理や内面の変様として問題化、言説化され、変様したと論じられる子どもの心理や内面への対応が、学校や教師には求められ続けている。

また、子どもの心理、内面の変様が、発達とも結びつけて論じられてきたことも、九〇年代以降の子どもの変様を論じる言説の特徴であろう。二〇〇七年度に、それまでの盲・聾・養護学校が特別支援学校に転換したが、同時に、医学や脳科学などの知見を踏まえて、ＬＤ児、ＡＤＨＤ児、高機能自閉症児など、教育上の特別の支援を必要とする児童生徒に対して特別支援教育をおこなうことが明確化されたことも注目を集めた。

学校教育において特別支援教育に力点が置かれたことは、子どもの変様を発達上の障害（障碍、障礙）から理解する観点を提示するものであり、子どもの心理や内面の見えにくさを発達障害と関連づけて論じる言説が創出される状況をもたらすこととなった。

心理と選択の競合――不登校の論じられ方

学校教育にかかわり、いじめとともに頻繁に問題とされ、また子どもの変様と関連づけて論じられる事象に、子どもたちの不登校がある。子どもたちが学校に通わない事象、つまり九〇年代以降には一般的に「不登校」と呼ばれている事象は、かつては「学校恐怖症」「登校拒否」などといった子どもの心理と関連づける名称を付与されてきた。「不登校」という名称が一般化してからも、子どもの心理と関連づけて不登校を論じる言説が消失したわけではなかった。

しかし他方で、「不登校」という価値中立的な名称への変更には、その事象を心理の問題とはとらえない認識が反映されていると見ることができる。つまり、子どもたちが学校に通わないことを、彼／彼女らの個人の選択の問題として論じる言説が浮上してきたのである。また、その名称は、問題を抱えているのは子どもたちではなく学校や教師であり、そのような学校や教師のもとで学ばないという選択は、心の病などではなく真っ当なものである、ということも含意していると言えるだろう。

この含意を踏まえるならば、「学校恐怖症」や「登校拒否」から「不登校」への名称変更は、次の点とも関連しているものと考えることができる。すなわち、国家によって制度化された学校教育を受けることが、日本において社会的な慣行となったのは一九〇〇年前後のことであるが、子どもが学校に通わないことを個人の選択の問題と認識する言説の創出は、社会的な慣行として自明視されてきた学校教育の意味の問い直しが、一九九〇年代以降に生じたことと相関しているのではないかという点である。一九八九年に国連総会で「子どもの権利条約」が採択（日本での批准は九四年）されたことも、このような言説の創出と関連しているのであろう。

閑話休題。九〇年代以降の不登校の論じられ方には、個人の心理に焦点を合わせて論じる視角と、個人の選択に焦点を合わせて論じる視角が併存している。どちらの視角を採用するのかによって、子どもたちへの支援や介入は異なったものとなりうるし、実際、それぞれの視角から子どもたちの不登校への対処が試みられている。しかし、ここで注目しなければならないのは、両者の視角は、いずれも問題の原因を一人ひとりの子どもという個人に還元してとらえているという点であろう。前述したように、いじめを個人の心理や内面の問題として認識したり、学校教育において発達障害に注目が集まったりするのも、問題の原因を個人に還元してとらえる傾向のあらわれであると理解することができ、その傾向が九〇年代以降に強化されていると見ることができる。

子どもたちの学力の転換——学力問題の論じられ方

子どもの変様にかかわる事象として、九〇年代末から、学力低下問題も頻繁に論じられることとなった。また「学級崩壊」「学びからの逃走」といった事象にも注目が集まった。これらの事象を踏まえて、学校・教室の秩序を回復するために、子どもたちの規範意識を高めること、「生きる力」を育成する授業や教育内容の改革に取り組むことが、学校教育の課題とされた。

しかし、すでに八〇年代から、日本の学校教育では子どもたちの自己教育力の育成が課題となっていたし、八八年度の学習指導要領改訂においても「新学力観」が提起されていた。それでは、九〇年代以降の子どもの学力問題は、それ以前のものとどのような点が異なっているのであろうか。

注目しなければならないのは、以前の学力問題、すなわち敗戦直後の一九四〇年代末や、六〇年代初頭、七〇年代後半に生じた学力問題が主として国内の問題であったのに対して、ＯＥＣＤのＰＩＳＡ調査（二〇〇〇年から開始）が象徴するように、九〇年代末以降の学力問題は国際的な問題であり、子どもたちの学力の国際的な競争が活発となり、いわば「国力」の代理表象として子どもたちの学力が問われ始めたということであろう。この文脈において、英語教育の重視が象徴的に示すように、経済界が要請する「グローバル人材」の育成が、日本の学校教育の課題として位置づけられている。

また、そこで問われている子どもたちの学力は、教育内容としての知識や技能の習得という認知能力にとどまらないものとなっている。「生きる力」、リテラシー、キー・コンピテンシー、「就業力」「人間力」など、さまざまな名称で概念化されているが（新学力観はこれらを先取りするものであった）、いずれも経済のグローバル化の進展によって生じつつある産業構造の流動化を踏まえた汎用的な能力、とくに思慮深さ、自尊心、粘り強さといった非認知能力（社会情動的スキル）を、認知能力に加えて獲得することが学力として問われている。

そして汎用的な能力、非認知能力の育成という課題に応えるために、授業や学習方法も転換しつつある。主体的・対話的で深い学び（アクティブ・ラーニング）、協働（協同）学習が、小学校から大学まで校種を越えて重視され実践されているし、二〇一六年度末に改訂された小・中学校の学習指導要領でもキーワードとなっている。

しかし、子どもたちにとって非認知能力は、認知能力と比較して実感しにくいもの、つかみどころのないものである（たとえば、演習問題を解けるかどうかは自分でわかるが、思慮深くなったかどうかは自分ではよくわからない）。九〇年代末の学力問題をひとつの契機として、子どもたちは国際的な学力競争に動員されながら、従来とは異なる、手応えを得にくい「学力」の獲得を期待される存在として論じられるようになった。

経済か福祉か

子ども（に関する論じ方）の変様を、いくつかの事象に焦点を合わせて簡単に見てきた。ここから言えるのは、九〇年代以降の子どもたちは、諸問題の原因を個人（の心理や選択）に還元して認識する言説、また非認知能力の獲得を期待する言説に囲繞《いにょう》されているということであり、おそらくは多くの子どもたちは、その言説をみずからのものとしながら育ち学んでいるであろうということである。

前者の言説についていえば、望ましい発達の過程や結果がありうると想定する発達観と、諸問題は望ましい発達からの子どもの逸脱を原因とするという論理で接続しうる。新座高校の試みの意義のひとつは、この発達観に対抗する発達観を提示するものとなっていることにある。というのも、その試みは、①子どもたちに普遍的・標準的発達過程を設定することはできない、②子どもたちは他者との協働を通じて成長し発達する、③他者とどのように／どのような協働をするのかによって子どもたちの成長は異なりうる、という発達観をわれわれに提示するものとなっているからである。

新座高校でも特別支援教育に力を入れているが、それは「困っている」生徒に対して専任スタッフが個別支援をおこなうものではなく、それぞれにつまずきの異なる生徒一人ひとりに対して、他者との協働を実現する（＝生徒一人ひとりが成長する）ために、どのような足場を提供すればいいのかを、授業を通じて多面的に省察するものである。このような試みは、問題の原因は「望ましい発達から逸脱した自分」にあり、自分で問題を解決しなければならないと思い込んでいる子どもを救う回路のひとつとなりうるのではなかろうか。

後者の非認知能力の獲得を期待する言説に関して述べる前に、九〇年代半ば以降の構造改革によって、学校教育に対する予算配分が経済主義的な投資、人材開発の観点から検討される傾向が強化されたことを指摘しておきたい。非認知能力が重視されるのも、その能力こそが将来の経済的成功に関与するという教育経済学の研究知見を踏まえてのことである。

それゆえ、後者の言説に関して言えば、九〇年代末以降に非認知能力が重視されるようになったのは、主として投資や人材開発の視点から学校教育の機能が認識されるようになったことのあらわれと見ることができる。このような言説、認識に包囲されている子どもたちは、経済的成功という将来のための準備として非認知能力の獲得をうながされることとなるだろう。

新座高校でも協働学習が重視され、それを通じて生徒の認知能力だけでなく非認知能力をも育成しようとしている。しかし、同校で協働学習が重視されているのは、投資効果を最大化し、国家や企業に貢献する人材を開発するために――言い換えれば将来の見返りのために――非認知能力が重要だからではなく、いまを仲間（教師、生徒）とともに生きるために、非認知能力が重要だからなのではなかろうか。将来を考慮に入れるとしても、将来のために現在があるのではなく、安心して学べる環境でいまを十分に生きてこそ、将来の展望や課題が見えてくるという発想が基盤となっているのであろう。つまり新座高校は、福祉の発想を基盤として協働学習を実践し、非認知能力を育成しようとしていると見ることができる。

学校教育の機能や役割を、経済的な観点から考えるのか、それとも福祉的な観点から考えるのかは、現代の教育学の大きな争点のひとつであるし、半ば義務教育化、基礎教育化しつつある高等学校の実践においても、このことは問われている。どちらが正しいというわけではなく、両者の観点から学校教育の機能や役割を吟味していくことが必要なのかもしれないが、新座高校の試みは、経済的な観点が重視される度合いの強まる現代日本の教育状況を再考する手掛かりを提供している。

V　学校・組織運営

第1章

卒業率からみた新座高校の歩み

新座高校教諭／社会科
金子 奨

新座高校は一九七三年に創立され、二〇一七年現在四五年目を迎えている。本章では、創立以来の第一学年在籍者数と卒業率に注目して、その歩みを辿ってみたい。

1 新座高校の歩みの時期区分

まず創立以来の新座高校の時期区分をおこなうが、卒業率が確定している二〇一四年度入学生（以下、「～年度生」と略記）までの四二年間を分析対象とする。

最初の指標とするのは第一学年の在籍者数である。新座高校は、生徒の第二次急増期に対応するために、

図1　第一学年在籍者数と卒業率の推移

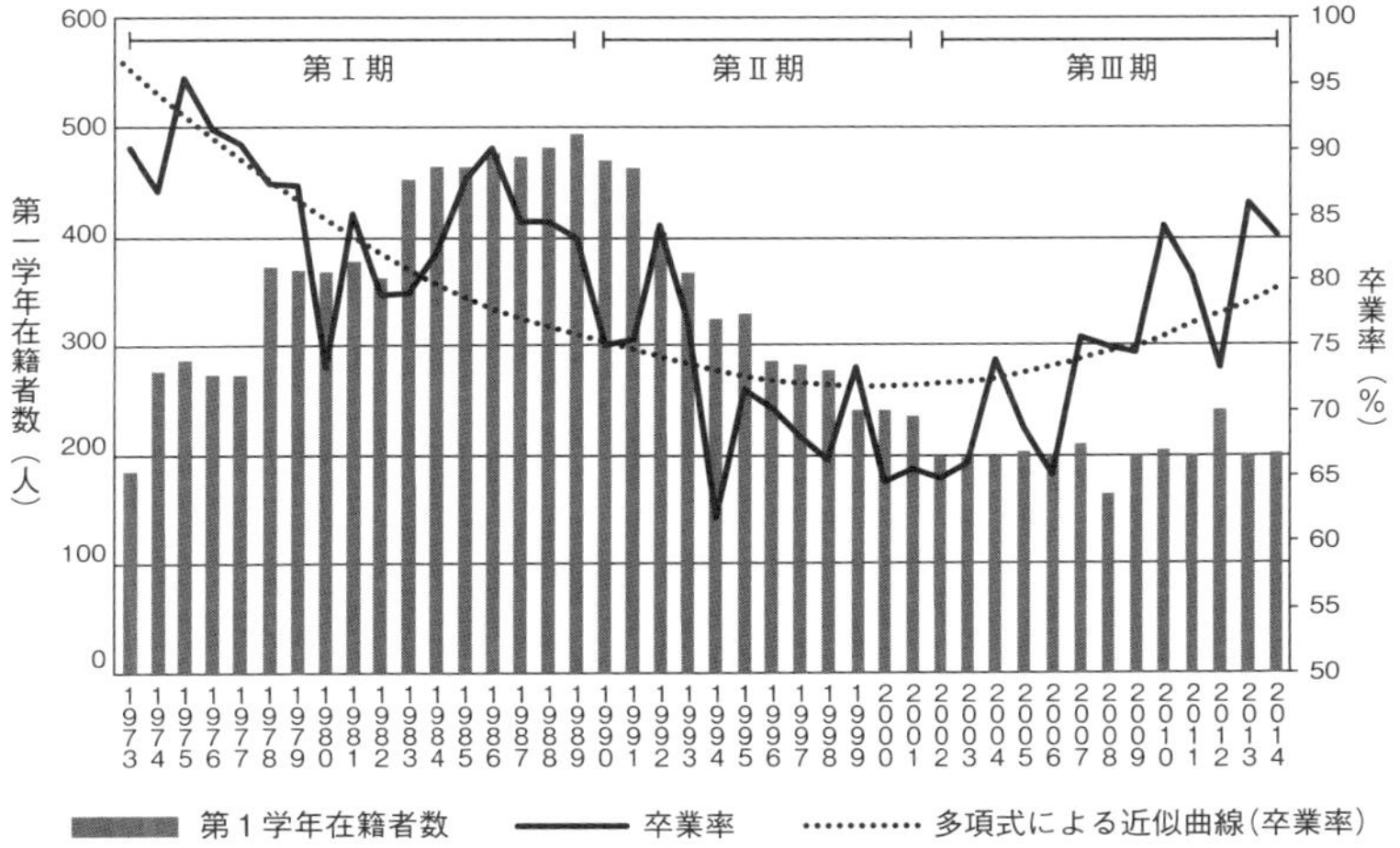

地域の強い要望もあって開設された学校であり、生徒数の増減は学校存立の意義とかかわっているからである。

図1の棒グラフは、第一学年の四月当初の在籍者数の推移を示したものである。[1] これによれば、創立時に一八四人（四五人学級四クラス）であった生徒数が、ピークを示す一九八九年度には定員四九五人（同一一クラス）にまで大幅に増加していることがわかる。この時期を「第Ⅰ期」としよう。

さらに細かく見ると、この時期は入学定員が数年ごとに六クラス（定員二七〇人）、八クラス（同三六〇人）へと増える時期（〜八二年度）と、それ以降八九年度までの一〇クラスでの高止まり期という二つのステージからなっている。最大クラス数は八九年度の一学年一一クラスとなる。そこで前者を「第Ⅰa期」とし、後者を「第Ⅰb期」とする。

その後減少へと転じ、九〇年度から二〇〇一年度にかけて一〇クラスから六クラスになる。一七年かけた急増期に対して、この減少期は一三年間であり、いかに急速な減少であったかがわかる。この急減期を「第Ⅱ期」としよう。ちなみに、九二年度から学級定員は四〇名である。

以降二〇〇二年度からは、五クラス規模二〇〇人前後で推移している。例外は二〇〇八年度の一クラス四〇人減、二〇一二年度の四〇人増である。この生徒数の安定期を「第Ⅲ期」とする。

以上を全校規模であらわすならば、創立から三〇年のあいだに、定員一八〇名の学校が三〇クラス前後の一四〇〇人を超える大規模校に膨れあがり、そしてふたたび定員六〇〇人へ縮小するプロセスを含んでいるということになる。学校によっては、縮小し続けた後に、統廃合によって学校自体がなくなるケースもある。

生徒数の急増・急減という学校の不安定要素の大部分を吸収していたのは、埼玉県においては一九七〇年代から八〇年代にかけて創立され、高校階層構造の下位に位置づけられた新設校だったことには留意しておきたい[2]。これは、新設高校が若者の進路を振り分ける高校階層構造の機能の安全弁だったことを意味しているが、他面でそれは、そこに集い生活する生徒・教師を社会の変動という荒波に投じることになったのである。

2　卒業率／中途転退学率について

その荒波の指標は、卒業率である。高校卒業率、逆から表現すれば中途転退学率（以下、中途転退学は「中退」と略記）の調査が、当時の文部省によって本格的に始められたのは一九八二年である。生徒の急増とともに中退者も激増して世間の耳目を集めるようになり、放置すれば教育という社会的な営みの基盤を揺るがしかねないと判断されたのだろう。

ここであらかじめ指摘しておかねばならないことは、中退者はどの学校でも普遍的に存在するのではなく、特定層の学校に集中しているという経験的な事実である。

もちろん、これまでの中退に関する研究では、その「発生理由を特定することは極めて困難であることが明らか」[3]とされてきている。しかし、たとえば東京都の全日制普通科高校の場合、二〇〇八年度に一〇％以上の中退者を出した学校は一五校であるが、五％以上が一九校、一％以上は五六校、一％未満は三七校という調査報告がある。[4]この調査は、中退率と学校間格差の関係についてふれていないが、「概して『中退問題』は……特定の課題集中校に偏在して」[5]おり、この一〇％以上の中退率の一五校が序列下位に位置する蓋然性が高い、とされている。

また、中退者の「学力は下位にある」し、「学力不足が……中途退学に大きな影響をもつという点では、先行研究は一致し」ているとの指摘もあり、[6]さらに彼／彼女らがひとり親家庭の出身である割合は「一般の高校生よりもかなり高い水準」だという研究もある。[7]

この点については、二〇〇四年に「大規模かつ広範な調査」をおこなった菊地栄治・早稲田大学教授が、家庭の経済状況と「学力」はきわめて強い関連を示しているとともに、「学力」が中退率と強い相関があることを明らかにしている。[8]

ということは、全国的な平均中退率を左右しているのは、社会経済的に下位に位置する生徒であり、かれらの通う高校階層構造の下位校である可能性がきわめて高いということだ。高校には、ほとんど中退者を出さない学校と、大量に発生している学校が存在しているのである。だから、全国的な平均中退率の変動は後者によって規定されており、したがってそれは教育や学校というよりも、むしろ社会の問題であることに注意をうながしておきたい。

3　新座高校の卒業率

さて、新座高校における卒業率は図1の折れ線グラフで示されている。まず、大きな傾向を確認しよう。卒業率は創立以来低下し続け、一九九〇年代半ばにようやく底を打ち、二〇〇七年度から上昇し始めることがわかる。この間、激しく増減している年度は八〇年度、九二年度、九四年度である。

卒業率が約一〇ポイントも落ち込んだ八〇年度は、前年のオイルショックの影響を想定することができる。逆に大きく改善した九二年度は、推薦入試が前倒しで新座高校に実施された年であり、比較的意欲のある生徒が入学した可能性が考えられる。この年には制服も改定され、職場には「変わるんじゃないか」という雰囲気も生じていたという。[9]

九四年度は全県で推薦入試が導入され、なおかつ、中学校の進路指導における業者テストの利用が禁止された年である。その結果、推薦入試実施のうまみがなくなると同時に、中学生が「行きたくない学校」を避け、「行ける学校」よりも「行きたい学校」を選択することが可能になった。その結果、高校階層構造の下位校では軒並み倍率が落ち込んだのである。

新座高校の入試倍率は、九二年度が一・六倍、九三年度が一・八五倍だったのに対し、九四年度には一・〇九倍、翌年度も一・一一倍に急落する。

この点に関しては、この時期の埼玉県の高校教育改革の動向を分析した元高校教諭の小川洋が次のように描写している。

下位の学校ほど倍率低下は著しく、とくに偏差値四〇を下回る普通高校二四校の倍率は、九三年度の平均一・二三倍から〇・九八倍へと低下し、一四校が応募段階で定員割れをした。過去に例のない三度の欠員補充を行ったにもかかわらず、最終的に全県で二五〇人の欠員を出した。[10]

九四年度生の二次募集は、新座高校の属する第二通学区では次の通りである（カッコ内は創立年）。新座二九人（一九七三年）、和光三四人（一九七一年）、所沢東二七人（一九七七年）、富士見八人（一九七六年）、福岡一一人（一九七三年）、毛呂山二〇人（一九七八年）、越生一八人（一九七三年）、日高二二人（一九七四年）、大井九人（一九七八年）、鶴ヶ島一九人（一九八二年）、計一九七人にも上る。鶴ヶ島高校以外は七〇年代の新設校で、この時期までに序列下位に位置づけられていた学校である。

新座高校の場合、推薦入試も一般入試の確定倍率も一倍以上だった。それでも二九人の二次募集をおこなわなければならなかったということは、入試あるいは発表前後に取り消しがあったということである。九五年も同様に、一一名の二次募集をおこなわざるをえない状況に追い込まれている。[11]

4　卒業率の示す五つの局面

しかし、こうした激しい変動をとりあえずカッコに入れてみると、新座高校の卒業率は先述の通り、創立以来下降し続け、九〇年代半ばに低水準で停滞し、その後回復し始めるという、ゆるやかなU字曲線を描いていることがわかる。そして、もう少し詳しく見ると、次のような五つの局面に分けることができると思われる。

第一局面は、創立から生徒急増期末の八二年度生までである。ここでは、卒業率が最大値九五・五%から最小値七九・一%にまで急速に低下する点に特徴がある（平均卒業率八六・七%）。

第二は、生徒数高止まり期の八三年度から八六年度までであり、卒業率は七九・二%から九〇・一%にまで回復する（平均卒業率八四・九%）。

しかしその後、八七年度から急減期にかけて、雪崩を打つように六〇%台まで落ち込んでいく。これを第三局面としよう（平均卒業率七八・三%）。

第四局面は、九五年度から二〇〇六年度までの深刻な低水準での停滞期である。この期間の平均卒業率

表1　新座高校の第一学年生徒数と卒業率からみた時期区分

時期区分		西暦年度	新座高校一学年生徒数	平均卒業率（%）			全国平均大学進学率（%）
第Ⅰ期	a	1973～1982年	急増	85.8	① 86.7		25.9
	b	1983～1986年	高止まり		② 84.9		24.8
	c	1987～1989年			84.2	③ 78.3	24.8
第Ⅱ期	a	1990～1994年	急減	71.2	78		26.1
	b	1995～2001年			68.5	④ 67.8	35.6
第Ⅲ期	a	2002～2006年	安定	74.8	67.8		43.5
	b	2007～2014年			⑤ 78.9		50.3

は六七・八％となる。

そして最後は、復調の兆しを見せ始める二〇〇七年度以降であり、平均卒業率が七八・九％にまで上昇し、いま現在もこの局面にあると考えられる。

以上の五つの局面と、第一学年在籍者数に基づく時期区分を組みあわせてあらわしたものが**表1**である。参考として全国平均の大学進学率を示した。

卒業率の変化の背景

では、こうした長期的な変動は何によってもたらされたのだろうか。

要因として挙げられるのは、生徒と教員の数、入試倍率、地元四市出身生徒の割合[12]、教師集団の質、教育政策とそれに規定される教育課程および教育実践全般の質、社会経済的な動向、文化的な風潮などであろう。しかし、四十数年にわたって卒業率に決定的な影響を与えた要因を見いだすことは難しく、さまざまな要素が複合的に作用していると考えるのが妥当だろう。

ただ、新座高校の創立がオイルショックの年であることに象徴されるように、その歩みが高度経済成長の終焉と脱産業化社会の到来、情報化社会の進展に棹差していたことは間違いない。この変化は、別の側面から見れば、工業化を下支えしていた社会の共同性が衰弱し、人々が個人化／孤人化の傾向を強めるプロセスでもあった。

共同体的な規範が影響力を弱め、それに代わって個人の自由な選択が許容される半面、一人ひとりの結果責任が強調されるようになり、個人の孤独化が進行する。こうした社会の大きな変化が、さまざまな要因と絡みあいながら、卒業率の推移に反映していると考えることができるだろう。

以上を念頭に置きつつ、五つの局面の様相を描写してみよう。

第一局面——新設校期

まず、一九七三年度からの第一局面。この局面の特徴は、新設校開設のために集められた七名の教師が、新たな職場を立ち上げつつ、定員一八〇名、四五〇名、七二〇名と毎年のように増える生徒集団と対峙しながら、学校づくりをしなければならなかったという点にある。

この局面の課題は、急増期以前の高校で経験を積んだ教師が核となり、職場集団を形成しながら独自の学校システムと文化を生み出し定着させることだったはずである。いまから考えてみても、困難な事態が次々とあらわれたことは想像に難くない。

しかも当時は生徒急増期にあたり、それまでの公立高校には入学してこなかったと思われる生徒が続々と門をくぐるのである。当時の埼玉県では、学力の相対的な下位層をおもに私立高校が引き受けており、公立高校ではそうした層に対する指導の経験値が低いとされていた。新座高校のベテラン教師も、急増期以前の教職経験からは予測もつかないできごとに直面することが少なくなかったと思われる。

したがって、進学準備教育を旨とする授業に馴染めない生徒も少なからず在籍し[13]、なおかつ、従来からの指導を適用しようとする教師とのあいだで鋭い葛藤と軋轢を生んでいたことが推測できる。

実際、全国レベルでは、七八年〜八一年には「学業不振」を理由とする中途退学が二五%前後を占め、ついで「問題行動」が一二%強を占めている[14]。教師の指導が届かず、かえって反発されるという事態が、第一局面における卒業率の急速かつ大幅な低下を招いていたと考えられるのである。

第二局面——地域に根ざして

では、その後の第二局面(八三年度〜八六年度)での卒業率の回復は、何によってもたらされたのだろうか? この時期も、第一局面と同じように生徒は増え続け、教室には法定の四五人を超える生徒が机を並べていたのである。にもかかわらず、短期であるとはいえ卒業率は七九%から九〇%へと改善している。たんなる偶然なのだろうか?

そうではないだろう。本書第I部で、当時を知る川添玲子さんが活写しているように、当時の新座高校には「現在と同じように若い人たちが多く、三〇代の教員はすでにベテランの領域」にいた。かれらは、おそらく生徒急増に合わせて七〇年代に採用され、多くは新設高校で経験を積み、職場の中間リーダーとして活躍し始めていたに違いない。そこでは「校長まで参加」するような熱い語りあいがおこなわれ、かれらがリーダーとなって、生徒集団と渉りあいながら学校を運営していたのだろう。

こうした熱心な学校運営は、川添さんが「地元新座と結びついた生徒指導」と書いているように、新座市出身生徒の割合の急伸に端的に示されている。その割合は、八三年度の五三％から八八年度の七一％へと、一八ポイントも増加しているのである。

こうした若い教師集団の——この時期も毎年複数の初任者が着任している——指導に応えるようにして、生徒たちも学校生活への適応度を高め、卒業率も上がっていったと考えられるのである。この時期の全国的な中退率は低減傾向を示しているが、[15] それは高校階層構造下位校における地道な努力の反映とみなすこともできるだろう。

第三局面——卒業率の低下

しかし、次の第三局面（八七年度～九四年度）では、九〇％から六〇％台への卒業率の大幅な低下がみられる。この局面で特徴的なのは、募集人数が大幅に減少するにもかかわらず、地元四市、とりわけ新座市出身生徒の割合が急落する点にある。八八年度には七一％を占めていたのに対し、九三年には四六％へと二五ポイントも下がっているのである。

この原因は詳らかにできないが、地元の中学生から選ばれない、もしくは敬遠される学校には、他地域からの複雑な事情を抱える不本意入学の生徒が集まり、学習指導と生活指導に容易ならざる困難さが増していた可能性が高い。

しかもこの時期は、創立から十数年勤めてきたベテラン教師たちが相次いで転退職をしていることもうかがえる。また、教職員組合内部の対立に加えて、「日の丸・君が代」をめぐる管理職と教師の軋轢などが重なっていたことも予想される。職場内の軋轢と分断という状況のもと、指導のための手がかりとなる情報が少なくなり、若い教師を中心とする職場が苦しい学校運営を余儀なくされていたことは十分考えられる。第三局面における卒業率の急落には、以上のような事情が介在していたと推測しても、あながち的外れではないだろう。

第四局面――「教育改革」の波

四つめの局面では、卒業率の低水準での停滞がみられる。しかも、それは九五年度から二〇〇六年度まで長期にわたるのである。この当時は文部省による高校教育改革が強力に推し進められていた。そのはじまりは八四年~八七年の臨時教育審議会の「教育の自由化」論に求められるが、直接的には九一年の中央教育審議会の答申が、都道府県教育委員会と各高校現場を激しく揺さぶっていたのである。

ここで詳述することはできないが、そのねらいは二つ。ひとつは高校教育の「個性化」であり、もうひとつは学校の「多様化」である。答申は次のように述べる。

本審議会が目指す教育改革の目標は、評価尺度の多元化・複数化を通じて、「学校歴」にたいする意味のない意識から人々を解放し、「個」の価値を尊重した社会意識を広く形成することに置かれている。

答申では、高校教育の画一性が指弾され、高校生という枠組みがあるゆえに全員が大学進学準備教育を当然のことのように受け入れている、という現状の打開を求める。その方向性のひとつが「個性」の強調なのである。それは次のように表明される。

義務教育を終えた後は進学するのも社会に出るのも自由であるし、また高等学校や大学の途中で社会に出ることも、さらに後でまた学校に帰ってくることも個人の選択によると考えるべきであろう。

半ば義務教育化した高校と、「指導困難校」の実態――当時は一二万人に及ぶ中退者が存在した――を踏まえ、答申は、高校生という準拠集団の枠組みを緩め、そこからの脱落を「解放」的で「個性」的な生き方として価値づけようとするのである。そして、その実現のために学校の具体的な「多様化」が促進されていく。

九三年以降、能力・適性、進路、興味・関心等のきわめて多様な生徒が入学している学校に、生徒の実態に対応し、できる限り幅広く柔軟なカリキュラムが導入されていく。総合的な新学科、新しいタイプの高等学校、コース制、多様な選択科目群の設置、単位制などの提言の多くが、おもに高校階層構造の下位校で取り入れられていく。

新座高校においても、推薦入試の全県実施の年から教育課程が大幅に改変された。それ以前は共通履修科目が中心で、一・二年次の選択科目は芸術科の二単位だけであった。三年次はA・B・Cの三コースに分かれてはいるものの、これもおおむね文系・理系・商業系の進学を意識したものであり[16]、選択科目も商業系の二単位だけである。科目数は四〇科目だった。つまり、系統的でアカデミックな科目を全員が履修し、大学受験準備をおこなうオーソドックスな普通科のカリキュラムだったのである。

ところが九四年度になると、科目数が五五科目へと一気に増える。二年次の選択科目は八単位となり、三年生には「類型制」が導入され、「自然科学」「教養文化」「経済情報」「造形」「福祉」の五類型に分かれ、類型ごとに特色ある科目を履修することになったからである。類型制の導入は、埼玉県の学科再編の基本方針に基づき「特に時代の変化や生徒の希望、意欲を考え」ておこなわれたという。当時の教務主任は次のように回顧している[17]。

この五つの類型は、県内の普通科高校における類型設置数としては最大数であり、また「福祉」類型の設置は県内でも大変珍しいものであった。

この回顧ににじみ出ているのは、県内最大という選択の幅の広さであり、他には見られない特色への自負心である。確かに、中央教育審議会と埼玉県の示す多様化・個性化路線に基づく教育課程の変更ではあっただろう。しかし、生徒の多様な進路に対応するためという名目はあるにしても、「経済情報」「造形」「福祉」に設けられた科目では資格も取れず、何よりも現実の職業構造に対応しきれないのである。戦後の新制高校は、進路に応じて生徒の選択を枠づけ、教育課程を「社会の分業構造、職業構造」と対応させつつ機能させ、それによってその存立が正当化されてきた。[18] とするならば、進路に適応していない教育課程はその正当性が無効化されることになる。これは生徒からすれば、特色ある類型を選んだものの、実はその先には出口がないということを意味する。

ところで、先述したように、この教育課程の多様化による再編は、もっぱら高校階層構造の中位より下の学校で劇的に進行している。それらの学校では、「授業に関心を持たせること（自体）を目的として、非アカデミックで多様な教育」がおこなわれるようになる。そしてそれは――大学進学率が上昇し始めるにもかかわらず（表1）――かえって業績主義的な価値尺度から生徒を離脱させ、「上位の進路、社会的地位を目指す従来の競争とは違った方に、生徒の学習・進路への意識を向ける[19]」ことになったのである。つまり、「教育改革」のターゲットとなった高校生は――もちろんここには新座高校も含まれる――より有利な進路選択のための努力をしなくなり、それどころか、学校そのものから抵抗感なく脱落する可能性を高めていたのである。[20] 第四局面での卒業率の深刻な水準での停滞は、以上のような政治的・社会的な背景をもっていると考えられる。

失われた一〇年

ところで、第四局面は、バブル崩壊からの長期にわたる経済的な停滞期と重なっている。このいわゆる

「失われた一〇年」には大企業が相次いで倒産し、日本型経営と呼ばれた雇用形態が崩れ、男性が稼ぎ主として支えてきた家族の形もまた不安定となる。フリーターに象徴される非正規雇用の拡大や、ひとり親家庭の増加などは、それまで喧伝されていた「総中流社会」というヴェールを剝ぎ取り、隠されていた貧困を深刻化させつつ可視化し始める。こうした状況は、九八年の自殺者の激増と、その後の三万人を超す高止まりに象徴されるように、人々の関係を衰弱させ、社会の少なくない領域での共同性に亀裂を入れていく。

学校も例外ではない。教育社会学の知見によれば、七〇年代終わりから九〇年代半ばにかけて、高校という集団生活に意味を見いだし積極的に帰属して働きかけあうような生徒が減少する。逆に、不満もないが楽しくもないという、集団に消極的に所属しているだけの生徒が増加していた。[21] 高校生という身分、学校という場、クラスという集団など、それまで若者が帰属し依拠してきた枠組みがひび割れ、代わって小グループ化や個人化が進行したということである。以前の教師が、一斉授業という形でクラスに教え込み、学年や学校という単位で統制を利かせることができたとすれば、バブル崩壊後はそれが機能不全におちいり始めたことが示唆されているのである。

このような変化は、とくに下位層でみられたことが推測されている。なぜなら、先述したように、そこにはもともと社会経済的に下位に位置する家庭の子どもが通うことが多かったからである。「失われた一〇年」に露わになってきた貧困は、そうした家庭により強いしわ寄せをもたらし、生活基盤を脆弱にし、家族の社会関係資本を剝奪し、子どもたちの育ちを阻害していたのだろう。

九〇年代を新座高校で過ごした教師たちの座談会にも、そうした変化の徴候が語られている[22]。たとえば第四局面以前の生徒会には、「あまり真面目じゃないけど」「じゃ僕が全部やりますといって、バァーッと生徒集めてきたりと」「強力なリーダーシップをもってる子が毎年いたんです」と回顧される。他方、九〇年代半ば以降は「治安が良くなった」けれども、生徒が「グターッとなったっていうか、グチャーという感じ」になってしまった。その結果「もともと不適応を起こした生徒がやめ……淘汰されることによって……学校全体が落ち着くっていう面」が出てきたとされる。

この座談会ではおおむね、準拠集団の中でリーダーシップを発揮する生徒の減少と、生気のない生徒の増加、彼／彼女らが学校から自然に「淘汰」されていくようすがかたどられているのであるが、それは先ほどの教育社会学の知見とも合致するだろう。

ぼくは当時、隣接する市にある高校階層構造の最下位校に勤務していたのであるが、次のように書き残している[23]。

「……想像つくだろうか？　中途で学校を去る生徒が一〇〇人を超え、あるじをなくした机が一〇ほどもある教室が。しかも、いつ、誰が、どういうワケでいなくなったのかすらみんなわからないのだ。……ともかく、学校とクラスの共同性が解体していくなか、ぼくの授業は無残にも崩壊している。センター街の雑踏でも大道芸は成り立つのかもしれない。しかし、そんな力も、わきあがってこない。それとも、ぼくの現場はきわめて特殊な例なのだろうか？　それとも、やっぱり、ぼくの努力が足りないのだろうか？」

理由をつかめないままにポロポロと、それこそ砂が指のあいだからこぼれるようにして辞めていく生徒たち。そして、それを何とも感じないような周囲の子どもたちと、なす術なく立ちつくす教師。

こうした状況は、全国的な中途退学の理由にもはっきりと示されている。それまで一番多かった「進路変更」が九三年から減り始め、逆に「学校生活・学業不適応」が急増し、二〇〇〇年には「進路変更」を抜いて第一位となる。「不適応」の内訳は、「もともと高校生活に熱意がない」「授業に興味がわかない」「人間関係がうまく保てない」「学校の雰囲気があわない」であり、中でも「もともと熱意がない」が四割程度を占めている。積極的な意思を感じさせる「進路変更」ではなく、いつの間にかいなくなってしまうような「学校不適応」層が増えているのである[24]。

ちなみに、この「不適応」の内訳が、いわゆるソフトスキルにかかわるものであることに注意したい。やり抜く力、好奇心、自制心、ストレス耐性、楽観的なものの見方、誠実さ、というような非認知能力は、逆境的な体験によって容易に損なわれてしまうものである。「不適応」の背後に経済的な貧困と、それがもたらす二次三次の困難が想定される。

子どもをとりまく大きな環境の変化を前にして、九〇年代半ば以降の教師たちは、教育的な働きかけの対象と方略の転換を余儀なくされていく。「いろんなレールを教員側が引いてあげないと、なかなか進んでくれない」生徒が多くなり[25]、集団の統制とは別の次元の、個への支援が視野に入り始める。

振り返れば、九〇年代は一斉講義式の「教え」から個々の生徒の「学び」への転換が強調され、個に寄り添うカウンセリング・マインドが称揚され始めていたのだが、それは教師が集団から個へと、まなざしを移さざるをえなくなった事態を反映していたのかもしれない。いま風に言えば、定型発達を前提として想定された集団への指導・統制から、平均的な発達からずれていることも想定した個への支援へと、教育実践の対象と様式を、知らず知らずのうちに変化させていたともいえる。

しかし、それが「教え」の放棄や教師の権力性の弱体化による混乱を招き、それに対する反動――厳しい管理的な統制／ゼロ・トレランス――を引き起こしたように[26]、現場では混沌とした暗中模索が長く続くことになる。教師の精神疾患による休職が激増するのはこの局面である。

こうした混迷の中の手探り状態が、卒業率の長期低迷――失われた一〇年――を生み出していたと言えるのかもしれない。

5 そして、いま

二〇〇七年度から現在に至る第五局面は、卒業率の回復が特徴となる。全国的にみた中退率も同年度から減少し始め、二〇〇九年度には二％を切り、二〇一三年度には一・五％にまで減っている。しかし、この数字はあくまで高校を途中で退学した生徒の割合であり、他の学校への転学者は含まれていない。

実は、九〇年代半ば以降、私立通信制高校数は一〇〇校を超え、二〇〇四年以降は株式会社立の通信制高校が認可され始めたこともあり、現在は二三〇校以上にも上っている。当然、在籍者も同じように増加し、現在では一七、八万人で推移している。したがって、以前ならば全日制高校を中途退学していた者のうち、こうした通信制高校に転入学している生徒も少なくないと考えられる。

新座高校でも近年、退学ではなく、さまざまな通信制高校への転学を選ぶ生徒が増えている。ただ、本章で示している卒業率はあくまで当該年度入学生のうちの卒業まで在籍した生徒の割合であり、転学者は含まれていない。だから、第五局面のその上昇は実質的な増加をあらわしている。

では、その要因として考えられるのは何だろうか？　他章ですでに述べた通り、二〇〇七年度の新座高校には、それまでにはなかった二つの方略がもたらされている。

ひとつは柿岡文彦校長が強調した「特別支援教育の視点」であり、もうひとつは、ぼくが持ち込んだ協働的な学びあいと公開授業研究会である。特別支援の視点とは、定型発達を前提とせず、個々の具体的な発達に寄り添いながら、関係性の次元での支援を組織するということを意味する。そして協働的な学びあいは、ペアやグループ活動を通して関係性への支援とケアをおこないつつ、認識面での発達をうながす試みにほかならない。したがって、特別支援の視点と協働学習は相補的な関係をなしつつ、子どもの関係と認識の発達を支えながら、精神的な発達をうながしていくのである。なぜなら、「認識の発達は関係の発達に支えられ、関係の発達は認識の発達に支えられ……（子どもの）精神発達は、両者のベクトルとして進む[27]」からである。

これは、第四局面の長い停滞期に、顕在的・潜在的に提起されていた課題、「教え」から「学び」への転換、「集団」への指導・統制から「個」への支援の交点に生成した方略と言いうるだろう。そして、この交点を支え機能させているのが、二〇〇八年から部分的に実施され、二〇一〇年から学校のシステムの中核となる公開授業研究会なのである。

第五局面での卒業率の改善を後押ししているのは間違いなく、特別支援の視点に基づく公開授業研究会である。もちろん一気に上昇しているのではなく、前年度より大幅に上がる、少し下げる、さらに下がる、大きく上がる……というサイクルをくりかえしながら底上げされてきている。

卒業率を大きく上げるのは、学年色（新座高校では学年ごとに上履きや体育着の色が異なる）が青の学年で、次の赤が下げ、緑学年がさらに下げるというパターンである。二〇〇七年度の青学年の卒業率は七五・六％、次の赤は七五％、さらに緑は七四・五％、次いで青の八四・四％、赤八〇・五％、緑七三・三％。青が上げ、赤が下げ、緑が底をつくるも青が上げ……というサイクルがはっきりと認められる。

これと相関関係にありそうなのは、ただひとつ入試倍率であり、学年色でほぼ同じパターンをくりかえしている。理由はわからない。倍率の比較的高かった翌年の入試では、中学生が不合格を避けるために応募者が減り、倍率が下がるとは言われている。逆に、低倍率の場合は翌年上がるということだ。ただ、そうであればたんに上下動をくりかえすだけだろうが、実際は三年周期なのである。

ともあれ、この三年のサイクルは、青学年には比較的意欲のある子が多く、緑学年には「しんどい」と形容するのがぴったりの生徒が少なくないという、これまでの経験的な印象とも一致する。

もうひとつだけ、この局面の特徴を示して本章を閉じることにしたい。先に、地元四市、とりわけ新座市出身生徒が第三局面で激減することを指摘したが、次の第四局面では徐々に回復し、二〇〇四年度には地元四市で八五％を、新座市で六〇％台を占めるまでになる。しかし、第二局面とは異なり卒業率の向上はみられないことから、この時期には、地元出身の、学校に適応的でない生徒が少なからず入学していたことが予想される。

ところが、いま現在は、地元四市・新座市出身生徒がその割合を大きく減少させつつあるのである。とくに新座市出身生徒は二〇一四度には四五％を下回っており、創立から数年を除けば過去最低となっている。これは二〇〇四年度以降、埼玉県で普通科高校の通学区が廃止されたことが背景にあると思われる。しかし、第三局面とは異なり、平均卒業率は改善の傾向を示しているのだ。

地元外の中学生が意欲的に新座高校を選択していると考えられなくもないが、それがはらむマイナス面への目配りは必要だろう。

注

1　数値は新座高校の各年度の『学校要覧』による。一学年在籍者数は、後述する通り、入学者数とは異なり原級留置の生徒が含まれる。卒業率とは、当該年度当初在籍者のうち卒業にまで至った生徒の割合である。したがって「非卒業者」には、卒業までの中途退学者、原級留置者と他校へ転学した生徒が含まれている。

2　第一学年一〇クラス規模の時期、学級定員四五人を超えて生徒募集がおこなわれていたことが『学校要覧』からうかがわれる。八五年度こそ一学級四五人だったが、八六年度には四六人、八八年には四八人が各教室に押し込まれていた。こうした状況は上位校でも見られたが、クラス数の激増激減、そして場合によっては廃校という経験をするのは下位校のみである。

3　杉山雅宏「高等学校中途退学に関する文献研究――研究の動向と今後の課題」（『東北薬科大学一般教育関係論集』二四号、二〇一一年）。

4　『都立高校白書』平成二三年度版。

5　古賀正義「『中退問題』の構築過程に関する実証的研究」（『日本教育社会学会大会発表要旨集録（五四）』二〇〇二年）。
6　同前。
7　同前。
8　菊地栄治『希望をつむぐ高校――生徒の現実と向き合う学校改革』岩波書店、二〇一二年。
9　『埼玉県立新座高等学校　創立三〇周年記念誌』（二〇〇二年）所収の座談会。
10　小川洋「高校入試改革の動向と帰結」（菊地栄治編著『高校教育改革の総合的研究』多賀出版、一九九七年）。
11　この年の二次募集は、和光・富士見・福岡・毛呂山・越生・大井・鶴ヶ島で計一四四人となっている。鶴ヶ島に至っては七三名の欠員であり、毛呂山とともにこれ以降、毎年のように二次募集がおこなわれることになる（『埼玉新聞』）。
12　地元四市とは新座市と、それに隣接する朝霞市、和光市、志木市をいう。
13　後述の通り、当時のカリキュラムは大学進学をめざす高校とほとんど変わらないものである。
14　前掲、杉山雅宏「高等学校中途退学に関する文献研究――研究の動向と今後の課題」。
15　八三年の二・四%から八六年の二・一%への減少がみられる（文部科学省「平成二四年度　児童生徒の問題行動等生徒指導上の諸問題に関する調査　訂正値」）。
16　前掲『創立三〇周年記念誌』。
17　同前。
18　飯田浩之「高校教育における『選択の理念』」（耳塚寛明・樋田大二郎編著『高校教育改革シリーズⅡ　多様化と個性化の潮流をさぐる』学事出版、一九九六年）。
19　荒川葉「高校の個性化・多様化政策と生徒の進路意識の変容」（『教育社会学研究』第六八集、二〇〇一年）。
20　同前。

21　以下の記述は、大多和直樹『高校生文化の社会学――生徒と学校の関係はどう変容したか』（有信堂、二〇一四年）、金子真理子「教師の対生徒パースペクティブの変容と『教育』の再定義」（樋田・耳塚ほか編『高校生文化と進路形成の変容』学事出版、二〇〇〇年）に依っている。

22　前掲『創立三〇周年記念誌』。

23　拙稿「正直なはなし、授業にいくのがつらい！」（『ひとネットワーク』太郎次郎社、一九九八年六月）。

24　文部科学省「平成二四年度　児童生徒の問題行動等生徒指導上の諸問題に関する調査　訂正値」。

25　前掲『創立三〇周年記念誌』。

26　ぼく自身も教育相談的な手法に魅せられ、教師のもつ権力性を手放そうとしてバーンアウトにおちいりかけたことがあった（拙稿「生徒の心がわかる技法への誘惑」『リニューアルひと』太郎次郎社、二〇〇〇年一月号を参照）。

27　滝川一廣『子どものための精神医学』（医学書院、二〇一七年）を参照。

コラム　新座高校の特別支援教育と公開授業研究会

元新座高校特別支援教育コーディネーター
雨宮史子

新座高校で最初の特別支援コーディネーターとして、二〇〇九年度から二〇一四年度まで特別支援教育の推進にかかわらせていただきました。任命された時点で新座高校着任四年目、特別支援教育は未知の領域でした。

特別支援教育に携わるにあたり、普通高校である新座高校において、どんな特別支援教育が必要とされているかを考えました。

二〇〇九年当時、普通高校でおこなわれる特別支援教育は、「生徒の困難に個別に対応し、その生徒の成長と学習を支える」ものと理解されており、個別支援が基本でした。しかし、特別支援教育では生徒を「困った生徒」ではなく「困っている生徒」だととらえます。その視点で新座高校の生徒をあらためて見つめてみると、「数学の座標が見にくくて困っている」「英単語がどこで切れるのかわからなくて困っている」「黒板の漢字を写すのに時間がかかって困っている」「体育で友達と同じ動きができなくて困っている」「理科の実験の手順を覚えられなくて困っている」等々、ほぼ生徒全員が「何かに困っている」ということに気づきました。

つまり、新座高校に入学する生徒のほとんどが、学校教育の中でなんらかの困難を抱えて四苦八苦している現実を目の当たりにして、「個別支援」という形の特別支援教育では、物理的にも質的にも十分な対応ができないことがわかったのです。そこで、生徒たちがどこに「困っている」のかを把握することが生徒理解＝支援のはじまりだと考え、公開授業研究会に特別支援教育の視点を取り入れ、新座高校の教職員全員で生徒の「困り感」を共有していくことをめざしました。

公開授業研究会を通して生徒の「困り感」を共有することで、担任あるいは教科担当だけがその生徒の困難に対応するのではなく、全教職員が学校生活の中で困っている生徒に配慮できるようになりました。生徒のようすや成績、部活動での活躍など、職員室では学年を中心にさまざまな教職員が情報交換をして、自分の授業や課外活動でどのように対応していくか相談したり考えたりする、そのような風景が学校の日常になりました。

特別支援の視点に立って生徒の学びを観る、学年で意見交換をする、その結果を特別支援教育委員会やケース会議で報告する、ふたたび学年に持ち帰って対応を協議する、外部機関と連携する、保護者の理解を得るなど、公開授業研究会を起点にして、新座高校の特別支援教育は、全校があたかもひとつの生命体のように機能し始めました。さらに、高校教育に続く生徒の進路を見据えて、困難を抱える生徒が進路活動の始点に立つことができるように支援するキャリアサポートが始まり、専門家や外部の諸機関とも連携した支援体制ができつつあります。こうした支援体制の基礎にあるのが、特別支援教育の視点に立った生徒理解であり、その生徒理解に全教職員で取り組む場としての公開授業研究会です。

さらに、公開授業研究会を通してわれわれが確認することができるもうひとつの側面が、新座高校の特別支援教育を支えています。それは「生徒は自分だけではなく、友達も大切にすることで、さらに深く学んでいく」という側面です。

公開授業研究会では、「生徒は互いに学びあう」という事実が、いろいろな場面・教科で明らかにされます。われわれ教職員は、生徒理解を深めていく過程で、生徒の学びが生徒どうしのかかわりあいを通して進化することに気づきます。生徒の学びは決して個人学習だけではありません。学びとは他者の存在が欠かせない知的活動だからです。生徒は友達とのやりとりの中で自信を手に入れます。「友達に説明することができた」「友達に賛成してもらえた」「反対されたけど、いい意見だと言ってもらえた」などという感想が物語るように、授業での友達とのかかわりあいの体験は、生徒に学びの成果をしっかり残しています。

小さな成果は積み重なり、学校全体が「困っている友達がいたら手を貸そう」「困ったらヘルプサインを出しても大丈夫だ」という、誰にとっても居場所のある共生社会に変貌しつつあるのです。教職員が生徒を支援すると同時に、生徒どうしが互いを尊重することで、実はお互いを支えあっている、これが新座高校の特別支援教育の全体像です。

普通高校でこそ必要な特別支援教育とは、支援を必要としている生徒に個別対応するだけではなく、

「生徒一人ひとりが互いに助けあいながら積極的に学びに参加して、問題点を解決できるように支援する教育」です。ですから、新座高校の特別支援は、対象生徒を取り出し、専任の担当教員がおこなうのではありません。本校ではこの支援を「集団内支援」と位置づけています。集団内でできる支援は、生徒どうしのつながりを大切にします。教職員と生徒がそれぞれの立ち位置で支援にかかわることにより、支援は受容力を伸ばして広がり、生徒にとって安心できる学校生活が展開されます。そして、この集団内支援の実践には、公開授業研究会という生徒理解を深める場が不可欠なのです。

公開授業研究会に特別支援教育の視点を取り入れたことが、普通高校だからこそ実践可能な特別支援教育の小さな、しかし必須の一歩であったと確信しています。

第2章

公開授業研究会がもたらしたもの

新座高校教諭／社会科
金子　奨

はじめに

本章では、新座高校の公開授業研究会の特徴を、いくつかの視点から考察したい。その視点とは、まずフィンランドの教育学者であるエンゲストロームの活動理論、二つめは教育学者である佐古秀一の学校組織論と、佐藤学の教師論である。最後はアメリカの哲学者ドナルド・ショーンの「省察的実践家」という観点から位置づけを試みる。

こうした複数の視点から新座高校の変様を分析することによって、公開授業研究会の効果と特徴を多角的にかたどることができると思われる。

1　調整から協力、省察的コミュニケーションへ

職場の拡張的移行理論

フィンランドの教育学者のユーリア・エンゲストロームは『ノットワークする活動理論』[1]において、仕事の分析では「主体－対象と主体－主体を、つまり活動の道具的側面とコミュニケーション的側面をどう結びつけるか」が重要であると述べる。そして、認識論的な「主体－対象－主体」の関係についての拡張的移行理論を援用して、仕事場／職場の発達を分析している。

それによれば、職場における「主体－対象－主体」の関係には「調整」「協力」「コミュニケーション」の三つの発展的な類型があり、職場はこの三類型間を移行するという。

「調整」とは、標準的な台本による流れのことである。この類型では、さまざまな行為者が台本に記された役割に従っており、それぞれが与えられた行為をうまく演じることに集中する（**図1**）。

台本には役割や規範、期待される行動が書き込まれている。教師の仕事に即していえば、暗黙裡に想定され、教師のふるまいを規定している「らしさ」といえるだろう。多くの教師は、教師らしい体裁を整えねばならないという台本に縛られている。「調整」類型の職場では、この台本が疑われることはなく、台本が「背後から、疑問も議論もなしに彼らの行為を調整する」のである。

したがって、この類型における行為者は対象（教師の場合は生徒である）と応答的な関係に入ることなく、

図1　調整の一般構造

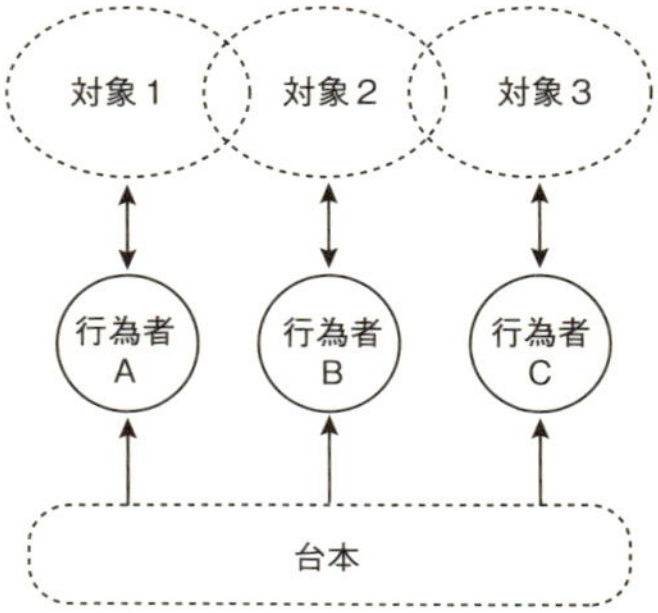

図2　協力の一般構造

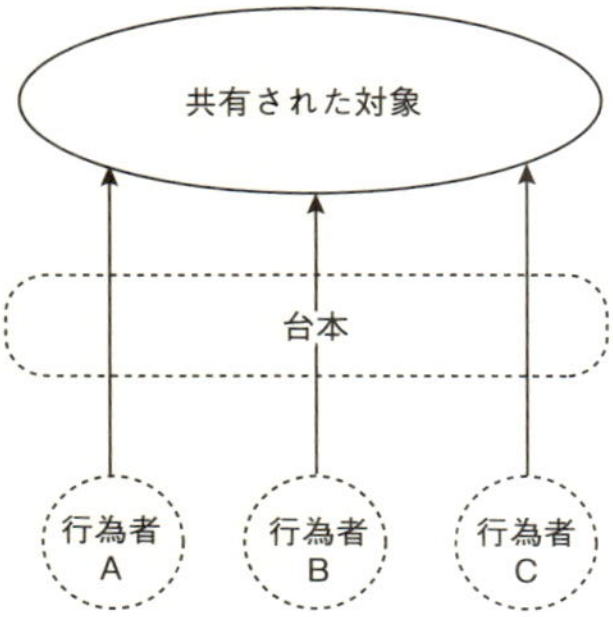

対象を技術的に操作可能なものとして扱うことになる。行為者の注意は、みずからの言動が台本に従っているかどうかに注がれるのである。

一方、「協力」類型は、「共有された問題に注目し、それを概念化し解決するための相互に受容可能な方法を見出す努力を行うような相互行為の様式」とされる。この様式では、行為者は対象が提起する問題に注目し、それを共有するために協力して課題化をおこなう。かれらは台本の範囲を超えていくが、それ自体を意識的に疑問視し再定義することはない。つまり、職場の抱える課題を共有はするが、それに対するアプローチは伝統的な規範に半ば拘束されたままであり、しかもその方略は個々の裁量に任されるだけで、相互に検証し責任を分有することはない（**図2**）。

最後の「省察的コミュニケーション」というモードは、「行為者が共有された対象に関連して自分自身の組織や相互行為の再定義に焦点を当てる相互行為」である。ここでは仕事の対象、行為者、台本が省察の対象となり、三者の関係の編み直しがたえずおこなわれる（**図3**）。これは、対象世界、仲間、自分自身のあいだに対

図３　コミュニケーションの一般構造

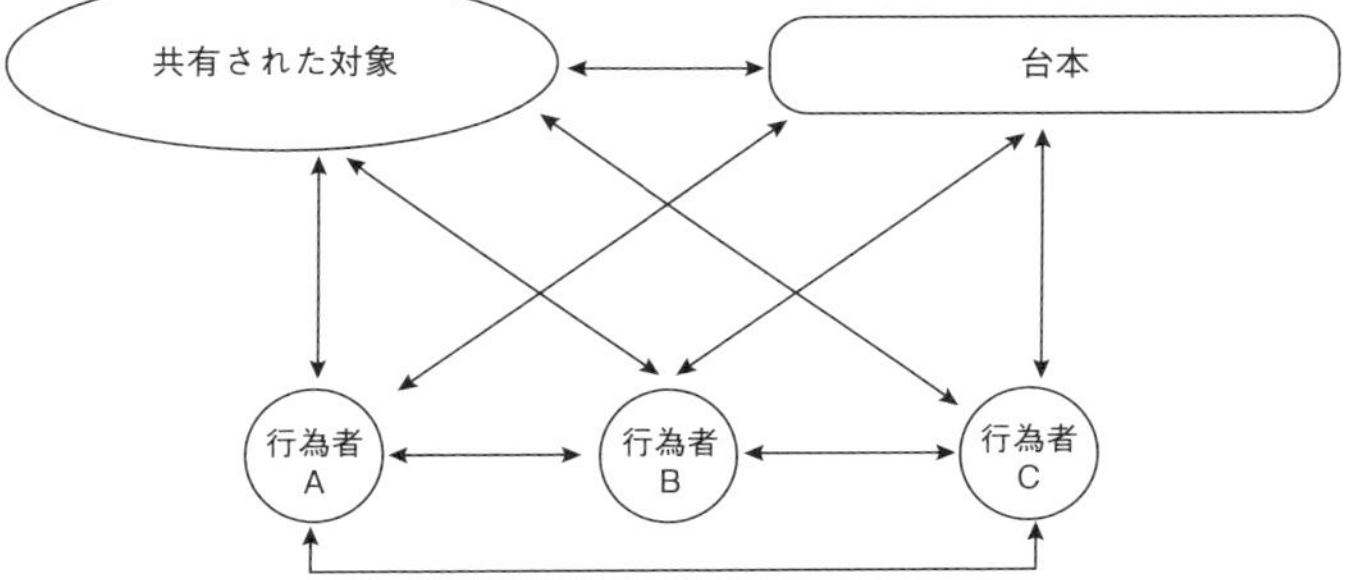

（出所）図１～３ともユーリア・エンゲストローム『ノットワークする活動理論』新曜社，2013年，83-84ページ

話的で省察的な関係が生成するということであり、職場がそこにかかわる人々の学びの場になっているということを意味する。[2]

エンゲストロームによれば、職場はこの類型間を移行するのであるが、それをもたらすものは「障害」「裂け目」「拡張」である。

「障害」は、台本からの意図しない逸脱であり、相互行為に不調和をもたらし、その結果として崩壊（混乱や退却）、制限（権威主義的な封じ込めや柔軟な忌避）を引き起こす。これは、職場の相互作用における質的変化を潜在的に引き起こすものとして、もっとも重要な要素である。相互作用における障害は、異なる文脈で話す行為者間の、さまざまな声の不一致や衝突という形であらわれる。

「裂け目」は、仕事の遂行を妨げることはないが、複数の行為者間の理解と情報の流れの遮断、中断、欠損をもたらす。

「拡張」は、対象を協働で再定義することによって、職場を質的に変様させる。

以上三つの類型と移行のメカニズムを踏まえたとき、新座高校は、この一〇年ほどのあいだに、特別支援の視点に基づく公開授業研究会を核としつつ、「調整」から「協力」、そして「省察的コミュニケーション」へと拡張的に――「障害」や「裂け目」を含みつつ――移行してきたと考えられる。以下、エンゲストロームを援用しつつ、その経験を素描してみよう。

「調整」段階

ぼくが着任した二〇〇七年度の職場は、表面上は波風の立たない協力的な雰囲気であるように感じられたし、生徒に関する情報も細かにやりとりはされていた。しかしその相互作用は、子どもをケアし支援する方向にではなく、「教師を困らせる困った子」という「問題児」を排除するための「偽りの協力」であったように思う。教師の活動は「軸足のぶれない厳しい指導」という名のもとに制限され、「権威主義的に封じ込め」られていたといえる。ある若手教師は当時こう述懐している。

「初任として着任したときは、軍隊に来ちゃったと思った。でも、もう馴れちゃいました」

ということは、「軍隊的」な台本とともに、職場には「反軍隊」的なそれが息を潜めて存在していたということである。当時の新座高校では、少なくない生徒が学校を去っていたが、その事実は、ゼロ・トレランス的な厳しい規律を生徒集団に対して一律にあてがう指導に従えない／従わない生徒たちが少なからずいたことを示唆している。教師は、たとえその指導方法に疑問を持っていたとしても、支配的な台本に書き込まれた「教師を困らせる困った生徒」像に依拠した疑似的な協力関係が、そこからの逸脱を抑制していたのである。

こんなこともあった。着任して間もないベテラン教師が、職員会議でこう問うたのだった。

「先生方に本音をお聞きしたいのですが、こんな指導〔授業のはじめに服装等の指導を徹底的におこなうことがマニュアルとして存在していた〕をほんとうになさっているのですか？　私にはとうていムリなのですが……」

この発言に対して、ぼくは応答することができなかった。「ぼくもできません」と言いたかったのだけれども、生徒指導に関する支配的な台本に抗うことは、協働学習や公開授業研究会の定着を阻害することになると感じたからだ。他の教師も沈黙したままで、会議室には重い雰囲気が漂うばかりだった。

つまり当時の教師たちは、支配的な台本に従ってお互いの行為を調整してはいたが、それは非調和的な――本音を押し隠した――偽りの相互作用にすぎなかったのである。換言すれば、当時の職場には、「支配的な台本」と「オルタナティブな台本」のあいだに潜在的な裂け目が生じていたのである。

オルタナティブな台本には、先ほどの「反軍隊」的な台本とともに、柿岡文彦校長が強調していた「特別支援教育の視点」ないし授業のユニバーサルデザイン化があり、さらには、ぼくが持ち込もうとしていた対話的で協働的な学びあいがあった。[3]

この潜在的な裂け目は、折にふれて支配的な台本と衝突し、「裂け目」そのものを顕在化させ、「障害」を生みだしていく。学年独自の公開授業研究会をめぐる葛藤や、校長が開催する特別支援教育関係の研修会への違和感などは、そのあらわれとしてとらえることもできるだろうし、文化祭準備の際、ぼくが実習教員から投げつけられたことば――「金子先生、対話だけじゃダメなんです！」――もまた、相互行為の不調和の表現だったといえよう。しかしエンゲストロームのいう通り、こうした「裂け目」や「障害」が、職場を拡張的に移行させる原動力となったのである。

調整から協力、省察的コミュニケーション段階へ

二〇一〇年度から、公開授業研究会が学校システムの中核として組み込まれることによって、職場は「調整」から「協力」類型へと拡張的に移行したと考えられる。とくに「特別支援の視点」が、生徒と対話的な関係に入り込みつつ、教師がそれを共有するためのツールとなった。それまでの支配的な台本によって「困った子」として対象化されていた生徒は、「特別支援の視点」という共通の枠組みを与えられることに「困っている子」として再定義され、行為者である教師の共通の省察対象となっていく。支配的な台本が吟味され、少しずつ書き換えられ、オルタナティブな台本へと変様していく。

しかし、ことは単純には進行しない。力を帯び始めたオルタナティブな台本――特別支援の視点に基づいた教師の協働――と、ゼロ・トレランス的な厳しい生徒指導という過去の支配的な台本とのあいだに、緊張と葛藤が生じるのだ。

象徴的なのは「遅刻指導」をめぐるエピソードである。公開授業研究会を核とした改革が軌道に乗り始めた二〇一二年度末、新たな「遅刻指導」案が職員会議にいきなり提案されたのである。「八時三五分に学校の門扉を閉ざす。それ以降の遅刻者は別室で学習課題に取り組ませ、終わらない者は教室には戻さない」

公開授業研究会は順調に実施されてはいたが、欠席や遅刻、生徒指導案件、欠点保持者などの数値にはほとんど変化はあらわれていなかった。いったい、いまの改革に意味があるのだろうか？　そうした現状への苛立ちが、「特別支援の視点」や協働学習とはベクトルを一八〇度逆にする指導案へと結びついたのだろう。しかも「生徒を別室に留め置くことは、特別支援の視点からも正当化されます」という発言が飛び出す始末であった。

生徒の学習権は？　女生徒を圧死させた（若い教師は知らないだろうけれども）神戸高塚高校の教訓は？どんなに遅れて来ても「よく来たね」と声をかけるようになってきた職場の文化は？　頭の中をいろいろな思いが駆けめぐる――。ちなみに、この案自体は、現行の遅刻指導が抑止効果を持っていることを数値で証明した結果、立ち消えとなった。しかし、かつての支配的な台本に沿うような提案があること自体、この時期の職場がオルタナティブな台本を十分に批判的に検討しておらず、ただ表面的に受容しているだけであって省察対象とはなりえていなかったことを示唆している。したがって、この時期の職場は「協力」段階であったと考えられる。

だが、こうした衝撃的なできごとが、公開授業研究会への再吟味をうながしたことは間違いない。それは、二〇一三年度から「授業研究会ニュース」が発行され、初任者カンファレンスが始まる点にあらわれている――不思議なことに、同年度から遅刻者数は激減し、いまでは遅刻指導対象者は数少ない。

さらに、同年度末に「しっくりこない」若手があらわれ、「研究の名に値していないのではないか」という違和感を表明するようになったこと（第Ⅰ部１章を参照）は、共有された対象とともに、自身の属する組織と相互行為のありようへと注意を向け、省察の対象とし始めたことを示すだろう。つまり、このころから新座高校の職場は「協力」から「省察的コミュニケーション」の段階へと足を懸け始めたと言っていいだろう。

そして現在、新座高校は協働的に学びあう専門家のコミュニティとして、教師の熟達をたえずうながし、生徒の学びを保障する学校へと歩みを進めていると思われる。それは本書に収録された教師たちの省察にみごとに表現されている。

2　協働化する学校へ

教職の特徴

教師の仕事（以下、教職）の本質的な特徴は、「無境界性」「再帰性」「不確実性／不確定性」としてとらえることができる。[4]

「無境界性」は文字通り、仕事の領域をはっきりと限定することができないということである。教職は、下手をすれば何でも仕事となってしまう。「これって教師の仕事なの？」と疑問に思うことは日常茶飯事だろう。

「再帰性」は、教師の言動が子どもたちの姿を通してブーメランのように舞い戻ってくることを意味する。授業の仕方に問題があれば、それは生徒の成績や態度に示され、結果として突きつけられる。

では、なぜ無境界性と再帰性が教職の本質的な特徴となるのだろうか？　それは教職の対象が日々成長する子どもたちであり、しかも、それが価値にかかわる仕事だからである。

子どもたちは、日時、場や関係性によって、そのあらわれ方が無限と言っていいほどに変わる。そうした子どもたちと接する教職の領域は、あらかじめ境界線を引いて限定することができない。そして、価値観にかかわる仕事であるため、何をするにしても「これでいいのだろうか？」と自分の仕事を振り返らざるをえない。多様な価値観がせめぎあうなかで教職を遂行することは、前もって正しいとされる見方に一元化しない限り、みずからを価値の相克・葛藤の場に投げ入れることに等しい。

この無境界性と再帰性は、三つめの特徴である「不確実性／不確定性」ともかかわる。教職の目標、方法、成果等々は「これが確実だ」とか「確定的である」と言い切れるものではなく、対象や状況によってたえず揺れ動いてしまう。ある教室で効果があったとしても、別のクラスでは異なる様相を呈することは教師の常識である。つまり教職を標準化したり、ひとつの尺度で評価したりすることはきわめて難しいのである。

この無境界性、再帰性、不確実性を職務の中核とする教師には、だから、一定の裁量が、個別に意思決定／判断する権限が与えられることになる。突発的なできごとに機敏に対応し、多義的な状況で柔軟な価値判断をおこない、予測困難な結果を予期しつつ職務をまっとうするためには、一定程度の裁量が不可欠である。こうした裁量を与えられているからこそ、教師はたえず学び続け、みずからの価値観などを省察して見識を高め、自分の言動を方向づけている台本――アイデンティティ・子ども観・教育観・規範意識など——を問い直し続けることができる。しかし同時にこれが、後述するように、教師を孤立の淵へと追い込む契機ともなりうる。無境界性、再帰性、不確実性という両義的な特性は、教師に、周囲からの攻撃を誘発しやすい脆弱性 vulnerability をまとわせてもいるのである。

教職の活動サイクル

さて、教師の活動は次のようなサイクルをたどる。

①生徒の事実の把握 → ②生徒の問題の分析（気づき、疑問など）→
③問題の課題化（a. 目標の設定、b. 情報収集、c. 解決のための方略の採用など）→
④生徒への働きかけ → ⑤生徒の変様の評価（省察と展望など）→ ①へ

裁量権をもって分析し、みずから課題を設定し、働きかけ方を選択し、生徒の変様を評価し、次のステップを考える、という活動サイクルの中で、教師はやる気と手ごたえを感じ、現実に向きあうエネルギーを得ている。もし裁量の余地が少なく、あるいは与えられなかったならば、たとえ経済的な報酬が高かったとしても、教師は職務遂行の原動力を失うことになるだろう。教職を駆動させるのは精神的な報酬だからである。

教師の裁量と学校

学校はこうした裁量権を担う教師が組織された場だが、だからこそ学校教育は、個々の教師のありかたに大きく左右される。教師に与えられた裁量は、学校教育にプラスにもマイナスにも作用しうるのである。プラスに作用した場合、学校は大きな力を得ることができるが、マイナスの場合、学校は機能不全におちいることになる。実際、一九七〇年代以降、学校は機能を衰弱させ始め、社会から厳しい非難を浴びることになる。学校を取り巻く問題が多様化して複雑さを増し、領域が複合化して困難さが増大するにつれて、個々の教師の裁量権が学校組織に対してマイナスに作用するようになったからである。

子どもたちの心身を通して噴出する社会のひずみは、教師の裁量を大きく超えているにもかかわらず、それが個別に与えられているがゆえに、教師は他の教師とつながることができない。不確実な事態に対応するために付与された裁量権が、「ひとりでは抱えきれない」「個別では対応しきれない」「助けて」とヘルプサインを出すことをためらわせ、教師を孤立へと向かわせる。「ひとりで何とかすべきだし、できるはずだ」という台本／プライドが教師を縛るのである。

その結果、学校はバルカン半島状態と揶揄されるような状況におちいってしまった。教師はそれぞれホームルーム、授業、分掌、部活動等々に閉じこもり、それらの領域を私物化し、互いに干渉しなくなる。職員室は、教職の中核をなすことがらで相互交渉し公共圏を生成させるのではなく、他愛もない話をして関係を取り繕い、互いの行動を表面的に調整する場に堕してしまう。しかも、事態の打開のために良心的に話しあいを重ねるほどに、自他の台本の違いが浮き彫りになり、職場がかえって分断されるネガティブなスパイラルを作動させてしまう――ここに「日の丸・君が代」問題や教職員組合をめぐる深刻な対立が重なっていく。

こうした状態を解決するために導入されたのが、教師と生徒に対する管理主義的な統制だった。学校組織の目標を一元的に明確化し、教師の個々の裁量を制限し、それによって生徒の逸脱行動を組織的に抑え込み、「困った子」を排除するというのが管理主義的統制の特徴である。高校の場合、管理主義と同時に、九〇年代半ば以降、普通高校の個性化・特色化――カリキュラムの特化――が推し進められたが、これも教師の裁量に対する制限ととらえることができるだろう。

こうした統制によって一九七〇~八〇年代の校内暴力を封じることはできたが、子どもの抱える問題は不登校やいじめに形を変え、さらに「キレる」子どもたちや解離などの精神病理として深く潜行していくことになる。なおかつ、教師の裁量を狭め、「一致団結」した言動を求めることによっては、教師の分断と疲弊にストップをかけることはできなかった。なぜなら、制限されたとはいえ、教室において教師は個別の裁量に基づいて活動せざるをえないからである。

職場の分断が進行するなか、教職の個別的裁量の根拠となっていた無境界性は、時間外労働の増大という形で教師を疲弊させ、再帰性は社会的なバッシングをともなって教師を鞭打ち、不確実性は教師の活動を縮小させて私物化へと駆り立てていく。それは、心身ともに病む教師が九〇年代半ばから激増している事実に端的に示されている。「一致団結」の掛け声のもと、教師は心身の病理という形でしかヘルプサインを出せないところにまで追い込まれてきたのである。

以上、歴史的な振り返りから見えてくることは、裁量を持った教師の仕事が、言うなれば「孤業化」し、疑似的な協力というベールをまといつつ学校を分断してきたという事実である。管理主義は、そこから生じる問題を、裁量の排除と一元的な目標での統制という方向で乗り越えようとしたのである。新座高校の創立以来の動向もまた、「孤業化」と疑似的な協力、管理主義的統制と個性化・特色化のあいだを揺れてきただろうことは想像に難くない。

新座高校の公開授業研究会

では、裁量の排除でもなく「孤業化」でもないオルタナティブはあるのだろうか？　それを示唆しているものがあるとすれば、現在の新座高校の公開授業研究会を核とした改革であると思う。その方略の特徴をいま、教師の「協働化」戦略と呼んでみよう。

新座高校で志向されている「協働化」は、先述した教師の活動サイクルの、おもに①②③ａｂの部分でおこなわれている。

公開授業研究会は、公開される授業を複数の教師が参観するプロセスと、そこで得た事実について語りあうプロセスからなっている。ひとつの授業を同時に参観して、生徒の事実の把握をする。教室の「事実」は不確定的であり、視点によって多様に現象するものだが、教師がそれぞれ得た事実を公開授業研究会ですりあわせ、多面的で多次元にわたる生徒像が、協働で構築され共有されることになる。

子どもたちの事実に、たとえば「参加できない」「わかっていない」という問題を看取るとすれば、「どの授業でもそうなのか？」「以前はそうではなかったけど、いまはそうなのか？」「だとすれば、その背景には何があるのか？」という観点から、子どもの見せているマイナスの姿＝「問題」として検討されるだろう。そして、子どもの抱える「問題」（〜ない等）が、特別支援の視点によって「では、どのような支援が必要なのか？」という教師の「課題」へと協働して転換される。問題状況の課題化である。このようにして公開授業研究会は、「協働化」戦略の中核をなしている。

しかし、協働して作られた「課題」を解決する方略と働きかけは、個々の教師の裁量に委ねられる。なぜなら、教職の中心である授業は基本的にひとりで遂行しなければならないし、当該生徒との関係性、教科の特性、教師の経験年数や履歴、台本の違いなどによって採用される方略は多種多様でありうるし、またそうあるべきだからである――課題解決のための手法や方略が統制されると、それは「協働化」ではなく管理主義的統制に接近してしまい、教師のやる気と手ごたえを奪いかねない。

したがって新座高校の公開授業研究会は、おもに①②の段階での「協働化」に焦点を絞っておこなわれてきたのである。もちろん、授業のデザインや実際のアプローチのノウハウは授業を参観するなかで共有されうるし、その結果に関する省察と展望も、公開授業研究会でフィードバックされ交流されている。

ここで留意したいのは、共有／交流といっても予定調和的なものではなく、教師間の葛藤や相克がないわけではないという点である。研究会ではおそらく教師間で軋轢が生じているだろうし、たえず教師が入れ替わる以上、新転任者が抱く葛藤には大きなものがあると思われる。しかし、そうした葛藤や軋轢は排除されるべきものではなく、教師一人ひとりがみずからの台本を振り返り更新していくチャンスであり、授業と学校の改革の駆動力とみなすべきものなのである。

公開授業研究会の役割

こうして新座高校では、管理主義的な統制のように教師の裁量を狭めることなく、しかも「孤業化」することもなく、教師の協働が成立している。一人ひとりの教師の裁量を最大限拡張しながら、なおかつ多様性を保ったまま、協働的な相互作用を実現しようとしているのである。

冒頭で教職の特徴を三つ挙げたが、新座高校ではこれがマイナスに働くのではなく、プラスに機能して教職の質の向上に有効に作用している。

無境界性は、孤業化した学校では心身にわたる疲弊をもたらすが、協働的な相互作用のもとでは、自分の視点や経験を越えて学びあうという越境性としてあらわれる。つまり、教師は個々の限界を、他の教師の力を借りて越境することができる。

また、教師が自分の実践を振り返る公開授業研究会では、ポジティブな意味で再帰性が強化される。教職の力量の向上に不可欠といわれる省察の機会がふんだんに用意されるからである。孤業化した学校では、再帰性は教師を痛めつける要因のひとつだが、新座高校ではエンパワーの源となっている。

そして教職の不確定性は、教師が多様多彩に熟達するための豊穣なフィールドを提供してくれる。たえず流動する現実やあいまいで多義的な現象、予測困難なできごとは、孤業化した職場ではストレスの源であり、統制された学校では排除すべきものだが、協働化する職員室では豊かな経験のための場となりうる。

転変きわまりない現実は教師の即興的な判断を育て、多義的なあいまいさは教師の見立てる力を複数化し、思いもよらないハプニングは教師の身体をひらかせ、複数の文脈から新たな物語をつむぎだすストーリーテラーへと変様させる。

こうして、教職の不安定化の要因とされることの多い無境界性、再帰性、不確定性は、むしろ教師を熟達させる原動力となっているのである。

新座高校が辿ってきた軌跡は、以上のように「孤業化」した教師間の「調整」という段階から、教師の「協働化」を通じた「省察的コミュニケーション」の段階へ、と示すことができる。このプロセスは、依存を避ける自律/自立した教師像から、相互に依存しつつ責任を分有する教師像への転換として描くこともできる。むろん、この責任の分有は教師にとどまらず、養護教諭、図書館司書、スクールカウンセラー、スクールソーシャルワーカーといった他の専門職、そして事務職員などをも含みこんだものになりつつある。この過程は「学びあう専門家のコミュニティの生成」と言うこともできる。

3　専門家コミュニティの発展へ

エピソードの共有

アメリカの経営学者のピーター・センゲは、「学習する組織」/専門家のコミュニティへと変貌したシンガポール警察の担当者の、次のような語りを紹介している。[6]

組織の変容の原動力となるのは、そこで働く人たちです。信頼と、組織の人たちがたがいにどのようにかかわりあうかに焦点をあてる……つながりの質が高まるにつれて、思考の質も向上します。チームのメンバーたちが問題のより多くの側面について考え、より多くのさまざまなものの見方を共有すると、彼らの行動の質が高まり、それによって最終的には達成できる成果が増えるのです。

大切なことは、ここで言われる「より多くのさまざまなものの見方」が、一般的な情報や知識ではなく、体験談や物語という経験を通じた暗黙知の形で共有されているということである。これは新座高校でも同様である。公開授業研究会は、エピソードとその多義的な解釈を共有する場として機能しているのである。そして現在の新座高校は、教師の組織的な学びが公開授業研究会という形でシステム化されるだけではなく、その都度その場における学びをたえず生成させるような機会がふんだんに準備されている。

なぜ、その都度その場における学びが生成するようになったのか？　かつての新座高校の教師は、専門家 expert として振る舞わなければならなかった。既存の知識や技術、技能をあてはめるだけでは解決できない不確かな状況に巻き込まれているにもかかわらず、ひとりで解決できるかのように前提されており、解法を知っている者として振る舞わなければならなかった。往々にしてその帰結は、統制の枠組みをはみ出す生徒の切り捨てをともなうこととなった。

しかしいまは、問題を解決する責務を担っていることを前提とされているけれども、一教師だけが不確実な状況を解決する義務を負うのではないし、その解法を持つ行為者なのではない。職場の同僚も、そして当事者である生徒も同時に、複雑で複合的な状況に置かれているのであり、協働して知恵を出しあい、場の再定義とよりよい状況への移行を図る責任を負っているのである。不確かな状況は、その場にかかわるすべての人々へのチャレンジ／課題として提示されているのであり、自分にとっても他者にとっても、学びのチャンスとなりうるのである。

必然から偶然へ

現在の職場では、したがってexpertという意味での専門家として体裁を取り繕う必要はもはやない。こうあるべきだ／然《しか》るべきだという技術的合理性から距離を置き、自由な感覚で他者とのかかわり方を探究することが求められているのである。この自由な感覚というのは、然るべしという必然性の論理に従うのではなく、偶然性に身をゆだねることを意味する。

ここで重要なのは、学校には子どもと教師というおとなが一緒になって生活しているという単純な事実であるように思われる。子どもとおとなが場を構成しているからこそ、躍動的な場が生成したり、逆に活気が損なわれたりする。

子どもは「いま」を生きている。その「いま」には過去の残響と未来の予期が含まれているが、残響にはノイズがたくさん含まれているし、予期には明確なベクトルがない。どこからともなくやってくるものとの戯れが、子どもたちの「いま」を生成させている。未だ知らないものとの遭遇が世界を起ち上げ、活気ある場を生みだしていく。

もちろん、おとなも「いま」を生きている。しかし、その「いま」に浸透している過去は、そうなることになっていたはずだという視点から整序されてしまっているし、未来はすでに志向性を強く帯びている。かつて子どもだったおとなは、いまここに至るまでに、そうではない可能性もあったはずなのに、それはなかったことにして――なかったことにできる存在が「おとな」と言うこともできる――過去から現在に至る最短距離を直線で結ぼうとする。偶然の出遭いの連続だったことは忘れて、それを然るべく辿った道、必然とみなす。その延長上に然るべき未来を予期する。

そして、偶然に翻弄される子どもたちを、然あるべし／然るべし／しっかりしろと叱り、系統性という名の必然へと導くのである。偶然を生きる子どもたちと、必然をよしとするおとなたちとの出遭い方のグラデーションが、学校という場に駆動力を与えながら、さまざまなヴァリエーションを生成させていく。

公開授業研究会は、教室が偶然のできごとhappeningに満ちあふれている事実に教師の目を見開かせる。そして教師を、必然に生きる者としてではなく、偶然を引き受ける者として再定義させていく。

省察的実践家へ

これは、アメリカの哲学者ドナルド・ショーンが、技術的実践家と対比しつつ省察的実践家reflective practitionerと名づけたものへの変様過程だと考えられる。[7]

現実の世界は変化に富み、不確定的であり、事態が複合的に発生し、解決方法や結果があいまいなできごとで満ちている。こうした状況に問題を設定し解決する仕方には、ショーンによれば二つある。

ひとつは、変化を抑え、不確実な要素を削ぎ落として単純化し、一義的・一元的な物差しをあてがってあいまいさを回避し、「こうすればかならずこうなる」的な解決方法を模索するやり方である。これは標準化された原則を対象に適用する、技術的な実践と呼ばれる。ここで対象はピン止めされ固定されている。それに対する省察的実践は、不確実な状況に身をゆだね、多義的なできごとと対話しつつ、そのさなかにみずからの対応を省察して修正し続ける活動となる。この実践において、相手は技術的な操作の対象ではなく、変動する状況を相互につくりだし、ともに行為を支えあうパートナーとなる。

前者が「やり方」だけを修正していくとすれば――これは「シングルループ学習」とも言われる――、後者の活動は、その前提をなしているさまざまな価値観や枠組みの修正・拡張にまで及ぶ――こちらは「ダブルループ学習」と呼ばれる。

一般原則を適用する技術的実践家から、状況と対話しつつ関係を編み直す省察的実践家へ。一〇年間に及ぶ公開授業研究会が、それをうながしてきたことは間違いない。その間、職場は先述したようなナラティヴなエピソードが堆積される場となってきたと言える。こうした職場では、過去の事例、体験談や物語が、適用すべき規則としてではなく検討に値するケースとして吟味され、そこで働いていた判断の枠組みと思考のベクトルが問い直される。

省察的な教えを支援する学校において、教師は広く行き渡った通常の知の構造に挑戦するようになる。教師たちの実践の場での試行的な取り組みは、授業の日常的な決まり事にも影響を与えるだけでなく、学校という機構の中心的な価値や原理に影響を与えるものとなる。葛藤やジレンマが表面化し、重要で中心的な問題として位置づけられるに至る。[8]

いまの新座高校では、教師の実践の意味や価値がたえず省察され、批判的に吟味されるようになっている。たとえば、若手から提起され続けている「研究とは何か?」「学びとは何か?」という問いがこれにあたるだろうし、指導や評価をめぐる葛藤と軋轢も、価値の問い直しの一環ととらえることができる。

専門職のコミュニティ

こうしたプロセスはもちろん、アメリカの教育学者のアンディ・ハーグリーブスの言うように[9]、教師の協働によって遂行されている。

あらゆる組織に属する人々にとって、学びや改善のための最も強力な資源の一つが互いの存在である。知識経済は、専門職の仲間同士で知識を共有したり開発したりする方法を含んだ集合的な知性や社会関係資本に基づいている。アイデアや専門的な知識を共有したり、新しく困難な問題を扱うときに教訓的な支援を提供したり、複雑な個人の事例を一緒に議論したりすることは同僚性の最たる要素であり、効果的な専門職のコミュニティの基本である。

ハーグリーブスの言う「専門職」はショーンの「省察的実践家」と大きく重なっているが、いまの新座高校はそうした専門職のコミュニティを志向し始めている。この過程は、同時に、当たり前なのだけれども、

教師の仕事は認知的で知性的な実践だけではなく、社会的で情動的な実践でもあると認識されている。よい教師たちはケアリングを基調とした思いやりのある関係を子どもたちともち、子どもたちが情動的に学びに取り組むときに教えと学びが成功すると理解している。[10]

かつては遅刻してきた生徒に対して「こんな時間に来るなら来ないほうがいい」と浴びせ、問題を起こす子どもに「何で（こんなことをするんだ）！」という怒りをぶつけていた。しかし、いまは「よく来たね」と引き受け、「何で（こういう事態になってしまったのだろう）？」と問いかける。教師たちは、ケアを基調とした思いやりのある関係を当たり前に結ぼうとするし、学びが情動的な支援によって可能になることも心得ている。

ケアリング

こうしたケアを核とした学校改革へと進展しえた理由は、公開授業研究会が「特別支援の視点」という志向性を持っているからだろう。この視点が保持されることによって、生徒を定型発達の枠組みではなく、発達の多様性と凸凹を体現する存在としてとらえる途がひらかれている。しかもその発達の多様性と凸凹

を、たんに遺伝に起因するものとしてではなく、貧困と社会的排除の結果として把握することによって、新座高校の教育活動は特別の意味と価値を帯びることになっている。

学力や言動の乏しさは本人の責任ではなく、社会的な歪みが生徒を通してあらわれているという理解は、生徒の発達に寄り添い、適切なケアと支援によって学びほぐしと学び直しをうながす伴走者として教師を再定義させている。

もし公開授業研究会が、「特別支援の視点」ではなく「学力向上のため」におこなわれていたら、新座高校はケアリングを基調とする学校には移行しなかっただろう。子どもを部分／断片の総和 total として見るのではなく、まるごと whole 引き受けることを可能にしているのは、やはり「特別支援の視点」なのである。

共同体の交響圏への転回

公開授業研究会を重ねるうちに、職場には、「一致団結」を唱えなくても、いつの間にか生徒たちのために果たしうる責任を分かち持つ雰囲気が着実に根づいてきている——こうした事態を、元特別支援教育コーディネーターの雨宮史子さんは「全校があたかもひとつの生命体のように機能し始めました」と表現している（二五九ページ参照）。

教師は、義務としてではなく、触発してくるヴァルネラビリティへの応答として、呼びかけてくるものに思わず身体が動いてしまうというように行為している。自分にできることを考え、してみたいからするという「感覚の開放性と、このような感覚の開放性を相互に共有するという信頼によって[11]」多様な教師の関係が張りめぐらされているように感じられる。それは「あたかも紫陽花がその花の一つ一つを花開かせることをとおして、その彩りの変化のうちに花房としての美をみせるように」、「ひとりひとりが、それぞれの人となりに従って花開くことをとおして、おのずから集合としてのかがやきを発揮しようとする[12]」場と言いうるだろう。

新座高校の教師がいま経験しているのは――社会学者の見田宗介（真木悠介）のことばを借りれば――さまざまな子どもたちを仲立ちとした、多様な教師が責任を分有する公共体への変成、あるいは共同体の、異質性を軸にした交響圏への転回というべきものだ。これが新座高校の学校改革の特徴なのである。

注

1　ユーリア・エンゲストローム『ノットワークする活動理論――チームから結び目へ』山住勝広ほか訳、新曜社、二〇一三年。

2　佐藤学『学びの快楽――ダイアローグへ』世織書房、一九九九年。

3　拙著『学びをつむぐ』（大月書店、二〇〇八年）を参照。

4　この節は、佐藤学『教師というアポリア――反省的実践へ』（世織書房、一九九七年）と佐古秀一「学校組織の個業化が教育活動に及ぼす影響とその変革方略に関する実証的研究」（『鳴門教育大学研究紀要』第二一巻、二〇〇六年）、同「学校の内発的改善力を支援する学校組織開発の基本モデルと方法論」（同第二五巻、二〇一〇年）に多くを負っている。また、ひとつひとつ注記しなかったが、秋田喜代美『学びの心理学――授業をデザインする』（左右社、二〇一二年）、岡野八代『フェミニズムの政治学』（みすず書房、二〇一二年）にも依拠している。

5　佐古秀一は前掲論文において「学校組織が、個々の教員の個別的で自己完結的な教職の遂行に転化した状態、あるいはそれを強化する傾向を、個業性、あるいは個業化」と名づけている。ここでは、さらに孤立した状況を念頭に置き「孤業化」と表記する。

6　ピーター・M・センゲ『学習する組織――システム思考で未来を創造する』枝廣淳子ほか訳、英治出版、二〇一一年。

7　ドナルド・A・ショーン『省察的実践とは何か――プロフェッショナルの行為と思考』柳沢昌一・三輪建二監訳、鳳書房、二〇〇七年。

8　ショーン、前掲書。

9　アンディ・ハーグリーブス『知識社会の学校と教師――不安定な時代における教育』木村優・篠原岳司・秋田喜代美監訳、金子書房、二〇一五年、一六七ページ。

10　同一〇〇ページ。

11　真木悠介『気流の鳴る音――交響するコミューン』筑摩書房、一九七七年。ここでは『定本　真木悠介著作集Ⅰ』（岩波書店、二〇一二年）に依っている。

12　真木、前掲書。

第3章

学校の変化

——専門職の学びあうコミュニティへのメタモルフォーゼ——

木村 優
福井大学准教授／教育方法学・教育心理学

私が新座高校をはじめて訪れたのは二〇〇七年の初冬のことである。第1章での金子奨教諭の時期区分に基づくと、当時はちょうど新座高校が長く険しい第四局面を抜けて第五局面へと舵を切り始めた時期であり、これまでの「標準的な台本」に代わって、新しい「オルタナティブな台本」が提案され始めたころであった[1]。

本書でくりかえし示されているように、二〇〇七年度前後の新座高校では、生徒たちへのゼロ・トレランスによる厳しい規律指導が「標準的な台本」として徹底されていた。中退率は減少し始めたものの、生徒指導上の問題への対応に教師たちは追われ、生徒たちも同級生が少しずつ学校から姿を消していく状況によって、教室でそれぞれ孤立してしまったり、友人関係が希薄になったりしていた。これらが複雑に絡みあい、学校全体の雰囲気をいささか重苦しいものにしていた。

あれから一〇年あまり経った現在、新座高校の雰囲気は一変している。新座高校は試行錯誤しながらも「標準的な台本」と「オルタナティブな台本」との調整をおこない、じっくりと学校を変えていった。いまでは重苦しい雰囲気は影を潜め、代わりにあたたかな雰囲気が学校を覆っている。私は光栄なことに、この新座高校の一〇年にわたる挑戦と変化のプロセスに協働研究者として同行させていただいてきた。

本章では、この一〇年におよぶ新座高校と私とのかかわり、そして二〇一〇年度以降に同校の先生方と進めてきた学校改革のプロジェクト研究[2]の結果に基づき、新座高校の挑戦と変化のプロセスについて、教師の同僚性と学校の組織文化という二つの観点から描いていく。

本書の各章で示されているように、新座高校の一〇年は教師たちの同僚性の様態を変え、学校の組織を改革してきた。これは「新座の教育」を創造する学校の新しい挑戦の物語であり、「困っている」生徒たちを誰ひとりとして見捨てない、教師一人ひとりの専門職としての真摯な実践の物語である。そして、この物語は、学校の組織文化の変様として描くことができる。すなわち、新座高校が「専門職の学びあうコミュニティ」へと姿形を変えていく、メタモルフォーゼの物語である。

1　パフォーマンス・トレーニングのセクト主義の回避

パフォーマンス・トレーニングのセクト

教育社会学者のアンディ・ハーグリーブスによると、社会文化経済的に不安定な地域にある学校では、「パフォーマンス・トレーニングのセクト」と称される組織文化の形態が採用されやすいという。[3] その理由は、困難を背景とした生徒たちの低パフォーマンス（学力不振や生活態度の悪化等）を、短期集中的なトレーニングによって、いち早く改善しようと画策するためと考えられる。

この組織文化の特徴を**図1**に示した。まず、「パフォーマンス・トレーニングのセクト」の組織文化を採用している学校には、生徒に対しても教師に対しても、「教え」中心の文化に基づくアプローチが適用されやすい。それは、たとえば基礎基本の反復練習、ドリル学習の増加、ゼロ・トレランスの徹底、短時間の学校内外の研修等である。そして、これら短期集中的な「教え」によって習得される知識や理論が、テストや受験に向けた練習問題や、生徒たちの個別の問題状況への対処にそのまま「適用」されていく。

この「教え」中心の文化と相互補完的な関係にあるのが、「命令」の文化と「結果」の文化である。「教え」中心の文化で構築される学校組織は、複数の教師グループに分かれて派閥化したり、教師個々人が孤立化したりする傾向があり、さらに、各教師グループや教師個人にはトップダウンでさまざまな要求が降りてきて、その遵守が「命令」として課せられる。命令を忠実にこなすためのマニュアルが制定され、定

図1　パフォーマンス-トレーニングのセクトの文化

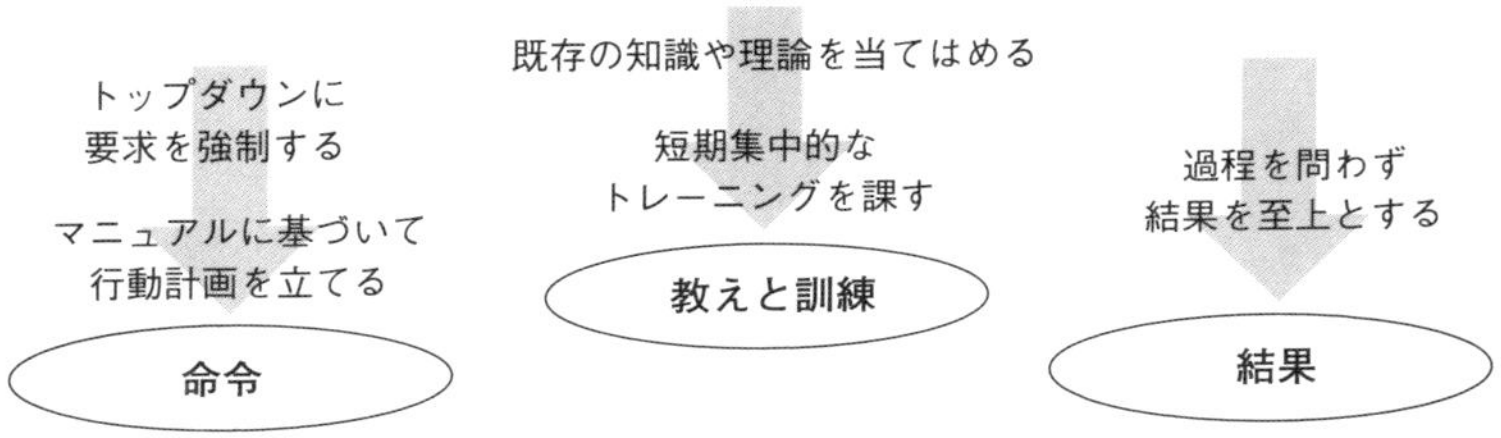

められた行動計画に沿って、マニュアルの遂行が――まるで軍隊のように――期待される。そして、生徒の学力向上や生活態度の改善だけが「結果」として重視され、教室における日常の営為は見過ごされ、連綿と続く教育実践のプロセスが問われることはない。

「教え」と「命令」と「結果」によって駆動される「パフォーマンス-トレーニングのセクト」の組織文化は、二一世紀の知識社会に求められる学校の姿から見ると、生徒の学びを「基礎基本の徹底」に象徴される安直な次元に押しとどめてしまうものであり、さらには教師の協働性と自律性をも損なう効果をもたらす。ハーグリーブスは以下のように論じている。

パフォーマンス-トレーニングのセクトのアプローチは、倫理的、道徳的に問題含みであるだけでなく、技術的に柔軟性を欠くという問題を孕んでいる。このアプローチでは、現場の文脈の差異に適応できず、知識社会において必要不可欠な高度な学びや発展を生み出す方法としても適切ではない。パフォーマンス-トレーニングのセクトのアプローチによる改革の初期の成功の記録が示唆するのは、ひどく困難な環境における改革や未発達の教師を対象とするとき、改善のために必要な土台をつくり出すと言えるかもしれないことである。しかし、知識経済や包摂社会において、パフォーマンス・トレーニングのセクトのアプローチは改革の目的として決して受け容れるべきではない。私たちの取り組みと努力は、パフォーマンス・トレーニングのセクトのアプローチを高度に乗り越え、より一層の社会的で政治的な独創性と誠実さを具現化することに直結させなければならない。[4]

こうしたアプローチは、手早く成果を出すことが可能であるために、日々の教育実践の中で苦闘している学校と教師を惹きつけるのかもしれない。しかしその一方で、このアプローチは組織それ自体の持続的な改善と発展には寄与しない。つまり、その場しのぎで問題が解決したとしても、また同じ問題が顔を出すわけである。この意味で、「パフォーマンス・トレーニングのセクト」による学校改革は、もぐら叩きのアプローチと言える。どれだけやってもきりがないし、叩くほうも叩かれるほうも、どちらも痛いのだ。

第五局面の初期に射し込む、三つの希望の光

二〇〇七年度の新座高校に目を向けると、生活習慣と学力の両面において、多様で個別の問題を抱えている生徒たちに対し、学校はカウンセリング・マインドによる個別支援とともに、ゼロ・トレランスによる厳しい規律指導を徹底していた。授業開始時に生徒たちに対しておこなう服装指導のマニュアルさえ存在していた。学校の授業のほとんどが一斉講義式で進められていて、生徒たちは受動的な学習者としての立場に追い込まれがちであった。[5]

教師の同僚性はどうだっただろうか。第2章で金子教諭は、当時の同僚間の相互作用を「偽りの協力」と表現し、ある若手教師の述懐から「軍隊的」という表現も紹介している。しかし一方で金子教諭は、「表面上は波風の立たない協力的な雰囲気であるように感じられたし、生徒に関する情報も細かにやりとりはされていた」とも振り返っている。これらから推察されることは、当時の同僚関係は、少なくとも教師個々人が孤立して教室の私事化を進めてしまう自由放任の個人主義の様相は呈しておらず、また、教師たちは担当学年や教科、校務分掌によってグループ化していたとしても、グループ間の壁はそれほど高くなく、協調的な関係を保っていたと思われる。ただし、情報は共有し協力するけれども「波風の立たない」雰囲気であった職場は、学校全体の共有ビジョンの希薄な状態であったことを示唆している。[6]

このように、当時の新座高校には「パフォーマンス-トレーニングのセクト」の存在が垣間見えるのだが、その対位旋律のように、いくつかの希望の光が射し込んでもいた。その第一の光は前述のような協調的な同僚関係であり、第二の光は、当時の校長である柿岡文彦氏が尽力した対話ベースのリーダーシップである。第I部2章で示されているように、柿岡元校長はトップダウンによる学校改革のアプローチを採用せず、教師たちとの対話に基づくボトムアップの学校改革を推進した。

このトップダウン・アプローチの不採用は、「パフォーマンス-トレーニングのセクト」に潜む「命令」の文化の否定にあたり、また、教師たちの同僚性を耕す上でも重要な要素である。学校における同僚性が、教師と生徒それぞれの生活と学びにとって重要であることはくりかえし示されてきたのだが[7]、管理職のリーダーシップによって同僚間の協力が主導される場合、教師たちの専門職としての自律性に基づく協働を蝕み、職場を窮屈なものにしてしまうことがある。教師の同僚性は、トップリーダーからの垂直的な力によって醸成されるよりはむしろ、管理職も含めた教師たちの水平的な力の統合によって耕されるのである。

さらにもうひとつ、「パフォーマンス・トレーニングのセクト」を回避する第三の光が新座高校に射し込んでいた。それは、金子教諭や吉田友樹教諭が中心になって主導した、協働学習による授業デザインである。協働学習への挑戦は、希薄になっていた生徒たちの関係の糸をグループやペアによって編み直し、各教科が拓く新しい世界へと生徒たちを誘《いざな》いながら、同時に、教師たちの専門職としての学びあいの呼び水ともなっていったのである。

第Ⅱ部各章で述べられているように、協働学習を授業デザインに組み込むことは、教師にとって困難な実践である。この困難の一因は、協働学習の授業デザインの持つ、そもそもの複雑さにある。協働学習を授業に組み込む際、教師には生徒たちのペアやグループの意図的な編成、協働探究に値する課題の設定、協働の促進の方略といったたくさんの配慮が必要となる。[8] それゆえに、協働学習を授業に組み込むことは、教師の説明と板書を主にして構成する一斉授業よりも、きわめて難しい。

またもうひとつの困難の要因は、協働学習への挑戦が、教師の授業観や学習観の転換を迫ることにある。教師の授業観や学習観は、みずからの被教育体験を含めた長年の「授業イメージ」によって固着しやすい。それゆえに、一斉授業に象徴される教授主義に基づく授業観・学習観を培ってきた教師は、協働学習の価値や意味を理解したとしても、その実践に至るまでにはある程度の時間がかかり、そのために必要な時間量にも個人差がある。「自分が教わっていない方法で教える」ということ、それ自体が挑戦なのである。だからこそ新座高校では、協働学習への挑戦を、教師個人の自己研鑽に任せるのではなく、教師たちの（まさに）協働学習によって展開することで、授業デザインの困難を分かちあい、それぞれの授業観や学習観を照らしあいながら更新していったのである。

この挑戦が教師たちの互いに学びあう同僚性を耕し、その学びあいを推進するための共有ビジョンとシステムの構築への道を切り拓いていった。それはすなわち、「特別支援教育の視点」に基づいてすべての生徒の学びを保障するという共有ビジョンと、そのビジョンを達成するための授業研究を機軸とした学びのシステムの構築である。

2　専門職の学びあうコミュニティへのメタモルフォーゼ

高校における授業研究

日本における授業研究の歴史は明治時代初期にまで遡る。当時、欧米から導入された一斉授業方式の習得とその批評のために、教師たちは授業参観に基づく学校内外の研修を始めた。これが大正新教育運動における学校を拠点とする教育実践研究や授業の実践記録の開発へと展開し、昭和に入ってからは大学ベースの授業の科学的研究としても推進された。

各時代の潮流や各学校によって様態に違いはあるものの、授業研究は概して、学校の中で教師たちが授業を参観しあい、参観記録を採り、授業後の研究会において生徒の学びや教師の教えについて省察し、授業づくりや学校づくりの方針について議論する実践である。

ただし、日本の授業研究は、義務教育段階で広く実施される一方、高校での実施率はきわめて低いことが知られている。たとえば、国立教育政策研究所が平成一九年から平成二一年にかけて公立小学校七〇五校、公立中学校六六五校、公立高校二五四校、私立高校七七校を対象に実施した「教員の質の向上に関する調査研究」[9]では、校内での授業研究の実施体制がある小学校が九割、中学校が八割に対して、高校は三割にとどまっていた。全教員が研究授業をおこなう割合も、公立高校では全体の二割と少ない。したがって、高校では小中学校ほどに授業研究が推進されていないのが現状である。この現状には少なくとも以下三点の理由が考えられる。

(1)小中学校に比べて学校の歴史が浅く、授業研究の文化が希薄あるいは未定着である。

(2)高校教師には教育学部以外の出身者が多く、準備教育段階において、授業研究を含む教育学研究の実践と理論に十全に関与しきれていない。

(3)教科担任制と専門分化によって教師たちがグループ化しやすく、各教科準備室や各部署室の存在が教師たちを物理的に分かつ組織構造の特質から、授業研究の実施体制が整いにくい。

新座高校もまた、二〇〇七年以前には授業研究をおこなってこなかった公立高校のひとつであった。その新座高校が、学校改革のアプローチの機軸に授業研究をすえたのである。

生徒の学びを看取る新座高校の授業研究

二〇〇八年四月、新座高校ではじめての授業研究が実施された。金子教諭が述懐するように、当日は第一学年担当の教師九名を中心に授業参観をおこない、放課後に「ひっそりと」授業研究会が開かれた。しかし、新座高校では一九七三年の開校以来初の授業研究であり、まさにエポックメイキングな日であった。この試みが続く二歩、三歩を後押しし、第一学年では月一回の頻度で授業研究会が開催されていく。

そして、この挑戦がさらなるチャンスをつかむ。新座高校はその年「県立高校教育活動総合支援事業・学力向上推進校」に指定されており、研究報告の一環として、全学年での公開授業研究会を実施したのである。その日、新座高校のすべての教師が授業を参観しあい、外部からの参観者も含めて授業について語りあったのだ。

新座高校において授業研究が継続していった要因は、何よりも「生徒の学びを看取る」ことに当初から主眼を置いたことにある。この点は「特別支援教育の視点」による生徒理解の推進と連動していた。当時の新座高校では、「困った子」から「困っている子」へと生徒の問題行動に対する教師のまなざしの転換を図っていた。これが授業研究の目的に合流していく。すなわち、個々の生徒たちが、学校生活の中でもっとも多くの時間を過ごす授業で「いったい何に困っているのか」「どのように困っているのか」を、授業研究を通じて明らかにするのである。そうすることで、授業参観においては生徒たちの学びに焦点が絞られ、授業研究会の主題も、教師の教えに対する批評会ではなく「生徒はいかに学ぶのか」になるのだ。

ほとんどすべての教師がはじめて授業研究会に臨んだであろう新座高校で、生徒の学びに焦点を絞ったことは的確な判断であり、授業研究を機軸とした学校改革を推進する上では鍵になるポイントであろう。もしも生徒の学びに焦点を絞らず、授業研究の形だけを取り入れようとすれば、高校における授業研究の低実施率の理由として先述した要因ともあいまって、教師たちは「教え」中心の授業の批評や批判の応酬に辟易し、授業研究への動機づけを減退させていくだろう。これでは授業研究の実践は継続せず、根づくこともない。「教え」中心の授業研究は「パフォーマンス–トレーニングのセクト」の文化との親近性が強く、その文化を助長することになるだろう。

だからこそ、生徒の学びを中心にすえた新座高校の授業研究は卓越していた。教師たちが共有ビジョンの実現に向かって協働し学校を発展させていく基盤となったものは、生徒の「学び」中心の文化なのである。

専門職の学びあうコミュニティ

「専門職の学びあうコミュニティ」とは、教師たちが生徒たちのための仕事を中心としながら、生徒たちにとってよりよいカリキュラムを実現するため、革新的な指導方法を協働で開発していく、学校の組織文化を意味する概念である。[11] その組織文化の特徴を、「パフォーマンス–トレーニングのセクト」の組織文化と比較して**図2**に示した。

「専門職の学びあうコミュニティ」の組織文化は、すべての生徒の学びと育ちを保障することを教育実践の中核にすえた、「学び」中心の文化という特徴をもつ。すなわち、生徒たちの学びと育ちを最大化するために、いかなる教育実践を企図するのか、そこで生徒たちにいかなる能力を育むのかといったビジョ

図２　専門職の学びあうコミュニティの文化とその成熟

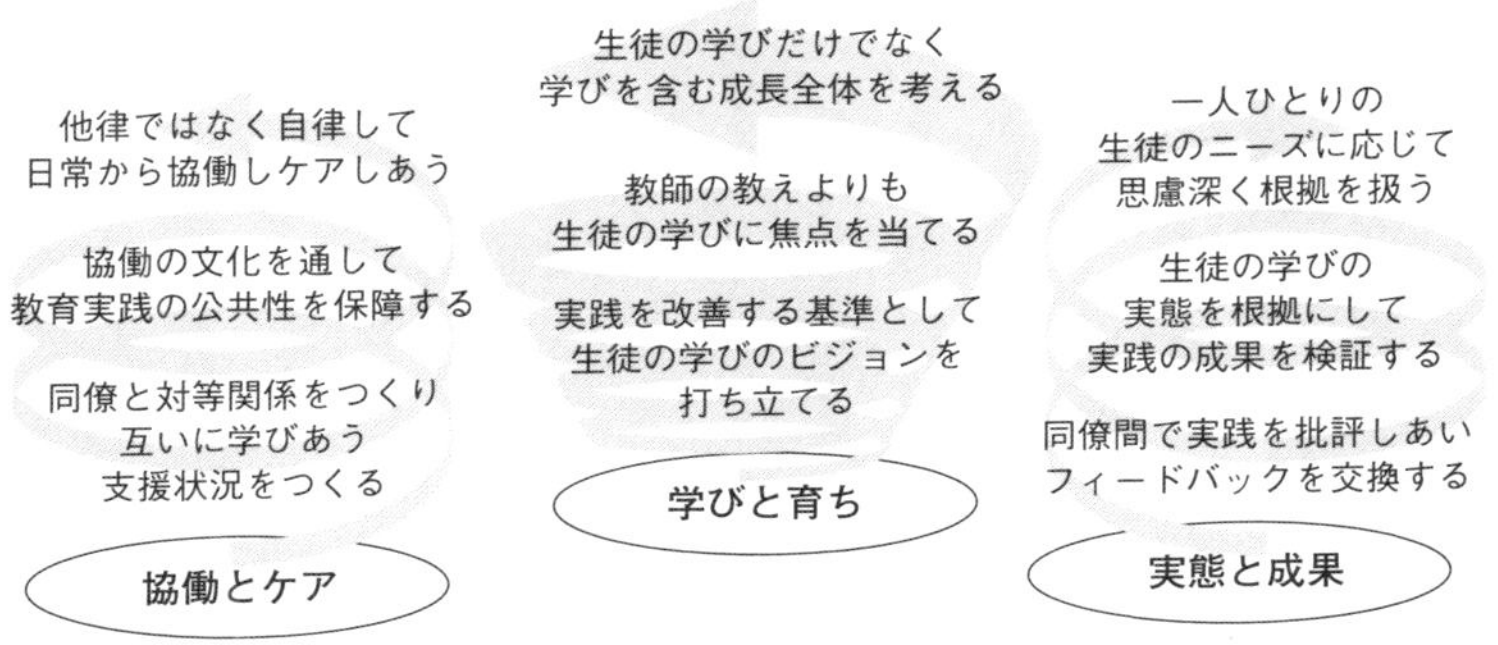
他律ではなく自律して
日常から協働しケアしあう
協働の文化を通して
教育実践の公共性を保障する
同僚と対等関係をつくり
互いに学びあう
支援状況をつくる
協働とケア
生徒の学びだけでなく
学びを含む成長全体を考える
教師の教えよりも
生徒の学びに焦点を当てる
実践を改善する基準として
生徒の学びのビジョンを
打ち立てる
学びと育ち
一人ひとりの
生徒のニーズに応じて
思慮深く根拠を扱う
生徒の学びの
実態を根拠にして
実践の成果を検証する
同僚間で実践を批評しあい
フィードバックを交換する
実態と成果

ンを学校として打ち立て、このビジョンをすべての教職員で共有していくのである。そのために「専門職の学びあうコミュニティ」では、教師たちの組織学習を戦略的に展開して「協働」の文化を耕していく。

この「協働」の文化は、一時的なプロジェクトやイベントに応じた束の間の協働ではなく、恒常的な学びあいを推奨する、永続的な協働である。そこで教職員の学びあいを支えるために、教職員が互いに気にかけあい、助けあう「ケアリング」の文化を培っていく。さらに、生徒たちの学びと生活の「実態に即した評価」をおこない、その根拠に基づいて教育実践を「成果検証」し、つねに改善し続けていく。この「協働とケアリング」の文化、「実態に即した評価と成果検証」の文化が、「学び」中心の文化を支え、その成熟をうながしていくのである。

共有ビジョンの策定と浸透

しかし、「専門職の学びあうコミュニティ」に向けた学校改革は一気に進むわけではない。明確な企図がなければ、その試みは立ち消えになってしまう可能性すらある。学校の中ではさまざまな調整や葛藤、あるいは軋轢が起こりうる。これは新座高校も例外ではなかった。

二〇〇九年度、前年度の第一学年における授業研究の継続と、全学年による公開授業研究会の実施という大きな成果に基づき、新座高校では五月・九月・一一月・一月の計四回の公開授業週間が設けられ、各期間終了後の放課後には授業研究会の実施が計画された。しかし五月と九月の授業研究会は見送られ、一〇月にようやく当該年度ではじめての授業研究会が開催された。柿岡元校長が述べているように、同年度の四月から九月までの約五カ月間は、まさに組織文化の調整の時期であった。大幅な人事異動のあおりを受けて「ゼロ・トレランスによって守られていた」教師と生徒の関係がいくつかの学級で危機におちいり、生徒指導上の対応に追われていた。「困っている」生徒たちに対する、第四局面式の対応に限界が訪れていたのである。「困った子」から「困っている子」への生徒観の転換、「新座の教育」の創造に向けたビジョンの共有を、学校歴の長い教師たちも短い教師たちも、等しく求められていた。

嵐のような一学期をくぐり抜けた夏、授業研究を機軸とした「学習する組織」の構想が立ちあらわれてくる。一〇月の公開授業研究会の実現によりその動きは加速し、同月に「授業改善プロジェクト委員会」が発足した。この委員会は校長・教頭・主幹教諭・生徒指導主任・特別支援コーディネーター・司書と有志の教師たちで構成され、授業研究会をはじめとした校内研修の組織運営、協働学習を主とした授業方法の検証、先進校への視察等を実施するものであった。この「授業改善プロジェクト委員会」が中心となり、一一月に二度目となる公開授業研究会を実施することになった。この公開授業研究会では、委員会のメンバーがそれぞれの担当学年や役割に基づいたリーダーシップを発揮して授業研究会を運営し、その結果、学年ごとに授業研究を推進しうるメンバーが育っていくことになった。「授業改善プロジェクト委員会」は二〇一〇年度から「授業研究プロジェクト委員会」と改称・継続されることが決まり、さらに、新座高校の研究テーマを打ち立て、教職員間での共有ビジョンの浸透をうながす重要な組織へと成長していく。

第Ⅰ部1章で金子教諭が紹介している二〇一〇年度から二〇一五年度にかけての研究テーマを見ると、新座高校で共有ビジョンが打ち立てられ成熟していくプロセスがよくわかる。まず二〇一〇年度には生徒の学力向上という目標にあわせて授業づくりに研究の焦点が当てられた。二〇一一年度からは「特別支援教育の視点」が明確に研究テーマに位置づけられ、二〇一二年度には生徒一人ひとりの「困り感」やニーズをとらえようという色彩が濃くなる。この色彩の変化に基づき、二〇一三年度以降は「学力向上」という文言が消え、代わりに、学習の振り返りや学習方略の洗練に寄与する「メタ認知能力」を生徒たちに育成すること、そして各教科の特性に応じた指導の工夫がめざされていく。そして二〇一五年度には、すべての生徒の学びを保障することが実践研究の中核テーマとして明示されることになる。これらの変化から、生徒の学力だけでなく成長全体を考えようとする新座高校のビジョンの成熟がよく見える。

このように、「授業研究プロジェクト委員会」というリーダーシップ・チームの発足が、新座高校の共有ビジョンの策定へと結びつき、その浸透を教職員間へとうながしていった。そして、授業研究と教師たちの協働の継続によって共有ビジョンそれ自体が刷新されていった。

二〇一〇年度以降、新座高校では「学校と教師を育てる」という明確な目標のもとで授業研究を定例化していった。年間七回の授業研究会は公式の校内研修として位置づけられ、うち五回は学年ごと、二回は学校全体で実施される。すべての教師が参観可能なように研究授業は学年ごと、あるいは学校全体で一講座とし、放課後に開講するしくみになっている。[12] 特別な事情がない限り、授業研究会の当日にはすべての教師が授業を参観して、生徒たちの学びを看取り語りあうことが保障されているのである。教師たちは学年で五回以上の授業を参観するので、担当学年の生徒たちの実態を日常的に把握し、生徒個々人の学び方や考え方を同僚間で共有できる。また年二回の学校全体での授業研究によって、他学年の生徒たちのようすを知ることができ、学校がめざす共有ビジョンを確認することができる。これらは、生徒だけでなく教師の学びも中心にすえた、新座高校ならではの創意工夫と言えよう。

そして新座高校の研究授業では、すべての教師が協働学習の授業デザインに挑戦するとともに、授業研究会では授業参観で看取った生徒の学びを紹介しあい、それぞれの生徒にどのような支援が必要なのかを話しあいながら検討を進めていくことになる。

3　専門職の学びあうコミュニティの成熟に向けて

対話と議論のバランス

新座高校における挑戦が新たな展開を見せ始めるのは二〇一二年度からである。本書第Ⅲ部に執筆する髙石昂教諭と小島武文教諭が同校に赴任したのがこの年であり、教職員の編成が大きく変化していく時期にさしかかっていた。

異動による教職員メンバーの変更は、学校の組織文化に大きな影響を及ぼす要因のひとつである。新たな学校の組織文化への参入や移行によって初任教師や転任教師が抱える葛藤や困難に対して、学校は彼／彼女らを支える必要があり、そのための組織的な取り組みを講じる必要がある。学校の設備や使い方等のように口頭説明やマニュアルで事足りるものと異なり、生徒たちの動態や特徴、そして学校改革のビジョンはなかなか伝えるのが難しい。そもそも組織文化は、その組織のコミュニティの周辺から中核へとメンバーが参入していく過程で学ばれていくものである。[13] したがって、コミュニティへの関与と参入をいかに新しいメンバーに奨励できるのかが、メンバーが変様し続ける組織の発展を支えうながす重要な点となる。

新座高校がここで採った戦略は、教師たちの教育実践の省察をうながすカンファレンスという手法の導入であった。二〇一二年四月四日の午後、高石・小島両教諭も含む新転任者と、若手教師および中堅教師の計九名、そして筆者も含む三名の協働研究者で「新転任者カンファレンス」が開かれた。そこでは参加したすべての教師が「これまでの自身の学びと教職の歩み」「新座高校での現在の想いと情動」「新座高校での展望」の三点について語りあった。

このカンファレンスの内容は、翌日の校内研修会のグループ別協議にも組み込まれ、全校の教師が新座高校での実践を省察し、未来に向けた展望を語ることになった。若手教師たちは教職歴や学校歴を超えて、過去と現在と未来の自己を同僚に語ることで、自己の教育信念を把握し、そのルーツを確認できた。さらに、先輩教師の語りから学校の共有ビジョンを確認し、教師としての展望を拓いていった。この「新転任者カンファレンス」は学期末ごとに継続的に実施され、二〇一三年度からは「初任者カンファレンス」と名称を変え継承されている。同年度以降は、吉田教諭の主導で「初任者授業研究会」も開かれるという展開をみせている。

また二〇一二年度以降は、初任教師と転任教師の「授業研究プロジェクト委員会」への参加がうながされ、校内研修に関する意思決定に新しいメンバーが続々と参入することになった。第Ⅲ部3章で深見宏教諭が紹介しているように、「学びとは何か」というテーマのもとに教師たちが互いの学習観を表明しながら議論をおこなったのも同委員会でのことである。この議論は、二〇一四年度最初の「初任者カンファレンス」のテーマにもなった。「授業研究プロジェクト委員会」は新しいリーダーの育成に寄与しながら、教師たちに議論の場を拓いていったのである。

各種カンファレンスと「授業研究プロジェクト委員会」において教師たちの対話の機会が増えてくることで、新座高校の授業研究が変貌を遂げていく。まず、東京大学大学院教育学研究科の秋田喜代美教授の助言を受け、二〇一四年度の初夏から、授業研究会の方式を全体会ベースからグループ協議ベースへと転換した。そうすることで、参加者全員が十分に生徒の学びを報告できるようになり、対等な立場で意見を述べられるようになった。生徒の学びを対話によって共有するだけにとどまらず、生徒と教師の新しい学びの可能性を、対話と議論によって追究する授業研究への進化である。ただし、議論ではその時々の参加者の教育信念や現象解釈の相違があらわれやすいので、生徒の看取りを共有する対話を推進してきた新座高校の教師たちの中には、戸惑いを感じた方もいたようである。しかし、生徒の学びという事実に基づく議論だからこそ、別視点の解釈や異なる支援の可能性を、根拠をもって語ることが可能になっていった。

実践を書く文化

新座高校における授業研究の進化は、二〇一三年度から発行が始まる「授業研究会ニュース」にも見ることできる。第Ⅰ部1章で金子教諭が述べる通り、「授業研究会ニュース」は教師たちの実践の「言語化」と「記録化」をうながす省察の装置として提案、導入された。

毎回の記事は教師たちによって書かれ、研究授業における生徒たちの学びのプロセスに沿いながら、書き手による授業の看取り＝授業参観の視点も紹介される。また、授業研究会での対話と議論の振り返り、外部からの参加者による感想文も掲載される。それぞれの記事には「全員が参加する授業」（深見教諭、二〇一五年・第一一号）や「生徒を見る」（蜂谷充教諭、二〇一六年・第一号）といった言葉がちりばめられており、一読するだけで新座高校の共有ビジョンを確認することが可能になっている。ニュースは毎回の授業研究会後に、学校のホームページで公表されていく。

新座高校が「授業研究会ニュース」によって挑戦していることは、学校の組織文化における「書く文化」の定着である。多様な記事が示唆するように、教師がみずからの実践を書き、自己の行為と生徒たちの学びとの相互作用を、記録の中から根拠をもって検討していくことが、次の実践の改善へとつながっていく。これは授業そのものだけでなく授業研究の実践にも当てはまる。授業研究が実践として進化していくためには、一連のプロセスを通して同僚間にいかなる相互作用が起き、それが協働をいかに推進させた

図3　新座高校の組織文化の変様プロセス

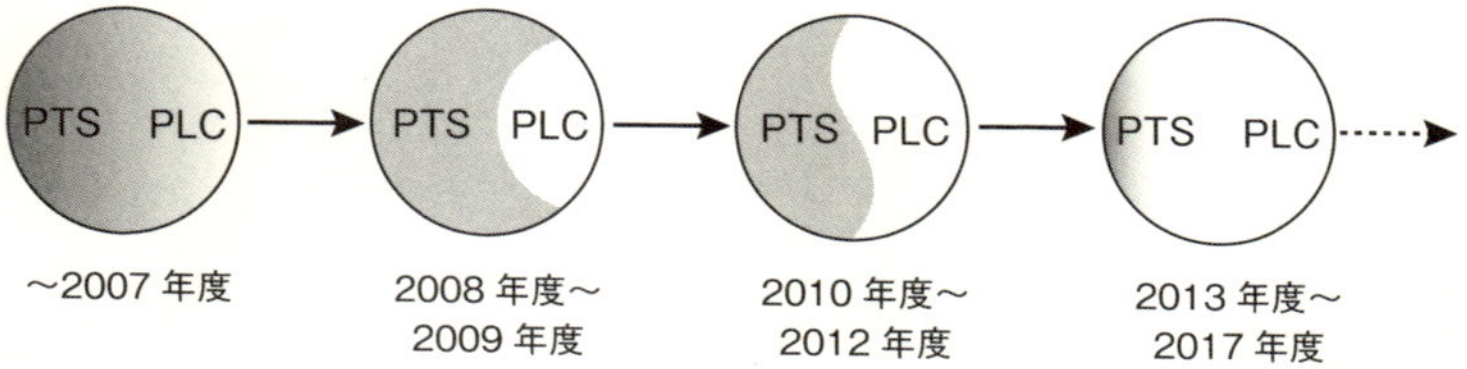

PTS：パフォーマンス-トレーニングのセクト（Performance-Training Sect）の文化
PLC：専門職の学びあうコミュニティ（Professional Learning Communities）の文化

（出所）アンディ・ハーグリーブス『知識社会の学校と教師』（注３）における学校の相補的発展のプロセス図を参照して作成。

のか、そして授業研究会での語りあいがいかに授業者を勇気づけ、参観者も含めた全教師の学びに寄与したのか、これらを省察によって把握する必要がある。実践を書く文化を培うことで、授業研究が学校の中で自律進化していく推進力が生み出されるのだ。

専門職の学びあうコミュニティの成熟に向けて

ここまで、二〇〇七年度から始まった授業研究を機軸とする新座高校の学校改革のプロセスを描出してきた。このプロセスを、学校組織文化の観点でまとめたのが**図3**である。

二〇〇七年度の新座高校では、ゼロ・トレランスに象徴される「パフォーマンス-トレーニングのセクト」の文化の陰影が色濃く見受けられる。しかし、協調的な同僚関係を基盤としながら、対話によるボトムアップのリーダーシップと協働学習への挑戦が「専門職の学びあうコミュニティ」の文化の萌芽となっていった。

二〇〇八年度から二〇〇九年度にかけて、「特別支援教育の視点」の共有ビジョン化と公開授業研究会の実施によって「専門職の学びあうコミュニティ」の文化の輪郭が浮き上がり、それが二〇一〇年度から二〇一二年度にかけ、教師たちの対話と議論の活性化、そして書く文化への挑戦によって進化していく。二〇一三年度から二〇一七年度にかけては「パフォーマンス-トレーニングのセクト」の文化は影を潜めるようになり、「専門職の学びあうコミュニティ」の文化が学校を覆い照らすようになる。

現在の新座高校では、授業研究を中核に教師たちが生徒の学びを協働探究し、この探究によって得られる根拠に基づきながら、各自の教室で協働学習を展開している。たとえばジグソー学習や探究学習といった複雑な授業デザインへの挑戦も始めている。この挑戦は、教師たちがそれぞれの教室で独立しておこなっているわけではなく、ともに新しい授業デザインに挑み、互いの健闘を認めあい、励ましあうことで支えられている。このことは「授業研究会ニュース」を読むとよくわかる。「困っている」生徒を見捨てない新座高校は、「困っている」教師も「挑戦している」教師も孤立させないケアリング・コミュニティでもあるのだ。

このように新座高校では、授業研究を機軸とした学校改革を継続し、「専門職の学びあうコミュニティ」へと組織文化をメタモルフォーゼしてきた。ただし、これが新座高校の挑戦の結末を意味するわけではない。第Ⅴ部1章で金子教諭が整理しているように、学校は社会情勢の影響を色濃く受けるために、生徒の動態も複数年単位、あるいは十数年単位で変化し続けていくと推察される。教職員集団もまた、定期的な異動によって年齢構成や特性がつねに変化していく。学校は無機的で静的な組織ではなく、社会文化的に構成される有機的で動的な組織なのだ。したがって、「専門職の学びあうコミュニティ」の文化を持続し成熟させていくことが新座高校のこれからの挑戦である。

最後に、本章で明らかにしてきた新座高校の組織文化の特徴に沿って、同校が「専門職の学びあうコミュニティ」として成熟していくために必要と思われる戦略を以下に示してみよう。

・教育方法の多様化　生徒たちの主体的・対話的で深い学びを支えうながす教育方法は数多ある。[14] そのひとつである協働学習に関するこれまでの実践研究の蓄積を岩盤にしながら、多様な教育方法を教師たちで協働探究し、教師それぞれが実践のレパートリーを増やしていくことを促進する。

・探究学習への挑戦　各教科の授業や「総合的な学習の時間」のデザインに探究学習を組み込む。現代社会で生きる生徒たちには、著しい変化に対応する柔軟性、新しい価値を生み出す独創性、世界中の人々と共生し社会正義を追求する地球市民としての自覚といった、汎用的・革新的・倫理的な能力が必要となる。[15] 探究学習は、現実の問題発見からその解決を志向し、知識や概念の深い理解も含めながら学びを展開するため、知識社会に必要な能力を培うのに最適である。

・授業研究の時間的視座の拡張　一時間単位の授業研究から、単元・年間単位の授業研究へと視野を広げ、そこで長期にわたる生徒の能力発達や学級のコミュニティ発展、それらを支える教師の専門性の開発と学校のコミュニティの成熟を協働探究していく。そのために、これまで「授業研究会ニュース」によって培ってきた「書く文化」を、生徒と教師の長期にわたる学びと育ちを跡づけ、教師たちの協働省察を可能にする「実践記録の文化」へと更新していく。

・分散型リーダーシップの促進　学校改革を推進してきたリーダーシップ・チームに属する教師の異動に

組織文化が耐えられるよう、教師たちのリーダーシップの分散を促進し、新しいリーダーのさらなる育成に努める。また、リーダーシップ・チームによる協働ベースの授業研究とカンファレンスの企画・運営、実践記録の執筆支援を推進する。

●世代継承サイクルの生徒への拡張　学校における、もっとも重要な文化の形成者は生徒たちである。協働学習を中核に培ってきた生徒の「学び」中心の文化は、学年ごと、あるいは世代ごとの生徒たちに脈々と受け継がれている。新座高校では、生徒の学びが中心になるのはすでに自明なことなのだ。学校の組織文化の継承を教職員の同僚性だけに委ねず、生徒たちの世代継承サイクルへと広げる手立てを考案する。[16]

おそらく、これらの戦略のほとんどはすでに新座高校で始まっている。新座高校はこれからも「専門職の学びあうコミュニティ」の文化を成熟させ、多様な社会文化経済的背景をもつ生徒たちの学びと育ちを支え、教師たちが互いに学びあい育ちあう学校であり続けることだろう。

注

1　本書の第V部1章・2章を参照。

2　本プロジェクトは平成二六年度より科学研究費助成事業・基盤研究（C）「授業研究を機軸とした高等学校の学校経営に関する多角的研究」（研究代表者・高井良健一）に発展継承された。

3　アンディ・ハーグリーブス『知識社会の学校と教師――不安定な時代における教育』木村優・篠原岳司・秋田喜代美監訳、金子書房、二〇一五年。

4　ハーグリーブス前掲著、二七三―二七四ページ。

5　金子奨『学びをつむぐ――〈協働〉が育む教室の絆』大月書店、二〇〇八年。

6　ここでの同僚性の議論は、Hargreaves, A.（1994）*Changing Teachers, Changing Times: Teachers' work and culture in the postmodern age.* New York: Teachers College Press を参照して展開している。

7　たとえば、Little, J. W.（1990）"The Persistence of Privacy: Autonomy and initiative in teachers' professional relations", *Teachers College Record*, 91(4), pp.509-536 を参照。

8　拙稿「挑戦的課題が方向づける思考――探求するコミュニティづくり」（秋田喜代美編『教師の言葉とコミュニケーション』教育開発研究所、二〇一〇年、一一〇―一一四ページ）。

9　国立教育政策研究所『教員の質の向上に関する調査研究報告書』文部科学省、二〇一一年。https://www.nier.go.jp/kenkyukikaku/pdf/kyouin-003_report.pdf

10　これは、当時の新座高校の職場に、授業研究実施に対する懐疑的な雰囲気があったためである。本書第Ⅰ部1章で金子教諭が当時の状況を述べているので参照のこと。

11　専門職の学びあうコミュニティの概念は、はじめは実践の「哲学」として、それから実践の「原理」として理論的な前進が図られた。現在では、学校の実態に即した実践の「文化」としての理論的位置づけがふさわしい。詳しくは以下の文献を参照。

Hord, S. M.（1997）*Professional Learning Communities: Communities of continuous inquiry and improvement.* Austin, TX: Southwest Educational Development Laboratory.

DuFour, R.（2004）"What is a 'Professional learning community'?", *Educational leadership*, 61（8）, pp.6-11.

McLaughlin, M. W. & Talbert, J. E.（2006）*Building School-based Teacher Learning Communities: Professional strategies to improve student achievement.* New York: Teachers College Press.

Hargreaves, A. & O'Connor, M. T. (2017) "Collaborative Professionalism", 2017 World Innovation Summit for Education, 12, https://www.wise-qatar.org/sites/default/files/rr.12.2017_boston.pdf

12　授業研究会の当日は、一講座の生徒たちを残し他の生徒たちは下校することになる。筆者が授業研究会に参加するため新座高校へ歩いて向かう際には、下校する多くの生徒たちとすれ違う。残された一講座の生徒たちは、他の生徒たちを早く下校できてずるいと思わないのだろうかと素朴な疑問を抱いたことがあるが、その疑問は教室に着くと解消された。教室に残った生徒たちはいつも談笑したり、ゆったりと本を読んだり、授業参観に訪れる学年団の教師と笑顔を交わしたりして授業の始まりを待っている。このようすは、授業参観が生徒たちにとっても日常化している証左と言えるだろう。

13　ウェンガー、E／マクダーモット、R／スナイダー、W・M『コミュニティ・オブ・プラクティス――ナレッジ社会の新たな知識形態の実践』櫻井祐子訳、翔泳社、二〇〇二年。

14　拙稿「教師教育とアクティブ・ラーニング」（日本教育方法学会編『アクティブ・ラーニングの教育方法学的検討』図書文化、二〇一六年、一二六―一四一ページ）。

15　拙稿「二一世紀の知識社会を乗り越える学校と教師」（『教育』八五一号、二〇一六年、二九―三六ページ）。

16　学校文化にかかわる生徒の世代継承サイクルの構築の実践については、福井大学教育地域科学部附属中学校研究会編著『学びを拓く〈探究するコミュニティ〉1　学び合う学校文化』（エクシート、二〇一〇年）が参考になる。

おわりに

新座高校の学校改革は、一〇年の歳月をかけてつむぎ出された、教師たちの多様な物語が交響することによって実現したものである。新座高校の教師たちは、高校において進学のための教育が通用しない困難さを、すべての子どもたちの市民としての「協働の学び」を保障するという挑戦に組み替えて、驚くべき学びと成長の物語を創出している。これらの教師たちの多様な物語の向こうには、困難な現代を生きる子どもたちの多様な発達と学習の物語が存在している。

「授業研究」の導入と「特別支援」の視点によって、教師たちの子どもたちへのまなざしとかかわりが変様し始めてから一〇年、新座高校を訪れる人々は一様に、この間の子どもたちの変化に驚いている。廊下で出会えばにこやかな挨拶があり、教室では学びに没頭する姿が見られるようになった。授業で仲間の学びを支えることも自然におこなわれている。もちろん、問題がまったくなくなったわけではない。子どもたちの多くが困難な状況を抱えていることは変わらない。それでも、子どもたちが学びあいを通して社会や仲間、そして未来とつながることを実感できるようになったことの意味は大きい。

この一〇年間の新座高校の歩みは山あり谷ありで、決して平坦なものではなかった。高校の授業改革という、いわば道なき道を進み、本書に綴られているような「協働の学び」の世界につながるいくつもの小径を踏み固めた、新座高校の一人ひとりの教師の方々に深い敬意を表したい。

また、一〇年間にわたる学校改革を支えたものとして、柿岡文彦校長をはじめ歴代の校長先生の、個性豊かで慎み深いリーダーシップがあったことを挙げておきたい。この間の四名の校長先生は、すべての子どもたちの学びの保障を第一に考え、そのために教師たちの研修と自由闊達な学びを保障し、授業研究の灯《ともしび》を守り続けてこられた。自分のカラーを構成員に押しつけることがリーダーシップだと勘違いされやすいなかで、学校文化の良質の部分を継承し、質の高い教師集団を育てることに努めてこられた。

そして、新座高校の学校改革を支えたものとして、金子奨さんの忍耐強く献身的な働きを挙げないわけにはいかない。この一〇年間、若手教師が大いに学び、成長し、変様を遂げたのはもちろんのこと、ベテランの金子さんの自己変革への努力もまた並大抵のものではなかった。公開授業研究会では、みずからは裏方にまわり新任教師、若手教師に活躍の場を提供し、彼／彼女らの成長を支え続けていた。金子さんのこの一〇年間の歩みは、次世代の人々に価値あるものを継承することにより、みずからも新たに生き直すというジェネラティヴィティの概念そのものだったといえるだろう。

新座高校の学校改革は、「協働的な学び」に関するヴィジュアルなヴィジョンを有していた金子さん抜きには生じえなかったものだが、同時に金子さんひとりでは実現できなかったものでもある。学校改革を通して教師たちが育んできた教育哲学と実践のしなやかさと広がりは、本書に綴られている通りである。今後、「協働的な学び」という新しい教師文化の担い手となった若手教師たちが、学校改革を継承し発展させていくことが、本書の編集にかかわった私たちの一番の願いである。

最後に、新座高校の学校改革と本書の刊行を支えてくださった方々への謝意を述べたい。

東京大学大学院教育学研究科教授の秋田喜代美先生には、授業研究会での教師の協働についての的確なご指導とともに、素敵な推薦文をいただいた。

公開授業研究会に足を運んでくださった数多くの教育研究者、他校の教師の方々からは、新座高校の学校改革に対する貴重な示唆と励ましをいただいた。本書の主人公である新座高校の教師の方々、一人ひとりの学びと人生の物語を創出し、教師の成長を支えてくれた新座高校の生徒、保護者の方々への感謝とともに謝意を記したい。

なお、本書の企画と編集は大月書店編集部の岩下結さんに負うところが大きかった。岩下さんの的確なコメントとサポートが本書のダイナミズムを生み出している。

また、本書の刊行につながった新座高校をフィールドとした教師と教育研究者の共同研究においては、日本教育公務員弘済会の本部奨励金ならびに日本学術振興会の科学研究費助成事業（基盤研究（C））の助成を受けた。記して謝意を表したい。

二〇一八年二月

編者を代表して　高井良健一

執筆者一覧（執筆順）

◆**教員**

金子　奨（かねこ すすむ）　1985年採用，2007年度～ 新座高校在職
柿岡文彦（かきおか ふみひこ）　1974年採用，2007年度～2009年度 新座高校在職
川添玲子（かわぞえ れいこ）　1980年採用，1980年度～1985年度 新座高校在職，2017年度～ 再任用
岡部　競（おかべ きそう）　1984年採用，2017年度～ 新座高校在職
佐藤大輔（さとう だいすけ）　2014年採用，2014年度～ 新座高校在職
小山夏樹（こやま なつき）　2011年採用，2011年度～ 新座高校在職
村松英高（むらまつ ひでたか）　2015年採用，2015年度～ 新座高校在職
吉田友樹（よしだ ともき）　2007年採用，2007年度～2015年度 新座高校在職
髙石　昂（たかいし こう）　2012年採用，2012年度～ 新座高校在職
小島武文（こじま たけふみ）　2012年採用，2012年度～ 新座高校在職
深見　宏（ふかみ ひろし）　2009年採用，2014年度～2016年度 新座高校在職
野澤美沙（のざわ みさ）　2003年採用，2008年度～ 新座高校在職
両角　章（もろずみ あきら）　1980年採用，2001年度～ 新座高校在職
雨宮史子（あめみや ふみこ）　1981年採用，2005年度～2016年度 新座高校在職

◆**研究者**

齋藤智哉（さいとう ともや）　國學院大學文学部准教授（教育方法学）
岩田一正（いわた かずまさ）　成城大学文芸学部教授（教育学，日本近代教育史）

編者
金子　奨（かねこ すすむ）
埼玉県立新座高校教諭（社会科）。飯能高校定時制，所沢緑ヶ丘高校，新座北高校，和光国際高校を経て現職。著書に『学びをつむぐ――〈協働〉が育む教室の絆』（大月書店）。

高井良健一（たかいら けんいち）
東京経済大学経営学部教授（教育方法学）。著書に『教師のライフストーリー――高校教師の中年期の危機と再生』（勁草書房），共訳書に『ライフヒストリーの教育学――実践から方法論まで』（昭和堂）。

木村　優（きむら ゆう）
福井大学大学院教育学研究科准教授（教育方法学，教育心理学）。著書に『情動的実践としての教師の専門性――教師が授業中に経験し表出する情動の探究』（風間書房），共訳書に『知識社会の学校と教師――不安定な時代における教育』（金子書房）。

装幀　鈴木衛（東京図鑑）
DTP　編集工房一生社

「協働の学び」が変えた学校
新座高校 学校改革の10年

2018年3月15日　第1刷発行

定価はカバーに
表示してあります

編　者　金子　奨
　　　　高井良健一
　　　　木村　優
発行者　中川　進

〒113-0033　東京都文京区本郷2-27-16
発行所　株式会社　大月書店
印刷　太平印刷
製本　中永製本
電話（代表）03-3813-4651　FAX 03-3813-4656　振替00130-7-16387
http://www.otsukishoten.co.jp/

ISBN978-4-272-41240-2　C0037　Printed in Japan

教師の心が折れるとき
教員のメンタルヘルス　実態と予防・対処法
井上麻紀著
四六判一六〇頁
本体一五〇〇円

そろそろ、部活のこれからを話しませんか
未来のための部活講義
中澤篤史著
四六判二七二頁
本体一八〇〇円

教育現場のケアと支援
場の力を活かした学校臨床
丸山広人著
四六判二三六頁
本体二五〇〇円

学びをつむぐ
〈協働〉が育む教室の絆
金子奨著
四六判二二四頁
本体一八〇〇円

大月書店刊
価格税別